指さしと相互行為

Pointing in Interaction

Edited by
YASUI Eiko, SUGIURA Hideyuki and TAKANASHI Katsuya

安井永子　杉浦秀行　高梨克也　編

ひつじ書房

まえがき

　「あ、飛行機雲！」と空への注意を促すとき、「そこ何か付いてるよ」と相手の服の染みを指摘するとき、「ねえ、それ取って」と自分の要求を伝えるとき──。私たちは普段あらゆる場面で指さしをする。指さしは人間が日常のコミュニケーションの中で最も頻繁に用いるジェスチャーの１つであり、乳児が最初に用いるジェスチャーの１つでもある。

　そのような理由から、これまで指さしはジェスチャー研究、コミュニケーション研究、相互行為研究、子どもの発達研究、文化人類学など、様々な分野において注目を集めてきた。その中でも実際の会話を微細に観察する会話分析を用いた相互行為研究は、指さしを行う手のみならず、それに伴う言語、その他の身体動作、他の会話参与者の身体動作、周囲の環境など、会話を構成するあらゆる資源の中に指さしを位置付けてきた。それは、指さしのみに焦点を当ててきた、その他の分野とは異なる新しい指さしの捉え方であり、それによって相互行為研究は、指さしを通して注意の共有が達成されていく過程、指さしが相互行為の中で果たす役割、その役割が構築されていく過程などを明らかにすることができる。とはいえ、会話分析を用いた指さし研究は比較的新しく、その解明はまだ始まったばかりと言ってよい。そこで、本書では、相互行為における指さし研究の発展に貢献することを目的とし、会話分析の手法を用いて多様な相互行為の観察を行った研究の成果をまとめることを目指した。近年、会話分析による相互行為研究は国内外で活発に行われているが、身体動作に焦点を当てた相互行為研究をまとめた書籍は、国内ではまだ少ない。そうした状況の中で、本書は、指さしを中心に身体動作全体を扱った相互行為研究の、本邦初の論文集である。

本書はジェスチャー研究、相互行為研究、子どもの発達研究によるこれまでの指さし研究の成果をまとめた「総説編」と、本書の執筆者それぞれの最新の相互行為研究の成果を報告した「分析編」との2部構成となっており、相互行為研究者はもちろんのこと、ジェスチャー研究やその他の様々な関連分野にかかわる読者に、この身近なジェスチャーについてより良く理解する機会を提供することを心掛けた。これまでの研究が指さしについて何を明らかにしてきたかについて知りたいと感じる読者には、まずは第Ⅰ部の「総説編」から読んでもらいたい。逆に、執筆者による研究の成果についてすぐに知りたいと感じる読者は、第Ⅱ部の「分析編」から読み始めていただければと思う。

　ところで、読者の中には、指さしなどいかにも単純なジェスチャーについて、今更何を研究する必要があるのか、指さしは単に何かを指示するジェスチャーではないのか、と考える方もいるかもしれない。かくいう私も指さしの複雑性に最初から気付いていたわけではないし、最初に指さしに興味を持ったのは大学院生の頃、ほとんど偶然に、だった。アメリカの大学院の博士課程で会話分析研究を行っていた私は、当時、アメリカ人による英語会話と日本人による日本語会話との両方を分析対象として観察していたのだが、次第に、どちらの会話データにおいても、人々が頻繁に目の前の相手を人差し指で指さすことが気になり始めた。人を人差し指で、ましてやその人の目の前で指すのは失礼にあたる、という認識も少なからずあっただけに、（誰しも小さい頃、一度は周りの大人にそのようなことを言われたことがあったのではないだろうか）、人差し指を目の前の相手に向ける指さしが、英語会話でも日本語会話でも頻繁になされることを意外に感じ、関心を持ったのだ。その上、データで見られたそのような指さしが一体何をしているのか、何のために産出されているのか、明確にはわからなかった。普段特に考えず用いているはずの指さしなのに、実はそれによって何をしているのか、なぜ用いているのか、もしかすると実際の会話でも自分ではわかっていないのではないか。私はこれらの理由から、目の前の会話相手を指さす現象に、その頃より少しずつ興味を持ち始めたのだ。

そうして指さしに興味を持ったものの、実際にこうして論文集としてまとめるに至るまでにはしばらく時間がかかった。博士課程を修了した私は、ほどなくして指さしの研究に着手した。2012年のことだった。しかし、指さしを会話分析的に記述する困難にすぐにぶち当たってしまった。そこで、しばらくして、同じ頃にちょうど相互行為の指さしを研究していた高梨克也さん（本書の編者の1人）と、それぞれの分析を持ち寄り、指さしの分析上の注意点や難しさについての整理を開始することにした。その1年後、同じく編者の杉浦秀行さんも指さし研究をしていることを知った我々は、すぐに声をかけ、「相互行為のポインティング研究会」なるニッチな研究会を発足させた。更にまたその1年後、指さしが多用される会話データの観察を行っていた、本書の他の執筆者もポインティング研究会のメンバーに加わった。こうして、幸運にも、似た関心を持った複数の相互行為研究者たちと、データを持ち寄り、議論できる場ができた。本書は、このようにして仲間ができたことで可能となった議論や個々の多様なデータの分析を通じて明らかになった、相互行為における指さしの多様な特性や役割やその達成の複雑な過程についてまとめたものである。

　私自身がかつてそうであったように、読者の多くも、普段何気なく、しかも頻繁に指さしを用いているにもかかわらず、実は自分たちが指さしによって何をしているのか、それをどのように用いているのか、ほとんど意識したことはないのではないだろうか。ましてや、指さしが単に指示を行う手段としてだけではなく、他の目的でも用いられることがあることは、多くの読者にとって思いもよらないことかもしれない。本書を通して、一見単純なこのジェスチャーが、会話の中でどのような複雑な過程で立ち現れ、会話をどのように形成するかに、一人でも多くの読者が目を向け、興味を持ってくれれば幸いである。きっと、普段用いる指さしが、「何気なくないもの」に見えてくることだろうと思う。

編者を代表して　安井永子

目　次

まえがき　　iii

書き起こし記号一覧　　x

総説編
―指さしの研究―

第1章　相互行為における指さし
―ジェスチャー研究、会話分析研究による成果― ——————— 3
安井永子・杉浦秀行

1. 指さし（ポインティング） ……………………………………… 3
2. 相互行為の中の指さし ………………………………………… 12
3. 本書について ……………………………………………………… 25

第2章　子どもの発達研究における指さし ——————————— 35
高田　明

1. はじめに ……………………………………………………………… 35
2. 初期の理論的研究 ……………………………………………… 35
3. 観察研究の隆盛と臨床的応用 ……………………………… 39
4. 赤ちゃん実験の勃興 …………………………………………… 49
5. まとめ ……………………………………………………………… 55

分析編
第Ⅰ部　日常会話の中の指さし

第3章　受け手に「直接経験」として聞くことを要請すること
―過去の出来事を受け手に「帰属」させる指さし― ——————— 63
森本郁代

1.	はじめに	63
2.	先行研究	65
3.	分析	66
4.	おわりに	85

第4章　記憶探索活動中に参与者に向けられた指さしの非指示的性質 — 89
杉浦秀行

1.	はじめに	89
2.	研究の背景と目的	91
3.	データ	94
4.	分析	94
5.	結語	116

第5章　笑いの対象に向けられる指さし
―からかいにおける志向の分散と参加フレームの組織化― ———— 123
安井永子

1.	はじめに	123
2.	からかいに伴う指さし	127
3.	おわりに	150

分析編
第Ⅱ部　環境の中の指さし

第6章　家庭内の共同活動における子どもの指さしと養育者の反応 — 161
遠藤智子・高田 明

1.	はじめに	161
2.	データ	162
3.	反応を得る前提条件の理解	163
4.	活動の中で反応される指さし	170
5.	反応を受けない指さし	178
6.	おわりに	185

目 次　ix

第7章　発散型ワークショップでの発言に伴う指さし
―多重の行為から見た活動への志向― ———————— 191
高梨克也

1.　はじめに ……………………………………………………… 191
2.　理論的背景 …………………………………………………… 191
3.　データ ………………………………………………………… 193
4.　分析：指さしの素早い撤退 ………………………………… 195
5.　議論：発散型ワークショップでの発言 …………………… 211

第8章　巨大展示物を相互行為に引き込む科学コミュニケーターの
指し示し ——————————————————————— 219
城 綾実

1.　はじめに ……………………………………………………… 219
2.　分析の焦点となる展示物とデータ ………………………… 220
3.　少し離れた2つの展示物を関連づけるプラクティス：
　　なぜいまそちらに視線を転じるのか訳がわかる仕掛けと指し示し ……… 223
4.　巨大半円パネルを際立たせ欠けた部分を補い円として識別する ……… 231
5.　相互行為的に達成される大きさの体験 …………………… 240
6.　おわりに ……………………………………………………… 244

あとがき　　249
索引　　253
執筆者紹介　　257

書き起こし記号一覧

　本書における発話の書き起こしには、Gail Jefferson (Jefferson 2004) による会話分析の表記法を用いている。使用した記号は以下の通りである。

:	直前の音の引き延ばしとその長さを示す。
(数字)	数字はその位置にある沈黙の長さを示す。
(.)	その位置に 0.1 秒前後の僅かな間隙があることを示す。
.hh	吸気音とその長さを示す。
hh	呼気音とその長さを示す。
(h)	発話に挿入された笑い声を示す。
H	呼気音や笑い声が相対的に大きく発せられている場合は、大文字で記す。
[	発話の重なりの開始地点を示す。
]	発話の重なりの終了地点を示す。
=	繋がれた 2 つの発話が隙間なく繋がっていることを示す。
.	語尾が下降して発音されていることを示す。
,	語尾が継続音調で発せられていることを示す。
?	直前部分が上昇調の音調で発されていることを示す。
¿	直前部分がコンマ (,) より強く、疑問符 (?) より弱い上昇調の音調で発されていることを示す。
↑↓	直後の部分で急激な音調の上昇や下降があることを示す。
°文字°	囲まれた部分が相対的に小さい声で発せられていることを示す。
<u>文字</u>	相対的に大きい声で発せられる部分を示す。
-	直前の音が中断されていることを示す。
>文字<	相対的に速く発せられる部分。特に速い場合は >>文字<< のように記号を重ねて記す。
<文字>	相対的に遅く発せられる部分。
¥	囲まれた部分が笑いを含んだ声で発されていることを表す。
(X/Y)	X と Y、どちらにも聞きうる場合を示す。
(文字)	聞き取りに確信がもてない部分を示す。
((文字))	簡単な身体動作の描写や注記を二重括弧内に示す。

書き起こし記号一覧　xi

　視線や身体動作の書き起こしには、Lorenza Mondada（Mondada 2007 他）
による以下の通りの方法を用いている。

@ @、+ +、** など、同一記号で囲まれている部分は特定の身体動作が続い
ている部分（参与者ごとに別の記号で示される）を表しており、その長さは発
話や間隙の長さと対応している。

@--->	@ で示された身体動作がその先の行まで続くことを示す。
--->@	@ で示された身体動作が --->@ でもって終結することを示す。
@--->>	@ で示された身体動作が断片の後も続いていることを示す。
>>--	身体動作が断片の前から続いていることを示す。
....	身体動作の準備段階を示す。
----	身体動作に至りかつ保持されている状態を示す。
,,,,	身体動作の撤退を示す。
fig	静止画（図）を示す。
#	発話順番内で静止画が撮られた時点を示す。

これらに加え、本書では、書き起こし中で指さしを ptg と表記している。

（事例）

```
C: い+いやんっ+て(h)言(h)った(h)°い(h)+[ま(h)?°+
   +......+ Aにptg ------------+,,,,,,,,+
```

参考文献

Jefferson, Gail. (2004) Glossary of Transcript Symbols with an Introduction. In Gene H. Lerner (ed.) *Conversation Analysis: Studies From the First* Generation, pp.13–31. Amsterdam/ Philadelphia: John Benjamins.

Mondada, Lorenza. (2007) Multimodal resources for turn-taking: pointing and the emergence of possible next speakers. *Discourse Studies* 9(2): 194–225.

総説編
―指さしの研究―

第1章

相互行為における指さし

―ジェスチャー研究、会話分析研究による成果―

安井永子・杉浦秀行

1. 指さし(ポインティング)

1.1 指さしとは

　本書は、指さし、及び、指さしジェスチャー[1] に焦点を当てた論考を収め
ている。指さしとは、指(典型的には人差し指)を用いて、特定の方向、場
所、対象に他者の注意を向けさせる指示行為のことをいう(Clark 2003, Kita
2003)。同様の指示行為は、「ポインティング(pointing)」という語で表わさ
れることもあるが、ポインティングには、指だけでなく、手のひら全体、視
線、唇、ペンなどの道具など、様々な形状や形態によってなされる指示行為
も含まれる(Calbris 1990, Kendon 2004, Kendon and Versante 2003, Mondada
2007, 2014a, Sherzer 1973, Wilkins 2003)[2]。本書でも、指だけでなく、様々
な形でなされる指示行為を扱うため、必要に応じてポインティングという語
も用いている。

　本書で展開される相互行為における指さし研究は、米国の社会学者
Harvey Sacks、Emanuel Schegloff、Gail Jefferson たちによって創設された会
話分析(conversation analysis)の研究手法によるものであるが、会話分析の中
で指さしに焦点を当てた研究は、2000 年以降 Charles Goodwin や Lorenza
Mondada たちの研究を皮切りに徐々に蓄積されつつある段階で、まだ量と
しては少ない。会話分析の研究手法を採用した指さし研究が、どのような背

4　総説編

景のもとで、どういったアプローチ・着眼点をもって、指さしの分析や考察を試みているかについては、第2節の中で取り上げる。本節では、まず、議論の出発点として、ジェスチャー研究に関わる研究者によって蓄積されてきた指さしに関わる先行研究を概観していく。なお、本書では「指示」という語は reference の訳語としてのみ用いることにし、directive、request、order などの場合には、「指示」ではなく、「指令」、「指図」、「要請」、「命令」などの他の表現を用いる。

1.2　ジェスチャー研究

指さしの研究の発展は、ジェスチャー研究（Gesture Studies）の発展に負うところが少なくない。本節では、ジェスチャー研究における指さし研究の功績について概観する前に、ジェスチャー研究の近年の発展について見ていきたい[3]。

ジェスチャー研究の歴史は長く、2000年以上前の古代ギリシャ・ローマ時代にまで遡ることが可能である（Kendon 2004, McNeill 1992）。この時代は、公衆演説のパフォーマンスの一部としての修辞的ジェスチャーに関心が置かれていた（Kendon 2004, McNeill 1992）。修辞的ジェスチャーへの関心は18世紀まで綿々と続いていたが、18世紀から19世紀になると言語起源説を巡る論争が活発になる中で、ジェスチャーが言語の起源であると考える研究者も現れ、ジェスチャーや手話に着目した研究が心理学、文化人類学、民俗学など様々な研究領域で蓄積されていった（Kendon 2004）。その後、ジェスチャー研究は20世紀に入って半世紀以上もの間、低迷期を迎えたが、1970年代以降、Adam Kendon、David McNeill などの北米の研究者たちを中心に、ジェスチャー研究が再び脚光を浴びるようになり、近年の発展に繋がっている。Kendon（2004）は、ジェスチャー研究の再興の理由を4つ挙げている。第一に、言語とジェスチャーの相関関係が注目され、Kendon 自身や McNeill のように、ジェスチャーと言語が1つのシステムからなっていることが示されるようになったことである（Kendon 1972, 1980, McNeill 1992,

McNeill and Duncan 2000)。第二に、音声映像技術の発展もあり、相互行為の微視的分析により、ジェスチャーを含む身体動作が相互行為のプロセスの中で重要な役割を果たしていることが明らかになったことである。この第二の理由は、本書で採用する会話分析の研究者たちによる功績が大きく関わっていると言える。第三に、手話言語（sign language）への関心の高まりによって、手話とジェスチャーの関係が注目されるようになったことである。第四に、20世紀半ば以降、古人類学、人類学、神経学、霊長類のコミュニケーション研究での知見が蓄積されることに伴い、言語の進化的起源の問題について関心が高まり、この問題の議論の中でジェスチャーとの関連性が引き合いに出されるようになったことである。

　さて、ジェスチャーという用語について、ここまで何の断りもなしに用いてきたが、ジェスチャーとは何か、というのはそれほど自明ではない。ジェスチャーは、一般的に音声言語のように語彙や文法のある手話とは区別される（喜多 2002a）。また、会話を開始するために、相手に近づいたり，相手と向き合ったりすることもジェスチャーと見なされない（Kendon 2004）。食べたり、喫煙したり、衣服を縫い上げたりなど、会話中になされる活動も通常はジェスチャーとして見なされない（Kendon 2004）[4]。さらに、ジェスチャーは寒さによる身震い、痛みによる反応、言いにくい時にうつむくなどコミュニケーションにおける意図とは直接的に関係がなく生じる「症状的ノンバーバル行動」（symptomatic non-verbal behavior）などとも区別される（喜多 2002a, Kendon 2004）。喜多（2002a: 14）によれば、ジェスチャーとは「あることを表現しようという意図の達成に向けての行為の一環として起こる非道具的で非言語的な身体の動き」を指す。したがって、同じような身体動作であっても、状況によって表現意図の達成に向けた行為として見なせないものは、ジェスチャーとして見なされないということになる。

　ジェスチャーは、形と意味の間の慣習的関係性という観点から、大きく3つに分類することが可能である。まず、形と意味が社会的慣習によって恣意的に定まっているエンブレム（emblem）と呼ばれるジェスチャーがある。

親指と人差し指で作る OK サインがその一例である。次に、形は社会的慣習によって取り決めがあるものの、意味は文脈・状況によって異なるジェスチャーとして、直示的ジェスチャー（deictic gesture）がある。直示的ジェスチャーは、それが指し示す対象（意味）との時空間的隣接性に基づいて構成されるジェスチャーで、指さしはその典型的な例である。指さしは社会的慣習によって形（人差し指を突き出した手の形など）が大体定まっているが、それが指し示すもの（意味）は状況に依存する。3 つ目は、描写的ジェスチャー（depicting gesture）と呼ばれるジェスチャーで、形と意味の間に慣習的な関係がなく、最も自由度の高いジェスチャーである。描写的ジェスチャーは、表現する内容（意味）との類似性に基づいて構成されるジェスチャーで、表現する内容や産出者によって形が異なる[5]。

　上記のジェスチャーの 3 分類は、Peirce（1955）の記号論枠組みにおける写像（icon）、指標（index）、象徴（symbol）という記号の 3 類型に重なる（古山 2005）。写像は指示対象との類似性に基づく記号で、描写的ジェスチャーが表現内容（意味）との類似性に基づいた表現であることと重なる。指標は時空間的隣接性に基づく記号で、直示的ジェスチャーが時空間的に隣接した指示対象（意味）を示すことと重なる。象徴は表現内容（意味）との類似性や近接性がなく、恣意的な慣習に基づいた記号で、エンブレムが慣習的な取り決めで指定された意味を示すことと重なる。

　近年のジェスチャー研究の大きな特色は、エンブレムのような慣習化されたジェスチャー、すなわち、発話がなくてもそれ単独で理解可能なジェスチャーではなく、描写的ジェスチャーや直示的ジェスチャーといった、文脈・状況や個人に大きく依存したもので、発話と同期した、または、発話に関連付けられたジェスチャーについての研究が主流なことである（McNeill 1992, Kendon 2004）。この種のジェスチャーは自発的ジェスチャー（spontaneous gesture）と呼ばれるもので、McNeill（1992）が Kendon（1972）にならってジェスティキュレーション（gesticulation）と呼んでいるものに相当する。近年のジェスチャー研究は、自発的ジェスチャーを研究の主対象とす

ることで、発話とジェスチャーの関係性を明らかにしようと試みているのである。

1.3　ジェスチャー単位

　発話とジェスチャーの関係性を理論的に明らかにしていくための出発点として、Adam Kendon は「ジェスチャー単位」(gesture unit) を考案している (Kendon 1972, 1980, 2004)。ジェスチャー単位とは、「休止位置」(rest position) または「ホーム・ポジション」(home position) (Sacks and Schegloff 2002) にある身体部位 (例えば、腕) が、そこから動き出して、最終的に元の同じ休止位置に戻るまでの動作を指す。ジェスチャー単位の中には、いくつかの「フェーズ」(gesture phase) があり、ジェスチャーの動きが際立つ段階、すなわち、ジェスチャーによって表現したいことがなされたものと認識できるフェーズを「実行 (ストローク)」(stroke) という。そして、休止位置からストロークに至るまでのフェーズを「準備」(preparation)、ストロークの後に休止位置に戻るフェーズを「復帰 (撤退)」(recovery) という。さらに、ストロークの後、ジェスチャーの動きが保持されることがある。これを「後実行保持 (ポストストローク・ホールド)」(post-stroke hold) (Kita, van Gijn and van der Hulst 1998) という。

　また、Kendon は、準備からストロークおよびポストストーク・ホールドまでを「ジェスチャー句」(gesture phrase) と呼んでいる。Kendon によれば、1 つのジェスチャー単位の中に、1 つ以上のジェスチャー句が含まれているという。

　Kendon は上記のジェスチャー単位に基づいた独自の書き起こしシステムを考案し、ジェスチャー単位内のそれぞれのフェーズが、発話の産出プロセスのどの部分と呼応しているかを可視化させている。それによって、発話とジェスチャーが時間の流れの中でどのように協調し合いながら意味を生成しているかを詳細に記述している。

　このように、Kendon が考案したジェスチャー単位は、ジェスチャーを異

8   総説編

なるフェーズごとに発話の産出プロセスと照らし合わせながら分析すること
を可能にし、発話とジェスチャーの関係性を理論的に明らかにするための礎
を築いたと言える。

1.4　McNeill の理論

　近年のジェスチャー研究の立役者の一人である David McNeill（1992）は、
Kendon（1972）による、発話とジェスチャーが 1 つの制御メカニズムによっ
て産出されているという考えを理論化し、成長点（growth point）という理論
を提案している。この理論では、成長点と呼ばれる単一の心理的単位を仮定
し、この成長点から言語的意味内容（発話）とイメージ（ジェスチャー）が発
現すると考える。彼が主張の根拠に挙げているのは、以下の 5 つのポイン
トである。第一に、ジェスチャーは発話中のみ生じる。McNeill は彼の所有
する約 100 時間の録画データのうち、90%のジェスチャー（エンブレムやパ
ントマイムは除く）が発話中に産出されていることを示している。第二に、
ジェスチャーと発話は意味論的かつ語用論的に共・表明的（co-expressive）、
すなわち、共に同一の内容を表している。第三に、ジェスチャーと発話はシ
ンクロする。つまり、ジェスチャーと発話が時間構造の中で同時的に展開さ
れる。第四に、ジェスチャーと発話で同じような発達段階が子どもに見ら
れる。子どものジェスチャーが具体的に近くの物を指す指さしやいくつかの
描写的ジェスチャーからはじまって、他の描写的ジェスチャーや手を小刻み
に振るビート（beat）などが出てきて、最終的に抽象的指さしに進むのと同様
に、子どもの言語は、指示表現からはじまり、対象を描写し、最終的に談話
を構造化できるようになる。第五に、ジェスチャーと発話は失語症の際に双
方に問題が出てくる。要するに、言語に関わる神経的損傷と並行してジェス
チャーにも問題が出てくる。こうした根拠に基づいて、McNeill は、成長点
の理論を提案したのである。

　近年のジェスチャー研究では、McNeill のように、発話とジェスチャーを
1 つの心理的プロセスから生成されるものと捉え、理論化するような研究者

も現れてくることで、発話とジェスチャーの関係に着目した研究が蓄積されつつある[6]。このように発話とジェスチャーの関係に着目した研究が推し進められる近年のジェスチャー研究の中では、本書で議論する指さしについて、どのようなことが明らかになってきたのだろうか。次節では、主としてジェスチャー研究における指さしの研究について概観していく。

1.5　ジェスチャー研究による指さし研究

　指さしは、ジェスチャー研究の分野で広く関心を集めてきた。指さし研究を集めた論文集を最初に世に出した Kita (2003) は、指さしの以下の4つの特徴を挙げ、指さし研究が重要であることを示している。第一に、日常のコミュニケーションの現場で特定の位置にある対象について言及する際に、指さしの使用がほぼ不可欠であるように、指さしは日常のコミュニケーションの中に偏在している。第二に、指さしは人間と霊長類とを分け隔てる人間に固有の行動である（詳細は本書の第2章（高田）を参照のこと）。第三に、指さしの中でも人差し指による指さしは、多くのコミュニケーション手段がある中で、乳児が最初に習得するものの1つである（乳児の指さしについての先行研究についても本書の第2章（高田）で詳述している）。第四に、指さしは対象（の方向）を示すだけでなく、例えば、指さしをしながら特定の形や物の移動の軌道を描くことで映像的表象を創り出すなど、方向以外のものを示すことができる。つまり、指さしは、我々の認知の発達のごく初期段階から人間独自のコミュニケーション能力の基礎を形作るだけでなく、我々の日々の行為や活動の形成に広く関わるものである。

　1.2で触れたように、指さしは、ジェスチャー研究において、直示的ジェスチャー（deictic gesture）として分類されている（喜多 2002a, b, McNeill 1992）。直示的ジェスチャーとしての指さしは、一般的に時空間的に隣接した対象を指し示す（例えば、目の前にあるペンを指し示すこと）。しかしながら、指さしの対象は必ずしも時空間的に隣接しているものとはかぎらない。例えば、「あの公園」という発話を伴いながら遠く離れた公園の方向を

指さしによって指し示すこともある[7]。また、指さしの先にある目標対象物が、直接的な指示対象となっていない場合もある。例えば、目の前にいない田中さんについて語っているときに、「田中さん」と発しながら田中さんがいつも座っている座席に向けて指さしをするような場合である。この場合、指さしの直接的な指示対象は田中さんであるが、実際の指さしの方向には田中さんはおらず、田中さんがいつも座っている座席しかない。さらに、McNeill, Cassell, and Levy（1993）が発見した抽象的直示的ジェスチャー（abstract deictic gesture）は、何もない空間を指し示すことで、その空間内に指示対象を創り出すものである（例えば、「犬」と言いながら、眼前の何もない空間を指さすことで、その空間に「犬」という指示対象を創り出す）。

　直示的ジェスチャーとして、指さしの指示対象がどのように具現化されるかについては上述したとおりであるが、先行研究では、指さしの形状・形態のバリエーション、使用する文脈・状況によって意味機能が異なる点についても指摘されている（Kendon 2004, Kendon and Versante 2003, Sherzer 1973, Wilkins 2003）。例えば、Kendon and Versante（2003）によると、同じ指示対象について、相対的な距離に関わらず、人差し指を使った指さしと親指を使った指さしとでは意味機能が異なるという。

　Kendon（2004）は、イギリスと南イタリアで録画したビデオデータをもとに、指さしのみを行うジェスチャーの手の形と前腕の向きの組み合わせを7種類に分け、話し手が指示対象を発話の中でどのように提示するかに関連してジェスチャーの形状が決まることを示している。つまり、指さしの形状は、受け手に指示対象をどのように見るべきかを示すものとなっている。例えば、伸ばした人差し指による指さし（index finger extended）は、単体の物として選び出した物に焦点を当てる際に用いられ、指示詞と共起することが多い。更に、伸ばした人差し指による指さしの中でも、手の平が地面と垂直の方向に向けられる場合（index finger extended neutral（palm vertical））と手の平が下に向けられる場合（index finger extended prone（palm down））（図1）とでは、指示対象が会話の中でどのように扱われているかが異なる。例えば、指

図1 左が Index Finger Extended Neutral (palm vertical)、右が Index Finger Extended Prone (palm down) (Kendon (2004, p. 206) より抜粋)

さしの手の平の向きを下向き(palm down)から垂直の向き(palm vertical)に変化させることによって、指示対象を特定する行為から、それについてのコメントを行う行為へと変化したことを示すことができる。

また、指さしの文化間の違いについて研究した文化人類学的研究もある。Enfield, Kita, and de Ruiter (2007) によると、ラオ語の話者の(人差し指または親指による)指さしには、腕を大きく使い大きな動作でなされる B-points と手だけで小さな動作でなされる S-points がある。B-points は幼児の前言語的指さしと同様に、情報量が豊富で、視線や頭の動きを伴いながら受け手に主要な情報(例えば、特定の場所など)を伝えるものだという。B-points は、情報内容の伝達という観点からは、主要な役割を果たし、それに伴う発話は補助的役割だという。これに対して、S-points は、受け手が発話によって示されているものについて(発話だけでわかるかもしれないが、もしかしたら発話内容についての共有基盤がないかもしれないことを想定して)副次的に情報を付加するものだという。つまり、S-points は B-points とは対照的に、発話に比べて、情報内容の伝達という観点からは、補助的なものにすぎない。S-points は、社会的協調的義務に関わるリスク、すなわち、情報を与えすぎると相手の認識状態を誤って理解していることを示してしまうリスクを避けるために、(動作が小さい)指さしをあくまで補助的なものとして利用しているのである。

さらに、使用される指さしの形状・形態ごとの意味機能が文化によっても異なることが報告されている (Haviland 2003, Wilkins 2003)。例えば、

12 総説編

Wilkins (2003) によると、オーストラリアのアレンテ族は人差し指を使った指さしと唇を使ったリップ・ポインティング (lip pointing) は、フォーマリティーに違いがあり、前者のほうが後者よりフォーマリティーが高いという。また、ある指示対象について隠し立てするような場合はリップ・ポインティングを使うとしている。さらに、アレンテ族の「1つの指」による指さしでは、英語などと異なり、単一のものしか指示できなかったり、対象の移動経路を指さしで表せなかったりするという。複数の対象を指示したり、対象の移動経路を示したりする場合は、異なる形状の指さしや手の動きによって示されるという。

　このように、これまでのジェスチャー研究や文化人類学の分野において、直示的ジェスチャーとしての指さしジェスチャーには、その形状・形態、意味機能に様々なバリエーションがあること、さらに、形状・形態ごとの意味機能に文化差があることが明らかになっている。指さしの多様性・多面性を明らかにしたことは、これらの研究の大きな功績である。

2. 相互行為の中の指さし

2.1 会話分析

　ジェスチャー研究の多くは、前節で述べた通り、話し手の発話（言語）とジェスチャーが、思考を言語化する同一のプロセスによって産出されるという考え (Kendon 1972, 1980, McNeill 1992) のもと、主に話し手のみに焦点を当て、単独の話し手が産出する発話とジェスチャーの関係を探ることに重点が置かれていた。そのため、話し手の発話とジェスチャーが、他の身体動作や受け手の行動などと切り離され、独立して扱われる場合が多かった。それに対し、社会学者の Harvey Sacks が 1960 年代に Emanuel Schegloff、Gail Jefferson と創始した会話分析 (conversation analysis) を基本とし、発話のみならず身体動作（ジェスチャー、視線、顔の表情、姿勢など）や周囲の環境にも着目した相互行為のアプローチでは、参与者たちが志向し得るあらゆる相

互行為上の「資源」が統合的に扱われている (Deppermann 2013, 坊農・高梨 2009, Streeck, Goodwin, and LeBaron 2011, 高梨・榎本 2009)。

　簡単に言うと、会話分析は、我々が社会生活を達成する基本的な場である会話に焦点を当て、「会話を会話たらしめる」仕組みを明らかにすることを目的として開始された。我々は、普段、特に「会話のやり方」を意識せずとも、当たり前に他者との会話を成し遂げることができるし、会話の中で好き勝手に発話し、振舞っているように感じるかもしれない。しかしながら、我々が、「会話を会話たらしめる」ために、発話の順番交替を行い、相手の発話に応答し、会話中に生じる理解や聞き取りのトラブルに対処する、そのやり方は、普段あまりにも当たり前に成し遂げられているため通常は気付きもしない(「seen but unnoticed」(Garfinkel 1967))「秩序」が存在する。会話分析は、自然会話の録音・録画データをもとに、会話の参与者が実際に行っていることを詳細に記述することを通して、我々の会話を成り立たせるそのような秩序立った組織の解明を目指している。

　会話分析では、発話や身体動作が、何らかの「行為 (action)」を達成するものであると捉える。例えば、我々は、「こんにちは」と言ったり、お辞儀をしたりすることで、「挨拶」という行為を産出したり、「醤油取ってくれない?」と言ったりすることで、「依頼」という行為を産出したりする。会話とは、その参与者同士が行為をやり取りする「相互行為」である。

　相互行為を通して参与者が産出する行為はランダムではなく、「連鎖 (sequence)」を成す(Schegloff 2007)。これは、産出される行為がなんらかの形でその直前の行為への反応であることを指す。つまり、話し手の発話を聞き手がどのような行為として理解したかは、その聞き手が次にそれの応答として産出する行為に観察可能な形で表われるし、さらにその行為の理解は、その次の話し手の応答に表われる。そのような行為の連鎖性 (sequentiality) (Schegloff 2007)に注目する会話分析の手法では、会話の参与者による言語的身体的振る舞いがどのような行為として産出されたかは、分析者が判断するものではなく、常に参与者自身によって観察可能な形で表われるものとし

14 総説編

て捉える。このように、当該の会話の参与者の視点に立って、ひとつひとつ
の振る舞いが彼らのどのような理解を示し、どのような行為を形成するかを
分析するのが会話分析の手法である[8]。

　初期の会話分析では、電話会話などの音声会話の録音データが使われる
ことが多く、言語的なやり取りに分析の主眼が置かれていた。1970 年代か
ら、Charles Goodwin と Marjorie Harness Goodwin 夫妻が会話のビデオ録
画をデータとして用いるようになったことで、行為を形成する上でのジェ
スチャーや視線などの重要性が明らかにされ始め、言語資源と身体資源が
互いに意味を補完し合い、共に行為を形成し、参与者間の共通理解の達成
に寄与していることが証明されるようになった。近年では、身体資源に加
え、人工物（モノ）や周囲の物質的環境をも分析に含める重要性が指摘され
て い る（Deppermann 2013, Haddington, Mondada, and Nevile 2013, Nevile,
Haddington, Heinemann, and Rauniomaa 2014, Streeck, Goodwin, and LeBaron
2011）。このような、会話分析を基本とした相互行為の分析では、行為を形
成するために参与者が用いるジェスチャー、視線、顔の表情、姿勢、人工物
の取り扱い、発話の韻律、発話形式（文法や語彙）などの様々な資源が、別々
に働くのではなく、包括的に行為を形成することを示す「マルチモダリティ
（multimodality）」という言葉が使用されることから、物質的環境における言
語・身体資源に着目した相互行為研究は、相互作用のマルチモーダル分析（細
馬・片岡・村井・岡田 2011）、もしくは単にマルチモーダル分析と呼ばれる
こともある。また、西阪(2008)は、発話だけを分析の焦点に置くような「会
話分析」という呼び方を避けつつ、分析の射程が日常会話よりも広いことを
示した「相互行為分析」(西阪 2008)という呼び方を用いている。

2.2　相互行為における言語と身体

　上記のような会話分析の視点は、相互行為における発話と身体動作の関係
について、従来のジェスチャー研究によるものとは異なる次の 2 点の捉え方
を新たに提供してきた。1 点目は、話し手の発話や身体動作が、話し手によっ

て単独で産出されるものではなく、相互行為の他の参与者との協働の産物であるという点である。相互行為を通し、参与者が発話や身体を用いて産み出す行為は連鎖を成す。そのため、話し手が産み出す行為は、それまでのやり取りから独立したものではなく、直前の話し手が行ったことに直接関連したものとして解釈される[9]。また、行為を構成する際、話し手は受け手の知識や受け手との関係、同時進行する受け手の言語的身体的振る舞いや進行中の活動に合わせて発話をデザインする（「受け手に合わせたデザイン（recipient design)」(Sacks, Schegloff, and Jefferson 1974)）。このように、参与者が相手の出方にそのつど合わせ、相手が認識できる形に自らの次の行為をオンタイムにデザインすることは、話し手が産出する発話や身体動作が話し手単独の産物ではなく、他の参与者との協働作業によるものであることを示している。

　2点目は、発話や身体動作が、それぞれ単独で行為を形成するのではなく、それらが相互行為の時間の流れの中で近接して出現したり、共起したりする中で、周囲の環境とも結び付けられながら、互いに意味を補完し合い、統合的に1つの行為を構築するという点である。前節で既に述べた「マルチモダリティ」という言葉が示す通り、行為は、複数の資源の結び付きにより形成されている。そのため、身体動作は単に発話の補助を行うものでも、発話の副産物でもないし、意味や行為を構築する上で発話と身体動作の間に優劣もないのである。

2.3　会話分析による指さし研究

　以上のように、会話分析を基本とした相互行為のアプローチの貢献は、行為が話し手のみによって産出されるものでも、単一の発話や身体動作のみによって形成されるものでも、やり取りに先立って予め構築されるものでもなく、相互行為の中で、他の参与者の言語的身体的振る舞い、進行中の活動、行為の連鎖構造、そして周囲の環境に、話し手が発話や身体動作をそのつど合わせることを通して、オンタイムに形成されるものであることを示した

ことにある。それでは、相互行為の中で指さしを捉える会話分析研究は、指さしについて何を明らかにしてきたのだろうか。相互行為の中で指さしを捉えた研究は、Charles Goodwin（2000, 2003a, b）や Lorenza Mondada（2007, 2014a, b）を筆頭に、相互行為の進行の中で、話し手が指さしを「達成」する複雑なプロセスを主に解明の対象としてきた。以下では、相互行為の指さしを扱った先行研究について概観していく。なお、参与者が産出するあらゆる発話や身体動作が相互行為上の「資源」となり得ることから、発話と身体動作を、それぞれ言語資源、身体資源と呼ぶこととする。

2.3.1　指さしの産出における受け手との調整

　指さしは、それ単体で成り立つものではない。指さしが成功するには、指さしの受け手が指示対象を正確に捉え、それを指示することによって何が達成されようとしているのかを理解する必要がある。つまり、指さしは、受け手に適切に見られ、その指示対象が理解されるよう、受け手の視線や振る舞いとの調整が必要になる、指さし産出者（話し手）と受け手との共同行為（joint action）である（Clark 2005）。相互行為の中で指さしを捉える研究の中には、話し手と受け手の注意の調整を微細に分析したものがある。Hindmarsh and Heath（2000）は、指示行為が言語資源と身体資源によってどのように達成されるかについて分析した研究の中で、指さしが受け手の従事する活動や身体動作に合わせてデザインされることを示している。言語学における指示に関するそれまでの研究では、指示対象が言語や身体を通して話し手によってどのように示され、受け手にどのように理解されるのかについての踏み込んだ分析はなされていなかった。それに対し、Hindmarsh and Heath（2000）は、イギリスの電話会社の電気復旧制御室という、複雑なテクノロジーを用いる仕事の現場において、人々が指示詞と指さしによって指示行為を達成する過程に注目した。そのような職業の現場では、人々が共同で問題解決に取り組むため、コンピューター画面や図や書類などに複雑に配置された情報への人々の共同注意が必要となることが多い。彼らの分析から

は、仕事に関わる活動が進行し、文脈が常に変化する中、指示対象が見えている間に適切なタイミングでそれを受け手に示すことができるよう、発話と指さしとその他の身体動作が、受け手の視線や身体の動き、身体の向き、指示対象の形や特徴との調整のもとで産出されることが示されている。指示対象を受け手に示すことだけでなく、その対象が適切な形で、より明確に受け手の視界に入ることにも志向された形で、話し手の身体動作と発話が受け手の注意と振る舞いに合わせてデザインされることを明らかにした彼らの研究は、指さしが話し手単独の産物ではなく、いかに受け手に志向して産出されるものであるかを示している。

　相互行為におけるジェスチャーに早くから着目してきた Streeck は、自動車修理店を経営する 1 人の自動車整備士の、職場での様々な指さしを分析している（Streeck 2017）。その中で、指さしの産出には、受け手の注意を確かめる次のようなプロセスが含まれることを示している。まず、指さしジェスチャーの産出に先立って、その産出者(話し手)は頭と目を指示対象に向ける。次に、話し手はジェスチャーの開始と共に視線を受け手へと移し、受け手の視線の方向を確認する。受け手が指示対象を正確に捉えていない場合、話し手は発話や手の動きなどで受け手の注意を促し、指示対象へと正確に導こうとする。つまり、指さしの達成には、話し手が受け手の注意をモニターし、それに合わせてジェスチャーの産出を調整することに加え、受け手が指さしの対象へと視線を向けることで、指示対象を正確に理解したことを話し手に示すことも必要となるのである。因みに、Streeck（2017）は、既に会話の中で導入済み、もしくは共有の知識とされる物や場所を照応的に指す場合は、指さしは小さく(多くの場合親指で)産出され、受け手が指示対象に注意を向けたかの確認は行われないことも観察している。同様に、既に受け手の注意の先にある物やその一部を前景化する「焦点化(spotlighting)」の方法として指さしが用いられる場合も、受け手の視線はモニターされないという。

　指さしが受け手の注意や振る舞いに合わせて産出されデザインされることは、その形が相互行為の中で変化することからも見て取れよう。指さしの形

状が発話中に変化するケースについては、先に述べた通り、Kendon（2004）
が報告しているが、Streeck（2009, 2017）は、話し手と受け手の視線にも着目
しながら同様の観察を行っている。Streeck によると、話し手は、指さしに
よって特定の対象へと受け手の注意を向けさせるだけでなく、指さしの手の
形や動きを途中で変化させることで、受け手がその指示対象をどのような特
徴のもの（個別のもの、セットになったもの、何かの一部をなすもの）として
見るべきかをも提示できる。そうすることで、会話が進行する中で、活動や
状況の変化に合わせながら、受け手に適切に対象の捉え方を示しつつ、受け
手の視線と注意を適切に保ち続けることを可能としているのである。

　上記の通り、指さしの産出者が受け手の注意に志向し、受け手や他の参与
者の注意や振る舞いに合わせて指さしの形や産出タイミングを調整すること
は、指さしが話し手一人によって達成されるものではなく、他者との相互行
為の中で達成される協同活動であることを示している。

2.3.2　環境に連接された身振りとしての指さし

　会話分析研究では、指さしの産出者が受け手に志向し、指さしを受け手の
振る舞いや注意との調整の中で産出するという上記の点に加え、指さしの達
成には、周囲の環境や進行中の活動への志向をも要することを示している。
相互行為におけるマルチモダリティの研究に大きな影響を与えた Charles
Goodwin は、直示的ジェスチャーである指さしを理解する上で、周囲の
環境の構造にも着目する必要性と重要性とを指摘している（Goodwin 2000,
2003a, b, 2007）。そして、それまでのジェスチャー研究による多くの指さし
研究（Kita 2003 他）が、発話と指さしとの関係にのみ注目し、指さしの周囲
にある物を指さしの構成要素としてではなく、指さしの指示対象として、
つまり指さしの外部にあるものとして取り扱ってきたことを問題視してい
る（Goodwin 2003a）。Goodwin は、直示的な指さしを、「状況に埋め込まれ
た相互行為的な活動（situated interactive activity）」と位置付け、相互行為の
参与者が活動に従事する中で、(1)指さしを行う話し手の身体、(2)指さしに

伴う発話、(3)指さしが向けられた対象の特徴、(4)参与者のお互いへの志向と、指さしの対象への志向、(5)進行中の活動、など、周囲の様々な資源を取り込み、互いに結び付けることで達成される行為であることを示した(Goodwin 2003b)。

また、Goodwin は、指さしは、「環境に連接された身振り(Environmentally-coupled gesture)」(Goodwin 2007, 2018)(もしくは「共生的身振り(Symbiotic gesture)」(Goodwin 2003a)、いずれも訳は西阪(2008)による)の1つであると論じた。環境に連接された身振りは、参与者が従事する活動に関連した物質的環境、人工物、発話や身体動作と時間的かつ距離的に近接して産出されることにより、それらと互いに結びつけられることを通して、全体として意味が理解できるものになる。例えば、Goodwin は、考古学者による発掘場面の実習中、考古学者(Ann)が大学院生(Sue)に「What do you think of」(44–46行目)と言う際、「of」と発すると同時に、右手の人差し指を使って土壌の斑点の色彩パターンに指さしを向ける例(図2)を示している(Goodwin 2007, 2018, Streeck, Goodwin, and LeBaron 2011)。この発話は、前置詞「of」の後の名詞句がなく、文法的には未完結であるが、「of」と発せられながら指さしが土壌の色彩パターンに向けられること、受け手に適切に見られることによって、受け手に問題なく理解されている。その証拠に、受け手である Sue は、手に持ったコテを考古学者が先に指さした土壌の特定の箇所に向け、それが発掘作業において注意を向けるべき対象として示されたことへの理解を示している。更に、Sue はコテで指した箇所を出発点として土壌の組織の軌跡をコテで辿りながら、「Does it kinda go around」(48行目)と、Ann への返答を開始する。ここで Sue が「it」と指示詞を用いること、Ann が指さしで指した空間を出発点として新たなジェスチャー(コテで土壌の組織の軌跡を辿る動き)を産出することも、Sue が Ann によって示された対象と発話の意味を理解していることを示している。

同様の観点は、多くの複雑な相互行為場面のマルチモダリティを扱ってきた Mondada も提示している。Lorenza Mondada は、様々な研究の中で、指

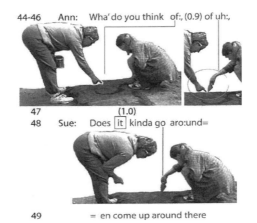

図 2 「環境に連接された身振り」の例（Goodwin (2007, p.200) より抜粋）

さしの達成には、受け手の視線の調整、発話や身体的資源の近接的配置、指さしがなされる相互行為空間（interactional space）の組織が重要となることを指摘している（Mondada 2014a, b など）。Mondada (2014a, b) は、「複雑なマルチモーダルゲシュタルト（complex multimodal gestalt）」という言葉を用い、発話や身体資源が、進行中の活動の種類や環境、進行中の発話順番、話し手以外の参与者の行為、相互行為中のあらゆる偶発性に合わせ、精巧に、順序立って調整されることで 1 つの行為が達成されることを示している。例えば、Mondada (2014b) は、車の販売員が客に車内の特徴を説明する場面、道端での道案内場面、庭園でのツアー場面の 3 つの異なる連鎖環境のそれぞれにおいて、新しい指示対象を導入する際に用いられる人差し指による指さしを分析した。そのような複数のケースの検討を通し、Mondada (2014b) は、指示における指さしと指示詞の用いられ方には、参与者が従事している活動の種類、受け手の元々の注意の先や身体の向きや位置、参与者間の身体の配置関係、指示対象の位置によって異なる組織的パターンがあることを示している。しかしその一方で、文脈や活動が異なるいずれのケースにおいても、話し手が受け手の視線の先をモニターしつつ、話し手が指さしや指示詞

やその他の資源を用いて受け手の視線や身体の位置や向きを調整し、指示対象へと受け手の注意を誘導していくことを通して指さしが徐々に達成されることも明らかにしている。Mondada によると、指さしは複雑なマルチモーダルゲシュタルトに埋め込まれ、相互行為の時間の流れと連鎖の組織の中で成し遂げられる複雑な行為であり、その指示対象は直ちに受け手に理解されるものではなく、相互行為を通して少しずつ確立されていくものであるという。

　以上の通り、会話分析研究は、従来のジェスチャー研究とは異なり、話し手による発話とジェスチャーにのみ焦点を当てるのではなく、他の資源、他の参与者の振る舞いや身体配置、進行中の活動、周囲の物理的環境をも含めた中で指さしを捉えてきた。それにより、指さしが、参与者間で視線や姿勢や身体の位置を互いに調整し合い、その指示対象への共同注意を徐々に確立させることと、相互行為の中で様々な資源を取り込みながらその指示対象が特定されることとを通して達成される、複雑な過程を要する協同作業であることが明らかにされてきたのである。

2.3.3　指さしによる様々な働き

　会話分析を基本とした相互行為研究において、物や人や場所への指示を行う直示的ジェスチャーとしての指さしを扱った上記のような研究が多くを占める一方で、指さしが指示を行うのみならず、相互行為上の様々な課題に対処することを示したものもある。それらの研究は、指さしが指示以外にどのような相互行為上の働きを持つかは、指さしが用いられる文脈や物質的環境や連鎖の位置によることを明らかにしてきた。

　代表的な研究として、発話の順番交替（turn-taking）と関連のあるポインティング（指さしやペンによるポインティング）を分析した Mondada（2007）がある。Mondada は、テーブルに置かれた地図などの書類を参照しながら行われるミーティングにおいて、書類に向けられるポインティングが、発話順番の交替の組織と関連していることに着目した。Mondada によると、参

与者が発話順番の開始とととともに書類を指示し始めることで、その参与者が新たに話し手になったことが示されたり、現在の話し手の発話順番が完了に近づいていることが文法構造や韻律などから予測可能となった後、話し手以外の参与者が腕を伸ばして書類に向けて指示しし始めることで、その参与者が次に発話順番を取る意図があることが示されたりする。後者のような、話し手以外の参与者が、話し手の発話順番の途中に産出し始めるポインティングは、進行中の発話順番が予測に反してまだ長く続くことが明らかになると消失したり、発話順番の完了が再び予測できる地点に達するとまた復活（reactivate）したりするなど、進行中の発話順番の構造に敏感に反応しながら産出されている。更に、Mondada（2007）はポインティングの終了のタイミングにも注目し、話し手によるポインティングの終了が発話順番の完了を示したり、発話順番が完了に近づいていることを予告したりすることや、話し手が発話順番の完了後もポインティングを終了させないことで、発話順番の完了後も自分の行為に関連のある連鎖が続いていることを示すことも観察している。

　このように、ポインティングが目の前の書類や図を指示するだけでなく、発話順番の取得や連鎖組織の管理の資源として用いられるのは、ポインティングそのものによって可能になるわけではなく、参与者が置かれた環境や、従事する活動と関係している。ここで挙げた Mondada（2007）では、参与者たちは、テーブルの上に書類や図が置かれているという空間的・物理的環境において、それらを共に参照しながら行う活動に従事している。そのため、参与者が書類や図の特定の箇所を指示するポインティングが、それについて言及するための発話順番の取得や完了を予告するものとして利用可能となるのである。

　物理的環境や活動の性質によって、指さしが会話への参与の管理の資源となることを示す他の例として、高梨（2011）がある。高梨（2011）は、複数の参与者が別々のグループに分かれ、並行的に作業している場面、つまり、「焦点の定まった相互行為が複数並存している状況（multi-focused interaction）」

（Goffman 1963）において、一方のグループの活動に従事していた参与者が
もう一方のグループの活動に割り込む際、指さしを用いることを観察してい
る。高梨は、割り込みに先立って、割り込まれる側の活動に従事する参与者
の注意を獲得する手段の1つとして、割り込まれる側が操作している装置や
見ている紙に向けた指さしが用いられていることを、その産出開始のタイミ
ングをもとに示している。複数のグループに分かれつつも、互いに関連し合
う作業が同時進行的に行われているという状況において、他のグループの参
与者が操作し、注意を向けている対象を指さすことで、その参与者の注意が
確保できる。つまり、このケースで割り込みに先立って受け手を確保すると
いう、割り込みの準備段階として指さしが利用できるのは、ここでの活動の
性質、環境、参与枠組みによるのである。

　指さしが相互行為上どのような働きを持つかには、指さしの産出者が進行
中の活動においてどのような役割を持つ人物であるかということが関わるこ
ともある。Streeck（2017）は、指さしが特定の成員カテゴリー（アイデンティ
ティ）に結びつくことで、「権威のジェスチャー（gesture of authority）」とな
ると論じている。Streeck（2017）が観察した自動車修理店の経営者が、従業
員との会話において用いる指さしの中には、受け手がその対象へと注意を向
けた後も保持されるものがあるという。そのような指さしは、単に従業員の
注意を指示対象に向けるだけでなく、従業員への指図・指揮（directive）や命
令（order）を構成し、従業員である受け手が命令に従うことが適切であるこ
とを示し続けるものである。このように、役割や仕事上のタスクが関わる制
度的な（institutional）コンテクストにおいて、指さしの産出者が、経営者と
いう「従業員に何かをさせる権利（entitlement）」を持った立場の者として振
舞っていると捉えられるとき、指さしが権威を可視化させる、命令や指図の
働きを持つのである。

　上記のように、図や書類を参照しながら行われるミーティング、複数のグ
ループがそれぞれ装置や紙に注意を向けて作業を行う場面、自動車修理店で
の経営者と従業員とのやり取りなど、複雑な物質環境や活動、参与者間の社

会的地位や役割などの成員カテゴリーが関連する相互行為においては、その場の環境や活動の性質や制度性に応じて、指さしが指示以外の相互行為上の資源ともなり得ることが明らかにされている。他方、特に特定の物への注意を要する活動に参与者が従事するわけではなく、会話が中心となる場面においても、指さしが指示だけではなく、他の目的で用いられることがあることも報告されている。そのような指さしの働きは、その場の話し手と受け手とのやり取りを通じて、その時々の相互行為で形成されるものである。例えば、日常会話において、同じ会話の参与者の1人に向けた指さしが頻繁に産出されることが観察されている。杉浦（2011, 2013a）は、直前の話し手に向けられる指さしが、その話し手が直前に産出した評価への強い同意を可視化させる重要な資源の1つとなることを示している。杉浦は、強い同意として見えないようなケースを取り上げ、そのようなケースにおいても、同意という行為が発話形式だけでなく、直前の話し手への指さしや姿勢、表情、韻律などを組み込むことで、強い同意を公然化することを示している。また、杉浦（2013b）は、語りの際に特定の参与者に向けて産出される指さしに焦点を当て、進行中の発話順番における指さしの産出のタイミングや産出の段階（準備・ストローク・撤退）に注目している。杉浦は、この種の指さしは、産出のタイミングや産出の段階によって異なる相互行為的資源として利用されていると論じている。いずれの利用においても、指さしが、指示対象である参与者（の身体）を指示すること自体が主たる目的ではなく、Mondada（2007）が示したように発話順番の自己選択を示すことのほか、次話者選択、発話順番の維持、語りの注目点を知らせることなど、指示以外の行為の実現のために利用されていることを主張している。

　また、安井（2014, 2017）は、日常会話において、話し手の発話の直後にその話し手に向けられる指さしが、その話し手のみならず、その話し手による直前の発話の内容（の一部）をも指示すると論じている。そして、そのような指さしが、直前の発話と次に開始される行為や活動との意味的かつ連鎖的繋がりを可視化させるとしている。

第1章　相互行為における指さし　25

　以上の研究が示す通り、指さしが相互行為において達成するのは、指示対象への共同注意だけではない。指さしが用いられる環境や文脈や参与者間のやり取りを含めて分析する相互行為研究は、指さしによる指示や、それ以外の相互行為上の働きが、指さしそのものが保有するものではなく、参与者がいる環境、従事する活動、会話における行為の連鎖などによって、状況に埋め込まれた形で、相互行為的に形成されるものであることを明らかにしてきた。このように、指さしを相互行為の中で捉える視点によって、従来の指さし研究からは明らかにされなかった指さしの達成の過程や働きが明らかにされつつあるのである。

3.　本書について

3.1　本書の目的と位置付け

　本章のこれまでの先行研究のレビューから、いかに多くの観点から指さしに関わる研究がなされてきたのかが示されたように思う。既に見た通り、ジェスチャー研究は、指さしの産出者の認知と指さしとの関わりに主に関心を払ってきた。それに対し、会話分析は、私たちが様々な活動において、指さしを用いて他者の志向をどのように調整し、指示を達成するかについて、単に指さしの産出者、発話、指さし、指示対象の関係だけにとどまらず、それに加え、相互行為が行われている物理的環境、産出者を含めた参与者たちの身体配置、参与者たちが従事している活動のタイプ、各参与者たちの活動への参加の仕方、順番交替組織や連鎖組織といった相互行為の組織等々、進行中の相互行為の中で参与者たちにとって利用可能な資源との関係を包括的に捉えてきた。また、従来のジェスチャー研究のように、話し手と受け手という二元性で相互行為を捉えるのでなく、話し手として発話をしていない相互行為の他の参与者たちがそれぞれ同時に産出する様々な身体資源にも着目することで、参与者が相互行為にそれぞれどのように「参与」しているのか、という視点を取ってきた。そうすることによって、会話分析は、指さ

しが「状況に埋め込まれ」、「環境に連接され」ることで、意味や行為を構成するものであることを明らかにしてきたのである（Goodwin 2003a, b, 2007, Mondada 2014a, b）。

更に、会話分析による先行研究は、「焦点の定まった相互行為（focused interaction）」（Goffman 1963）であることが多い会話場面だけでなく、参与者が仕事の現場で複雑な活動に従事している場面（Hindmarsh and Heath 2000, Mondada 2014a, Goodwin 2003a, b, Streeck 2017, 高梨 2011）や、歩きながらなされる活動場面（Mondada 2014b）など、参与枠組みや文脈が複雑に絶えず変化する、「複数の焦点のある相互行為（multi-focused interaction）」において用いられる指さしも扱ってきた。このように様々な状況や活動における指さしが分析対象となってきたことは、指さしが実際に相互行為上の様々な重要な働きを持つことを示すほか、相互行為における指さしに対する研究的関心の深さも示している。また、会話分析の手法が、相互行為における指さしの解明に有用であることも示している。しかしながら、一部の先行研究を除き（Hindmarsh and Heath 2000, Mondada 2007, 2014a, b, Goodwin 2003a, b, Streeck 2017）、指さしそのものに焦点を当てた研究は少ない。その上、指さしが、他の資源と共に、連鎖組織の中で行為を形成するやり方は、まだ十分に解明されたとは言えない（Mondada 2014b）。それに対し、本書では指さしを焦点の中心に据え、指さしが話し手と受け手の注意や振る舞いの調整にどう寄与し、その場の相互行為をどう形成するかについて、更に理解を深めることを目指している。

また、先行研究の多くは、指示における指さしに焦点を当て、指さしとその他の資源によって、指示対象が確立され、話し手と受け手によるそれへの共同注意が漸進的（progressively）に達成される過程の解明に努めてきた。他方、前節で述べた通り、相互行為の参与者が様々な相互行為的課題を遂行する中で、必ずしも特定の対象を指示し、それへの他者との共同注意を達成することだけが指さしの主たる仕事ではない場合もある（Mondada 2007）。そのため、指さしが、何かへの指示を通し、参与者たちの相互行為における

特定の行為や活動への参与の仕方を特徴付けるうえでどのような役割を果たしているか、つまり、順番交替組織(Turn-taking Organization)や連鎖組織(Sequence Organization)といった相互行為の組織を構成するうえでどのような役割を果たしているかについては、まだ研究の余地がある。既に述べた通り、指さしによる相互行為上の働きは予め決められたものではなく、参与者の従事する活動やその場の環境や連鎖構造を通して、相互行為の中で徐々に形作られるものである。本書はこの点を重視し、日常会話と、それ以外の複雑な活動を含む相互行為における指さしが、指示をいかにして確立させるかのみならず、指示を通してどのような働きをするかについても明らかにすることを目的としている。会話分析の観点から指さしの特性を追求していくことは、指さし研究の新たな開拓領域として、指さし研究の広がりと深化に貢献できるものと考えられる。本書で展開される研究は、まさにこのような新たな視点から指さし研究に寄与するものである。

3.2　本書の特徴と各章の概要

　ここで本書の構成について述べておこう。本書は、2章から成る「総説編」と、6章から成る「分析編」に分かれている。「総説編」では、相互行為における指さしについて概説した本章に引き続き、第2章(高田)では、子どもの発達研究における指さし研究の成果について概説する。子どもの発達のごく初期段階から見られる指さしは、発達研究の中で多くの研究的関心を集めてきた。第2章では、子どもによる、コミュニケーション手段としての指さしの発達と習得について、理論的、経験的、実験的研究からの成果について幅広くまとめている。

　続く「分析編」は、第Ⅰ部と第Ⅱ部により成る。第Ⅰ部、「日常の中の指さし」では、日常会話を分析した論考3編を収めた。3編の論考はいずれも、日常会話において、参与者の1人に向けられる指さしについて検討している。まず、第3章(森本)では、過去の出来事について語っている際に、現在の話し手が特定の参与者に向ける指さしに焦点を当てている。森本は、その

ような指さしによって、次の話者として選択するための資源としてだけでなく、今話題となっている過去の出来事が指さしを向けた参与者に帰属するものであることを公然化するための資源として利用されていることを明らかにする。続く第4章(杉浦)は、記憶を探索することで参与者が何らかの対象の名前・名称を想起した際に、その想起した名前・名称を発するのと同時に参与者の1人に向けて産出される指さしについて分析している。杉浦は、指さしの指示対象である参与者と想起した名前・名称との間にある指示関係の齟齬に着目し、そのような指さしは、記憶探索状態から想起したという認識状態の変化が生じ、今まさに想起した名前・名称が正しいものであることを発話とともにマルチモーダルなかたちで公然化・主張するための資源となっていると論じている。最後の第5章(安井)は、直前の話し手の発話についての「からかい」がなされる際、からかい手がからかいの対象に向けて笑いと共に産出する指さしに注目している。安井は、そのような指さしは、その対象を指示するだけでなく、指さしの対象となる参与者の直前の発話をも指示するほか、からかいの対象への志向を公然化し、からかいを組織するための資源となっていると論じている。以上の第Ⅰ部のいずれの論考も、参与者の1人へ向けた指さしが日常会話の中で繰り返し観察されることに注目し、そのような指さしが、それが向けられた参与者を指示するだけにとどまらず、相互行為の中でそれ以外の働きも持つことを明らかにしている。それにより、指さしが相互行為を通して達成する行為の多様性を示すとともに、指さしの働きが、指さしジェスチャーや発話のみで決まるのではなく、相互行為を通して形成されるものであることを明らかにしている。

　第Ⅱ部は、「環境の中の指さし」と題し、複雑な活動や物理的環境において用いられる指さしを分析した論考3編から成る。まず、第6章(遠藤・高田)は、子どもと養育者間の相互行為における子どもの指さしを扱い、子どもが何らかの対象に対して行う指さしが、他者との注意共有のための行為として成立するようになる会話連鎖上の過程を分析している。そして、養育者やきょうだいとの視野の共有や言語的行動等、指さしによる共同注意達成の

基盤となる要素を明らかにし、子どもがどのように周囲との関わりの中で指さしができるようになっていくのかを詳細に示している。次に、第7章（高梨）では、起業コンテストの中の発散型のワークショップという特殊な活動において、参加者が発言とともに産出する指さしを分析している。高梨は、発言内容を特定の参与者に宛てつつ、同時にこの発言内容を別の参加者に記録させるという二重のアドレスを持つモダリティ複合的な行為において、これを構成する指さしと発話のタイミングがどのように相互に調整されているかについて論じている。最後に、第8章（城）では日本科学未来館にて科学コミュニケーターと呼ばれる職員が展示物について来館者に説明する際に使用される指さしに焦点を当てている。城は、指さしによる、指し示すという行為が、単に来館者の注意を引くためになされているのではなく、来館者の反応や振る舞いに感応するかたちで、当該展示物の見方を教示したり、複数の展示物の関連性を提示するためになされていることを詳細な分析を通じて示している。以上の論考はいずれも、様々な人工物を介する複雑な環境や活動において、周囲の環境や人工物と参与者とを結びつける資源の1つとして指さしがどのように用いられるのか、また、環境の複雑性の中で指さしを用いた指示がどのように達成されるのかについて明らかにしている。

3.3 おわりに

　既に述べた通り、本書に収めた論文は全て、会話分析の視点をもとに、実際の自然会話のビデオ録画をデータとし、言葉だけでなく、身体動作、人工物（モノ）、周囲の環境などを分析対象に含めたアプローチを用いている。会話分析を基本としたマルチモーダル研究は国内外で近年ますます盛んになっているものの（Depperman 2013, Haddington, Mondada, and Nevile 2013, Nevile, Haddington, Heinemann, and Rauniomaa 2014, 細馬・片岡・村井・岡田 2011, Stivers and Sidnell 2005,Streeck, Goodwin, and LeBaron 2011 など）、指さしを相互行為で扱う研究はまだまだ少ない。本書は、指さしを、相互行為の参与者間のやり取りや周囲の環境との関係の中で捉えることで、これま

で注目されてこなかった指さしによる行為や、指さしに伴う参与者間の調整や、指さしが周囲の環境や他の資源と結び付けられながら理解されていく過程を明らかにすることを目的としている。本書を通し、我々が普段何気なく用いる指さしの複雑性と多様性に、少しでも気付いてもらえれば幸いである。

注

1　厳密に言えば、行為としての「指さし」とジェスチャーとしての「指さし」とは異なるが、本書ではこれ以降、どちらも「指さし」と表記する。

2　ポインティング（指さし）の形状全般については喜多（2002a）、様々な手の形状を利用したポインティング、視線を利用したポインティングについては Kendon and Versante（2003）、唇を利用したポインティングについては Sherzer（1973）、Wilkins（2003）が参考になる。

3　ジェスチャー研究の歴史について、日本語では坊農・高梨（2009）が参考になる。

4　Kendon（2004）によれば、ワインをグラスに注ぐような行為も通常はジェスチャーとはみなされないが、ワインボトルを見せるために高く上げてみたり、ワインを注ぐ角度を調節するなど、単にワインをグラスに注ぐ以上の表現意図があってなされているようなケースは、ジェスチャー性を帯びてくると指摘している。

5　ここで示したジェスチャー分類は、あくまでも 1 つの観点からの分類である。その他のジェスチャーの分類について喜多（2002a, b）、Kendon（2004）、McNeill（1992）が参考になる。

6　Kita（2000）は、McNeill の成長点の理論への代案として、「分析的指思考」（analytic thinking）と「からだ的思考」（spatio-motoric thinking）からなる「情報の組織化仮説」（information packaging hypothesis）を提案している。発話とジェスチャーの生成の基となる 1 つの心理的単位を仮定する成長点の理論に対し、情報の組織化仮説では、発話とジェスチャーは分析的思考とからだ的思考という 2 つの異なる思考が独立して機能し、互いが協調し合うことで、発話とジェスチャーが生成されるとする。情報の組織化仮説の詳細は Kita（2000）または喜多（2002a）を参照。

7　発話を伴うことは義務的ではないが、例えば、右斜め前方を指さしただけでは、指示しているものが公園なのか、スーパーなのか、学校なのか、が不明確なため、しばしば発話を伴うことで指示対象を明確化する。

8　会話分析についての詳細は、会話分析の入門書である、串田・平本・林（2017）や

高木・細田・森田（2016）を参照されたい。なお、会話分析に関わる重要な概念については、必要に応じて各章で概説する。

9　そのため、それまでのやり取りと切り離された行為を産出する際は、「ところで」「話は変わるけど」などと、直前との断絶が明示的にマークされる必要がある。

参考文献

坊農真弓・高梨克也編（2009）『多人数インタラクションの分析手法』オーム社

Calbris, Genevieve. (1990) *The Semiotics of French Gesture*. Bloomington: University of Indiana Press.

Clark, Herbert. (1996) *Using Language*. Cambridge: Cambridge University Press.

Clark, Herbert. (2003) Pointing and placing. In Kita Sotaro. (ed.) *Pointing: Where Language, Culture, and Cognition Meet,* pp.243–268. Mahwah, NJ: Lawrence Erlbaum.

Clark, Herbert. (2005) Coordinating with each other in a material world. *Discourse Studies* 7(4–5): pp.507–525.

Deppermann, Arnulf. (2013) Multimodal interaction from a conversation analytic perspective. *Journal of Pragmatics* 46(1): pp.1–7.

Enfiled, Nick J., Sotaro Kita, and J.P. de Ruiter. (2007) Primary and secondary pragmatic functions of pointing gestures. *Journal of Pragmatics* 39: pp.1722–1741.

古山宣洋（2005）「発話と身振りの協調に見られる談話における時空間的近接／連続性」片桐恭弘・片岡邦好編『講座社会言語科学第5巻─社会・行動システム』pp.240–255. ひつじ書房

Garfinkel, Harold. (1967) *Studies in Ethnomethodology*. Englewood Cliffs, N.J: Prentice-Hall.

Goffman, Erving. (1963) *Behavior in Public Places*. New York: Free Press.

Goffman, Erving. (1981) *Forms of Talk*. University of Pennsylvania Press.

Goodwin, Charles. (2000) Action and embodiment within situated human interaction. *Journal of Pragmatics* 32(10): 1489–1522.

Goodwin, Charles. (2003a) The Body in action. In Justine Coupland and Richard Gwyn (eds.), *Discourse, the Body and Identity,* pp.19–42. New York: Palgrave Macmillan.

Goodwin, Charles. (2003b) Pointing as situated practice. In Sotaro Kita (ed.), *Pointing: Where Language, Culture and Cognition Meet,* pp.217–241. MahWah, NJ: Lawrence Erlbaum.

Goodwin, Charles. (2007) Environmentally coupled gestures. In Susan D. Duncan, Justine Cassell, and Elena T. Levy (eds.), *Gesture and the Dynamic Dimension of Language,* pp.195–212. Amsterdam/Philadelphia: John Benjamins.

Goodwin, Charles. (2014) The intelligibility of gesture within a framework of co-operative action. In Mandana Seyfeddinipur and Marianne Gullberg (eds.), *From Gesture in*

Conversation to Visible Action as Utterance: Essays in Honor of Adam Kendon, pp.199–216. Amsterdam/Philadelphia: John Benjamins.

Goodwin, Charles. (2018) *Co-operative Action.* Cambridge: Cambridge University Press.

Haddington, Pentti, Lorenza Mondada, and Maurice Nevile (eds.) (2013) *Interaction and Mobility: Language and the Body in Motion.* Berlin/Boston: De Gruyter.

Haviland, John B. (2003) How to point in Zinacantán. In Kita Sotaro. (ed.) *Pointing: Where Language, Culture, and Cognition Meet*, pp.139–169. Mahwah, NJ: Lawrence Erlbaum.

Hindmarsh, Jon, and Chirstian Heath. (2000) Embodied reference: A study of deixis in workplace interaction. *Journal of Pragmatics* 32(12): 1855–1878.

細馬宏通・片岡邦好・村井潤一郎・岡田みさを編 (2011)「特集 相互作用のマルチモーダル分析」『社会言語科学』14(1): pp.1–4.

Kendon, Adam. (1972) Some relationship between body motion and speech. In Aaron Siegman and Benjamin Pope. (eds.) *Studies in Dyadic Communication,* pp.177–210. New York: Pergamon Press.

Kendon, Adam. (1980) Gesticulation and speech: Two aspects of the process of utterance. In Mary Ritchie Key. (ed.) *The Relationship of Verbal and Nonverbal Communication,* pp.207–227. Toronto: Hogrefe.

Kendon, Adam. (2004) *Gesture: Visible Action as Utterance.* Cambridge: Cambridge University Press.

Kendon, Adam and Laura Versante. (2003) Pointing by hand in "Neapolitan". In Kita Sotaro. (ed.) *Pointing: Where Language, Culture, and Cognition Meet,* pp.109–137. Mahwah, NJ: Lawrence Erlbaum.

Kita, Sotaro. (2000) How representational gesture help speaking. In David McNeill. (ed.) *Language and Gesture,* pp.162–185. Cambridge: Cambridge University Press.

Kita, Sotaro. (ed.) (2003) *Pointing: Where Language, Culture, and Cognition Meet.* Mahwah, NJ: Lawrence Erlbaum.

喜多壮太郎 (2002a)『ジェスチャー――考えるからだ』金子書房

喜多壮太郎 (2002b)「人はなぜジェスチャーをするのか」齋藤洋典・喜多壮太郎編『ジェスチャー・行為・意味』pp.1–23. 共立出版

Kita, Sotaro. Ingeborg van Gijin, and Harry van der Hulst. (1998) Movement phases in signs and co-speech gestures and their transcription by Human encoders. In Ipke Wachsmuth and Martin Fröhlich. (eds.) *Gesture and sign language in human-computer interaction*, pp.23-35. Berlin: Springer.

串田秀也・平本毅・林誠編 (2017)『会話分析入門』勁草書房

McNeill, David. (1992) *Hand and Mind: What Gestures Reveal about Thought.* Chicago:

University of Chicago Press.

McNeill, David, Justine Cassell, and Elena T. Levy. (1993) Abstract deixis. *Semiotica* 95(1–2): pp.5–19.

McNeill, David and Susan Duncan. (2000) Growth points in thinking-for-speaking. In David McNeill. (ed.) *Language and Gesture,* pp.141–161. Cambridge: Cambridge University Press.

Mondada, Lorenza. (2007) Multimodal resources for turn-taking: pointing and the emergence of possible next speakers. *Discourse Studies* 9(2): 194–225.

Mondada, Lorenza. (2014a) The local constitution of multimodal resources for social interaction. *Journal of Pragmatics* 65: 137–156.

Mondada, Lorenza. (2014b) Pointing, talk, and the bodies: Reference and joint attention as embodied interactional achievements. In Mandana Seyfeddinipur and Marianne Gullberg (eds.), *From Gesture in Conversation to Visible Action as Utterance: Essays in Honor of Adam Kendon,* pp.95–124. Amsterdam/Philadelphia: John Benjamins.

Nevile, Maurice, Pentti Haddington, Trine Heinemann, and Mirka Rauniomaa. (eds.) (2014) *Interacting with Objects: Language, Materiality, and Social Activity.* Amsterdam/Philadelphia: John Benjamins.

西阪仰 (2008)『分散する身体―エスノメソドロジー的相互行為分析の展開』勁草書房

Peirce, Charles S. (1955) *Philosophical Writings of Peirce.* New York: Dover.

Pomerantz, Anita. (1984) Agreeing and disagreeing with assessments: Some Features of Preferred/Dispreferred Turn Shapes. In J. Maxwell Atkinson and John Heritage. (eds.) *Structures of Social Action*, pp.57–101. Cambridge: Cambridge University Press.

Sacks, Harvey and Schegloff, Emanuel A. (2002) Hine Oisutuib. *Gesture* 2: pp.133-146.

Sacks, Harvey, Emanuel A. Schegloff, and Gail Jefferson (1974) A simplest systematics for the organization of turn-taking for conversation. *Language* 50(4): 696–735.

Schegloff, Emanuel. A. (2007) *Sequence Organization in Interaction : A Primer in Conversation Analysis*. Cambridge: Cambridge University Press.

Sherzer, Joel. (1973) Verbal and nonverbal deixis: The pointed lip gesture among the San Blas Cuna. *Language in Society* 2(1): pp.117–131.

Stivers, Tanya and Jack Sidnell. (2005) Introduction: multimodal interaction. *Semiotica* 156: pp.1–20.

Streeck, Jürgen. (2009) *Gesturecraft: The Manu-Facture of Meaning*. Amsterdam/ Philadelphia: John Benjamins.

Streeck, Jürgen. (2017) *Self-making Man: A Day of Action, Life, and Language*. Cambridge: Cambridge University Press.

Streeck, Jürgen, Charles Goodwin, and Curtis LeBaron. (eds.) (2011) *Embodied Interaction: Language and Body in the Material World.* Cambridge: Cambridge University Press.

Stukenbrock, Anja. (2014) Pointing to an 'empty' space: Deixis am Phantasma in face-to-face interaction. *Journal of Pragmatics* 74: pp.70–93.

杉浦秀行（2011）「「強い同意」はどのように認識可能となるか─日常会話における同意ターンのマルチモーダル分析」『社会言語科学』14(1): pp.20–32.

杉浦秀行（2013a）「「そう」によって表明される同意の強弱─マルチモーダル分析の試み」『茨城大学留学生センター紀要』11: pp.43–62.

杉浦秀行（2013b）「相互行為の中の指さし─指さし行為の非指示性」『社会言語科学会第 31 回大会発表論文集』pp.76–79.

高木智世・細田由利・森田笑（2016）『会話分析の基礎』ひつじ書房

高梨克也（2011）「複数の焦点のある相互行為場面における活動の割り込みの分析」『社会言語科学』14(1): pp.48–60.

高梨克也・榎本美香編（2009）「「特集─聞き手行動から見たコミュニケーション」編集にあたって」『認知科学』16(1): pp.5–11.

ten Have, Paul. (1999) *Doing Conversation Analysis: A Practical Guide.* Thousand Oaks, CA: SAGE.

Tomasello, Michael. (2008) *The Cultural Origins of Human Cognition.* Cambridge, MA: Harvard University Press.

安井永子（2014）「語りの開始にともなう他者への指さし─多人数会話における指さしのマルチモーダル分析」『名古屋大学文学部研究論集（文学）』60: pp.85–99.

安井永子（2017）「直前の話し手を指さすこと：直前の発話との関連を示す資源としての指さし」『社会言語科学』20(1): pp.131–145.

Wilkins, David P. (2003) Why pointing with the index finger is not a universal (in sociocultural and semiotic terms). In Kita Sotaro. (ed.) *Pointing: Where Language, Culture, and Cognition Meet,* pp.171–215. Mahwah, NJ: Lawrence Erlbaum.

第2章

子どもの発達研究における指さし

高田 明

1. はじめに

　赤ちゃんはことばを話し始める少し前から、指さし（ポインティング）を行うようになることが多い。これは偶然ではない。指さしはことばをはじめとするシンボルの使用と密接な関わりを持っており、子どもの発達の研究者は早くからこれに注目してきた。この章では、そうした指さしに関する子どもの発達研究について概観する。ただし、子どもを含む相互行為の研究の中で会話分析や言語的社会化アプローチに関する問題意識から行われたものは前章（第1章（安井・杉浦））で紹介しているので、本章ではこれを割愛することにする。

2. 初期の理論的研究

　現代的な子どもの発達研究の草創期ともいえる20世紀前半から中盤にかけては、壮大かつ幅広い視野を持った理論的研究がたくさん登場した。このため、他の発達に関する現象と同じく、指さしについてもさまざまな理論的な見方が提示された。

2.1 「内から外へ」と「外から内へ」

中でも、初期の発達研究でもっとも体系的な説明を行い、現代の発達研究の礎を築いたといえるのはスイスの高名な研究者 Jean Piaget であろう。たとえば Piaget（1937/1954,1964/1968）は、感覚運動期の後期に子どもがいくつかのシェムやシェマ（個体が環境と関わる時に用いる感覚運動的な枠組みをシェム、図式的なイメージをシェマと呼ぶ）を組み合わせながら用いる場面においてしばしば指さしの使用が見られることに注目し、これがことばに代表されるシンボルの使用の前駆的な現象であると特徴づけた。こうした見方は、子どもの身体的・精神的な成熟とともに内的な動機が高まってその知的な行動に質的な変化がもたらされる、すなわち「内から外へ（inside out）」という見方の代表格といえる。

これとちょうど対照的な「外から内へ（outside in）」という見方の代表格とされるのが、旧ソビエト連邦の研究者 Lev Semenovich Vygotsky である。Vygotsky は 30 代の後半で早世したが、そのわずか 10 年ほどの研究活動の中で数多くの重要な実験や理論的な指摘を行い、その影響は今日にも広く及んでいる。Vygotsky（1978）によれば、指さしの前駆的なあらわれ、もしくは初期の単純な指さしは開いた手の形であり、これは他者とのコミュニケーションとは直接的には関わりのない、物をとろうとする動作であるリーチングにその源を発する。そして、子どもを取り囲む周囲の人々がこうした手の形でなされた子どもの動作にコミュニケーションに関わる意図を読み込むことで、子どもの指さしは実際にコミュニケーションに関わる働きを遂行するようになっていく。

長年に渡って旺盛な研究活動を続けた Piaget は後に、Vygotsky の考え方の少なからぬ点を自身の実証的および理論的な議論の中に取り込んでいる。たとえば、幼児はある時期にしばしば思ったことを現前の他者の存在のあるなしにかかわらずことばとして表出する（内外言と呼ばれる）が、Piaget はこれをこの時期の幼児の内的な欲求に基づく自己の内に閉じた思考のあらわれだと考えた。これに対して Vygotsky は、幼児のこうした発話は他者の発し

たことばを幼児が自らコミュニケーションのために遂行的に用いることができるようになる前に生じる過渡的なものだと主張した。Piaget はこうした批判を重く受け止め、後には Vygotsky の主張が正しいことを確かめるいくつかの実験を行っている。したがって、Vygotsky は初期の Piaget が関心を持ちつつもその理論的な枠組みにうまく取り込めていなかった点を鋭く指摘したといえよう。

　また、早くから「内から外へ」と「外から内へ」の双方の特徴を併せ持つ重要な指摘を行っていた重要な研究者として、Heinz Werner があげられる。ウィーンに生まれた Werner はドイツやオーストリアの大学で精力的に知覚や言語使用についての研究を行い、後にナチスの迫害を逃れて渡った米国でも活躍した。しばしばその代表作としてあげられる『Symbol Formation（シンボルの形成）』(1963/1974) は、彼の長年の研究を米国での同僚である Bernard Kaplan とともにまとめたものである。Werner and Kaplan (1963/1974) によれば、乳児に見られる原初的な相互行為のスキルと社会的な理解は、その当初から社会的に構築されていく。したがって、指さしは社会的相互行為を推進するだけではなく、社会的相互行為を通じて形作られると考えられる。さらに彼らは、乳児の指さしは対象物をその背景から切り離す、すなわち参照することを意味しており、これが後にことばによって対象物を同定することにつながると考えた。こうした指さしの参照的な働きについては、4.2 に見る研究などによってさらに議論が深まっている。

2.2　指さしと言語獲得

　指さしとシンボルとの関係についての議論は、各種の言語理論や記号論と結びつくことでさらなる発展を得た。中でも、教育学や学習論の分野で早くから頭角をあらわし、長年に渡って心理学と発達研究を牽引し続けた Jerome Bruner は、言語哲学や語用論において発展した発話の遂行的側面に関する最新の議論や Vygotsky の「外から内へ」という視点を高く評価し、英米の発達研究に接続した最大の功労者であるといえよう。Bruner

(1975, 1983/1988)によれば、大人は早くから子どもの行動に意図を読み込んでいる。これはしばしばリーチングの目的で乳児が行う指さしにもあてはまる。その結果、乳児は次第に指さしを「要求」をはじめとする行為指示的な文脈でも用いるようになる。興味深いことに、後の発話に関する相互行為も同様の道筋をたどる。すなわち、大人は乳児の初期の発声にしばしば意図を読み込み、乳児は次第にそうした発話を、行為指示をはじめとした時間的・空間的により広範な文脈で用いるようになる（e.g., Takada and Endo 2015）。したがって、Bruner (1983/1988: 32)がいうように、「子どもはいやおうなく言語に直面するのではない。言語は相互のコミュニケーションを、効果的に、きめ細かく調整されたものにするために形成される」。

　またBates (1979)は、乳児の指さしが意味の構築や言語獲得においてきわめて重要であることを主張したもっとも初期の研究の１つである。こうした主張は、言語を用いる能力は、系統発生的にヒトにおいて突然にその目的（すなわち、言語を用いること）のために生じたのではなく、霊長類の進化においてそれぞれ別々に発展・展開してきたさまざまな能力（ここではたとえば、リーチングの能力や感情を発声によってあらわす能力）が再編されることによってもたらされた、という彼の考え方に基づいている。

　我が国においても、指さしに関する優れた研究が早くから行われてきた。中でも田中昌人らは、厖大かつ入念な乳幼児の観察に基づいて、以下のタイプ分けを行っている：手ざし、あるいは手の到達行動（音源や対象物に手を伸ばす。生後７ヶ月ごろから見られる）、志向の指さし（興味のある物を示すために、志向性を持った手さしや指さしを行う。生後９ヶ月ごろから見られる）、定位の指さし（相手からの「ちょうだい」に対して、持っている物を相手に渡しきる。また、離れている物に対して自分からしばしば発声を伴う指さしをする。生後11ヶ月ごろから見られる）、要求の指さし（欲しい物、行きたい方などを指さして、要求をあらわす。生後12ヶ月ごろから見られる）、可逆の指さし（「お父さんはどの人」などと聞かれた場合に、それへの応答としてそのお父さんを指さす。生後18ヶ月ごろから見られる）（田中・

田中 1982: 21–23,146–148）。これらのタイプ分けとタイプ間の移行は、著者たちによる乳幼児の姿勢・運動、認知・適応、言語・社会面での発達を総合的にとらえようとする発達観に基づいて丁寧に説明されている。著者たちは、世界的に見ても非常に早い時期から優れた発達理論を構築してきたといえよう。

3.　観察研究の隆盛と臨床的応用

　前節で紹介したような指さしに関する初期の理論的な議論や着想は、その後たくさんの経験的な観察研究や臨床的な応用研究が行われることによってさらに豊かになっていった。

3.1　指さしとそれ以外のコミュニケーションの手段における機能の連続性

　たとえば選択体系機能理論を提唱し、機能主義的な言語理論の代表的な論者として有名な M. A. K. Halliday は、言語が特定のコンテクストの中で発せられることによってどのように意味を具現するかについて旺盛な研究を行った。また、乳児の発声に見られる韻律的なバリエーションが他者との交わり（companionship）への動機を伝え、それによって後の言語使用につながる語用論的な働きを担っていると論じた（Halliday 1975）。前節でも紹介したBates とその共同研究者は、きわめて早い時期にこうした議論を指さしの働きと関連づけて論じている。たとえば Bates, Camaioni, and Volterra（1975）や Bates, Benigni, Bretherton, Camaioni, and Volterra（1979）によれば、意図的なコミュニケーションがはじまる前の子どもの韻律的な表現は、発語媒介効果によって特徴づけられる感情的な情報と身体的な制約（i.e., この時期の子どもが利用できるのは、前言語期においても表出可能なジェスチャー、視線、発声などのバリエーションに限られる）を反映している。そして乳児の発声は、その背後にある行為の意図についての鍵を提供する。とりわけ、生後 9 ヶ月頃に見られる原－要請(proto-imperatives)や、生後 12 ヶ月頃に見

られる原-宣言（proto-declaratives）は、乳児の行為の意図を理解する上できわだった特徴を備えている。こうした韻律的な表現とともに、乳児ははじめコミュニケーション的な意図や社会的認知に関する期待は伴わさせずに指さしを行うようになる。こうした指さしに対して養育者が反応することによって、乳児は次第にコミュニケーション的な意図や社会的認知に関する期待を生じさせるようになる。こうした Bates らの議論には、Bruner を通じてもたらされた Vygotsky の「外から内へ」という視点が色濃く反映されている。

　こうした議論、すなわち子どもが発達のプロセスで文化的に構築されてきた意味をどのように共有するようになっていくのかについての議論は、Halliday によるフレーズ「意味の振る舞い（act of meaning）」をタイトルに冠した Bruner の著作（Bruner 1990/1999）で、さらなる理論的な展開を見ている。たとえば Bruner（1990/1999: 27）は、生活の中の日常的行為において、行為ということ（または経験すること）が解釈できるということに注目し、状況の中に位置づけられた行為の研究に専念する発達研究が必要だと説いている。さらに Bruner（1990/1999: 100）によれば、私たちのコミュニケーションにおいて認められるいくつかの機能や意図は、子どもがそれらを言語的に正しく表現する公式言語を身につけるよりもずっと前から存在している。子どもの言語獲得は、これらの機能をよりよく果たそうとすることに動機づけられているようである。こうした問題意識は、以下に見る身体化されたコミュニケーションについての関係論的アプローチ、さらには現在も精力的に研究が進められている社会語用論的アプローチ（e.g., Tomasello 1999）や文化心理学におけるナラティブ・アプローチ（e.g., やまだ 2007）などにもつながっている。

3.2　身体化されたコミュニケーションについての関係論的アプローチ

　ここで身体化されたコミュニケーションについての関係論的アプローチと呼ぶのは、Vygotsky の「外から内へ」という視点をさらに発展させ、子どもと養育者の関係性そのものを中心に据えて、身体的なコミュニケーション

について探究してきた一連の発達研究のことである。こうした研究は、本書の第1章(安井・杉浦)で紹介されるような相互行為の研究と必ずしも直接的な関わりはなかったが、これに連なる問題意識を持って発展してきている。

　関係論的アプローチから社会的相互行為の成り立ちに注目して、早くに優れた記録を行った研究者に L. W. Sander がいる。Sander (1977) によれば、その結論は次の2点にまとめられる。まず、乳児が誕生して間もないうちから、母親と乳児は注意を共有できるようにお互いに行動のパターンを調整し、変化させていく。第2に、養育者と乳児の相互行為が養育に有効なシステムとして形づくられていくことは普遍的だといえるが、その一方で各々の養育者－乳児間の相互行為にはその関係の歴史を反映した個別の特徴がみられる。

　Kaye ら (Kaye 1977, 1982/1993, Kaye and Wells 1980) は、Sander (1977) の第1の結論をさらに発展させ、母子間の相互行為を1つの社会システムが形づくられていくプロセスだと考えた。ただし Kaye らによれば、あるシステムが「社会システム」と呼ばれるためには、発達の歴史を共有すること(そのシステムの成員として関係をもった経験に基づいてお互いの行動を予期できること)および共通の目的を持つこと(システムの成員が共通の目的に向かって働いていること)という2つの条件を満たさねばならない。Kaye らによれば、初期の母子間の相互行為は乳児の生まれもった反射などの規則性を利用して母親が作りだしたものにすぎない。このため、この時期の母子は目的を共有しておらず、母子間の相互行為を社会システムと呼ぶことはできない。だが、親は子どもの力を実際よりも高くみなすことで、子どもをだんだんと高度な相互行為に巻き込んでいく。そのプロセスは次のように考えられている：(1) リズムと調節の共有(誕生～); (2) 親が一方的に子どもに意図を読み込む(2ヶ月頃～); (3) 子どもによる意図の理解によって共有が両方向のプロセスになる(8ヶ月頃～); (4) 言語が共有される(14ヶ月頃～)。

　このモデルに基づいて、たとえば Kaye (1982/1993: 126) は、(2) の段階にある乳児が手の届かない距離にある対象に手を伸ばした際に、母親が人差し

指を伸ばしてその対象に指さしを行い、さらに子どもの方を振り返ったという事例を取り上げている。そしてこれを、母親が乳児はその対象を欲しがっているのだと推測し、自らの指さしと振り返りによってその推測の正しさを確かめることを通じて、実際には指さしのモデルを提示していると分析している。また Kaye（1982/1993: 238–239）は、（2）の段階から（3）の段階に移行する時期の乳児が「うーん」という発話とともに手をクマの人形の方に伸ばした際に、その母親が「あなたはクマが欲しいのね」と応答し、それに対して乳児が「クンマ」と発声するやりとりを提示している。Kaye らは、こうしたプロセスで子どもはだんだんと母親と共通の目的を持つようになり、母子間の相互行為は社会システムとなっていくと考えた。

　関係論的アプローチのもう 1 つの重要な特徴は、コミュニケーションを成り立たせる基盤としての身体に注目したことである。Piaget の壮大な立論は、主流の心理学においては、厳密な実験的手法を導入した乳幼児の社会的認知の研究として花開いた（第 3 節を参照）。これに対して Esther Thelen らは、ヒトの認知的な働きをその身体的な基盤と切り離して論じることの危険性を早くから主張し、発達のプロセスを「多原因的で、非線形で、複雑な」（Fogel and Thelen 1987: 747）ものとして、その全体を統合的に論じることを目指すダイナミック・システムズ・アプローチを提唱・推進した（e.g., Thelen and Smith 1996）。

　Kaye の高弟でもある Alan Fogel は、早世した Thelen とともに、ダイナミック・システムズ・アプローチによって集められた証拠を関係論的アプローチの視点からまとめている。Fogel and Thelen（1987）によれば、初期の表出的およびコミュニケーション的行為の発達には、養育者との身体的な関わりが欠かせない。そして、指さしをはじめとする相互的な行動は、それが要求のようなコミュニケーションにおける成熟した慣習的な機能を果たすようになるよりはるか前（e.g., 指さしとの関連では生後 2 ヶ月頃）から必ずしもコミュニケーション的とはいえない多様なコンテクスト（e.g., 把握行動やリーチング）であらわれる。こうした相互的な行動が次第に上記のような慣習的な機

能を果たすようになっていくプロセスは、これを構成するさまざまな要素が
コミュニケーションに関する唯一の目的に向かうように中央で制御されたシ
ステム、すなわち脳によって統制されるのではなく、子どもの成熟度や経
験、さらにはその場のコンテクストに応じた、より課題に特殊化したやり方
でそれぞれ臨機応変に働くという、ダイナミックなモデルによってよりうま
く説明することができる。

　また Fogel, Garvey, Hsu, and West-Stroming（2006）は、Sander（1977）の第
2 の結論、すなわち「養育者と乳児の相互行為が養育に有効なシステムと
して形づくられていくことは普遍的だといえるが、その一方で各々の養育
者 – 乳児間の相互行為にはその関係の歴史を反映した個別の特徴がみられ
る」という点について、多くの母子の縦断的な観察に基づいてさらに探究
した。Fogel ら（2006）が提唱する関係 – 歴史的研究アプローチ（A relational-
historical research approach）では、Goffman（1974）に由来するフレーム分析
という概念を用いて、養育者 – 乳児間の相互行為が質的に変化していく
中でやりとりの多様性や創造性が生み出されるプロセス、さらにはそうした
移行に失敗してトラウマや問題行動が生じるプロセスを分析の遡上にあげて
いる。Goffman（1974）は、私たちが社会的状況を理解するために用いてい
る認識や行為のフレーム（枠組み）の特徴を明らかにすることを通じて、社会
的な知覚や現実がどのように組織されているのかを論じた。こうした議論を
受けて Fogel ら（2006）は、社会フレーム（対象物に媒介されない相互的な社
会的遊びのフレーム）、ガイドされた対象物フレーム（養育者の行為が対象物
の特徴の提示やその対象物を支えることを志向するフレーム）、ガイドされ
ない対象物フレーム（養育者が対象物を持っている乳児に注意を向けるが、
その対象物には直接はさわらないフレーム）、社会／対象物フレーム（対象物
に媒介された相互的な社会的遊びのフレーム）という 4 種類のフレームを設
定して、4 組の養育者 – 乳児それぞれの間で繰り広げられる相互行為におい
て、これらのフレームがどのように展開していくのかを論じている。

　たとえばある事例（Fogel et al. 2006: 142–143）では、生後約半年の乳児 R

44   総説編

の手の届く範囲に母親がおもちゃを提示し、R が母親の持っているそのおも
ちゃを見てそれに手を伸ばす間に母親は R に話しかける（ガイドされた対象
物フレーム）。R がそのおもちゃに触れると即座に母親は R に話しかけるの
をやめ（沈黙）、おもちゃが R のうまく手におさまるようにその位置を調整
し始める。R がそのおもちゃをつかむと母親はそのおもちゃから手を離し、
R に向かってそのおもちゃについて話し始める（ガイドされない対象物フ
レーム）。この事例は、この年代におけるガイドされた対象物フレームから
ガイドされない対象物フレームへの典型的な移行のパターン、さらにそうし
た移行の際に母親がみせる行為の新たなバリエーションとしての「沈黙」を
示している。Fogel ら（2006）は、乳児の週齢に応じてこうしたパターンやそ
の移行時にみられる行為が変化していくプロセスについて量的・質的に分析
している。こうした分析は、個別の養育者−乳児の間で特徴的な間身体的・
間主観的な関係が構築されていくプロセスを明らかにし、さらには把握行動
やリーチングが多様なコンテクストの中で次第に指さしの慣習的な諸機能を
果たすようになっていくプロセスを論じるために非常に有効であろう。

3.3　コミュニカティブな生活世界の構成における指さし

　養育者−子ども間における間身体的・間主観的な関係の構築について論じ
ていく上で、上記の関係論的アプローチに勝るとも劣らない重要な貢献を
行ってきたのが、子どもの日誌研究である。発達研究の観点から行われた
子どもの日誌研究の多くは、研究者が生活する文化（ときには自身の家庭）
において丹念な観察を長期間に渡って行い、子どもの発達についての理論
構築を行った。こうした研究者の多くは、観察者でありながら相互行為の参
与者でもある「私」という存在を隠蔽しようとせず、乳児の経験をコミュニ
ケーションの系の内部から記述しようとした。この点で、子どもの日誌研究
の関心は、現象学的社会学に端を発する相互行為の研究のそれと呼応するも
のである。とりわけ、乳児期に養育者との関わりの中で生じてくる、指さし
をはじめとする身ぶりの組織化については、日本の研究者も多くの優れた観

察を報告している。これらの研究者が相互に呼応しながらおもに 1980 年代後半から発表してきた業績は、赤ちゃんのエスノグラフィという視座（高田 2009）にとって世界に類を見ない層の厚さと質の高さを誇っている。

　たとえばやまだ（1987）は、自身の長男「ゆう」の 0 歳から 3 歳ころまでの行動観察をもとにして、理論化したものである。やまだ（1987: 81–159,231）によれば、多くの欧米の発達理論は、言語以前の行為の実践的な規則が後の言語発達につながると考える点では評価できる。ただし、こうした議論では「人の世界」と「物の世界」との結びつきについての考察が決定的に欠けている。そうした両者の結びつきを考えるために、やまだは指さしに注目する。以下は、やまだ（1987: 83）が報告している、ゆうの指さしに似た行動が初めて出現した生後 9 ヶ月 19 日のときの状況である。

　　はじめて指さしに似た行動が見られた。ゆうは母に抱かれて、二階の居室から階下へ行くため階段を降りていた。階段の踊り場の二、三段上のところで、母に抱かれた姿勢のまま、人さし指を少しつき出して全体の指が幾分開いたような手の形で左手をサッと上方前に上げ、大きな手で「アー」と言った。母がゆうの手の示す方向とゆうの視線の方向を見ると、踊り場に置いてある本棚の上の壁の一部が、北の窓から射し込んだ夕日で、赤く輝く光の四角形を形作っていた。ゆうはじっとその光を見ていた。本棚の上の壁の一部が西日で輝くのはほんの一時のことにすぎないが、その後、夕方になり、もう光が射し込んでいないときにも、同じ場所で、同じ姿勢で、同じ指さし行動が見られた。そのときは、ゆうは壁ではなく、本棚を見ていた。ただし、同一行動のくりかえしは 1 回だけで、その後何度も同じ場所を同じように抱いて登り降りしても、指さしに似た行動はもう見られなかったので、同じ場所で示す迷信的な繰り返し行動とは考えられない。　　　　　　　　（やまだ 1987: 83）

このように、乳児は生後 9 ヶ月頃を過ぎると、感嘆をあらわし、それを

他者と共有するために指さしを用いるようになる。その後しばらくすると、乳児は要求を示したり、養育者とのやりとりを楽しんだりするため、すなわち「物」を媒介として「人」と交流するために指さしを用いるようになる。ゆうの場合は、上記の例から2週間ほど経った頃にはじめて要求を実現するための指さしが見られたそうである（やまだ 1987: 89–90）。指さしは、その行動形式を物との関係の中で分化した手操作から借りているという意味で、もともとは物の世界に属している。しかしその後、上記のようにして、「人の世界」の中に「物の世界」を組み入れる働きをするようになる。乳児のまわりの人は、乳児と感情や認識を共有しようとし、こうした指さしに積極的に応じることで、そうした変化を促進していると考えられる。やまだ（1987）は、こうしたプロセスにおいて、人との「みる－うたう」間柄（やまだによれば、乳児は生まれてすぐから人の顔を見て微笑するというような、共鳴的に人と「うたう」世界の中に生きている）と物との「みる－とる」関係が組み合わさり、「人の世界」と「物の世界」が混ぜ合わされるようになると考えた。

　こうした議論を受けつつ麻生（1992）は、自身の長男であるUの日誌記録や野生チンパンジーを対象とした観察記録、さらにはその旺盛な想像力を駆使した思考実験に基づいて、「人の世界」と「物の世界」という二分法そのものを解体し、「ことばが生まれる」道筋をさらにラディカルにとらえ直そうとする。麻生によれば、子どもは「私的なもの」の世界を知る前に「共同的なもの」の世界を知らなければならない。そして、「自己」と「他者」との間に深い溝があることを意識する前に、「自己」と「他者」が同型的な存在であることを知らなければならない（麻生 1992: 37）。

　乳児は早くから、その情緒的に響き合う身体を用いて養育者とのやりとりを行う。以下は、Uの生後20日目に見られたエピソードである。

　　　午後5時10分頃、Uがまたしても泣き出す。そこで、私はUの足元の方に行き、Uが泣き顔で「エーッ」と泣き始めるのにタイミングを

合わせて、姿の見えない所から「ウェーンエーン」と犬のうなり声のような泣き声を出してやる。すると泣き声が消え、頭頂の窓の方を見ようとする。しばらくすると、また顔をしかめ泣き出しかける。私がまた同じような泣き声を出すと、Uの泣きかけの声が抑制され泣き顔が消える。3度目はもう泣き止まないので抱いてやる。抱くと泣き止み、キョロキョロしている。居間に連れて行き、歩き回ってやるとさまざまな物を見ようとする(中略)。大便と空腹とでしか泣かないはずのUが、抱っこを要求して泣くようになってきたのかとも思う。　(麻生 1992: 85–86)

このように、乳児は生まれてすぐから泣くことを通じて環境に働きかける。そして生後1ヶ月目の半ば頃からは、乳児と養育者の間に泣きやむずかりという不機嫌さを媒介にして、さまざまなニュアンスを備えた原初的なコミュニケーションが成立し始める。いいかえれば、養育者はその解釈活動を通じて乳児の「欲求」や「要求」をその乳児と間身体的・間主観的に構成し始める。そして乳児は次第に、養育者に体勢や注意を向ける先をナヴィゲートされ、注意を増幅されながら、外界を見たり聞いたりすることを学んでいく。Uの場合は、生後2ヶ月頃には視線や驚くべき多様な発声を用いて母親と発話順番交替の構造でやりとりをするようになったという。それから間もなく、乳児は物に関わる欲望も示し始める。その延長で、生後4～5ヶ月頃には目の前の物を見つめ、それに手を伸ばしてつかめるようになる。この時期の乳児はまだこうした手を伸ばすことに特別にコミュニカティブな意味があるとは自覚していないが、周囲の養育者はこれをしばしば意味を持った身ぶりとして知覚する。

　その後(Uの場合は生後7ヶ月後半頃)、乳児はそうした養育者の反応を引き出すためにそうした対象に対する行為を行うようになっていく。こうしたプロセスを麻生 (1992: 231–232) は、「行為の共同化」と呼んでいる。たとえばUは生後9ヶ月12日のとき、父親である麻生が少し遠くから物を差し出すと、自分もその物の方に手を伸ばしてそれを指でつまむような動作をし

て腕を降ろした（麻生 1992: 294）。ここでは対象に対する行為がその対象と一体になったかたちで他者にテーマ化されている。さらにその後（U の場合は生後 10 ヶ月半頃）、乳児はその対象が自分にとって存在しているだけではなく、他者の注意が向けられうるものとして存在していることを認識するようになる。たとえば以下は、U が生後 10 ヶ月 25 日のときに記録された、これに関する観察である。

　　　私が 6 畳に寝転がってグラスに入ったオレンジジュースを飲んでいる。ダイニングから U が這って来て、私の手前で正座し声も出さず私の飲むのをじっと見つめ始める。そこで私は U にも交互に飲ませてやることにする。最後私が飲み干し、空になったグラスを（私の）背後のステレオラックの棚の 3 段目に置く。すると U は右手を指さしの形で伸ばし、正面上方向のグラスを見つめ、そして首を少し右に回し私の目を見つめ、指さししたままできつい声で「エーッ」と訴える。私がそれに反応しないと、またグラスの方を見つめ再び視線を私に戻して「エーッ」と催促する。
　　　　　　　　　　　　　　　　　　　　　　　　　（麻生 1992: 306–307）

　ここで U は、指さしをしながら指示対象であるグラスと父親の両方を交互に見つめ、父親に自らの意志を示している。指示対象であるグラスは、U にとって存在しているだけではなく、父親の注意が向けられうるものとしても存在している。こうした認識が成立していくプロセスを麻生（1992: 232–233）は、「対象の共同化」と呼んでいる。いいかえれば、「対象の共同化」では対象それ自体が自己と他者の間で間主観的なものとしてテーマ化される。対象の共同化がさらに広がることで、共同化された対象が存在する「共同化された対象世界」および同型的な身体を持った「自己」と「他者」という、互いに依存しあった概念としての 3 つの項が成立するようになる。この 3 つの項をつなぐ道具としてのその社会で分け持たれている「ことば」があらわれてくるのはもうすぐのことである。

4.　赤ちゃん実験の勃興

　世紀の変わり目あたりから、乳幼児を対象とした研究の中でもっとも精力的にその成果を公表してきたのが、心理学的な実験研究(赤ちゃん実験)である。指さしについても数多くの知見が報告されてきている。洗練された心理実験パラダイムの発展に伴い、これまでの理論的な研究で論じられていたことの是非を量的な指標に依拠して確かめるとともに、社会的コンテクストを操作することで各種の指さしの働きや特徴について、より具体的で多様な試行錯誤に基づいて論じることができるようになってきた。

4.1　要求的、表出的、および情報的な指さし

　こうした動きをリードしてきた代表格の一人が米国人の研究者 Michael Tomasello である。2.2 や 3.1 で紹介した Bruner らの言語観の影響を受けた Tomesello は、Chomsky の生成文法理論に対抗して、(生成文法理論が仮定するような)生得的な言語構造を認めず、子どもは発達の初期に周囲から与えられるさまざまな前言語、言語的な刺激に基づいた学習を行い、そこから徐々に一般化を進めることによって、より抽象的な文法をボトムアップ的に獲得していくと考える。Tomesello はエモリー大学とヤーキーズ霊長類研究所に勤めた後、1990 年代後半からは自らが所長を務めるドイツのライプチヒにあるマックスプランク進化人類学研究所を拠点として、こうした社会語用論的アプローチから、さまざまな領域について膨大な量の組織的な研究を生み出してきた。

　この Tomesello のもとで、指さしに関する研究の中心を担ってきたのが Ulf Liszkowski である。さらに Liszkowski は、マックスプランク進化人類学研究所、オランダのナイメーヘンにあるマックスプランク心理言語学研究所、ドイツのハンブルグ大学を拠点として自らの研究グループを組織し、おもに実験的な研究の成果に基づいて、指さしの機能の多様性とその発達について論じてきている。

たとえば Liszkowski, Carpenter, Henning, Striano, and Tomasello（2004）では、12 ヶ月児が対象物に対して指さしをした後に、となりに座った大人の実験者が 4 つの異なる反応（共同注意条件：乳児の顔と出来事を見る、顔条件：乳児の顔だけを見る、出来事条件：出来事だけを見る、無視条件：無視する）を行い、その後の乳児による指さしの頻度や持続時間、実験者への視線の頻度がどう変わるか調べた。その結果、共同注意条件では他の条件よりも指さしがあらわれる率が高く、指さしの持続時間は長い傾向があった。出来事条件では他の条件よりも実験者の顔を見る頻度が高かった。これらの結果は、12 ヶ月児が最初に対象物を見せられたときに行った指さしは、他者と興味を寄り添わせたり、他者に情報を提供したりするといった叙述的かつ協力的な動機を伴ったものであることを示唆する（Liszkowski, Carpenter, and Tomasello 2008 も参照）。こうした主張は、12 ヶ月児が共有された知識を背景として指さしを用いることを示した Liebal, Behne, Carpenter, and Tomasello（2009）や Liebal, Carpenter, and Tomasello（2010）によっても支持される。さらに Liszkowski, Carpenter, and Tomasello（2007）や Liszkowski, Schafer, Carpenter, and Tomasello（2009）は、12 ヶ月児が特定の事物や出来事について実験者とコミュニケートするために、それらが視界の外にある場合でさえ、指さしを用いることを示した。

これらの研究結果に基づいて Grünloh and Liszkowski（2015）は、マルチモーダルなコミュニケーションにおいて行われる指さしを、(i) 要請的（imperative）指さし（乳児がおもちゃを欲するときなどにあらわれる）; (ii) 表出的（expressive）指さし（乳児が出来事への興味をあらわすときなどにあらわれる）; (iii) 情報的（informative）指さし（大人が物体を見つけるのを乳児が助けるときなどにあらわれる）という 3 つのタイプに分類している。このうち要請的な働きと表出的な働きの区別は、すでに Franco and Butterworth（1996）も採用している。さらに Grünloh and Liszkowski（2015）では、実験的に上記の 3 タイプの指さしを引き出し、その特徴を調べている。その結果、以下などが示された。まず、要請的指さしは他の指さしよりも引き出し

やすい。また、要請的指さしは他の指さしと比べると、人さし指よりも手全体で行われることが多く、発声を伴うことは少ない。一方、表出的指さしと情報的指さしでは、発話するようなイントネーションの発声を伴うことが多い。要請的指さしは他の指さしと比べると、対象物が遠くにあっても出やすい。また3つのタイプを通じて、乳児の発声を伴う指さしは相手に対してその乳児の意図についてのヒントを与えやすい。

4.2　指さしの前駆的なあらわれ

近年の洗練された赤ちゃん実験は、指さしの前駆的なあらわれについても新たな知見をもたらしつつある。たとえばRamenzoni and Liszkowski（2016）は、8ヶ月児が、その場に親がいるときといないときで手の届かない距離に置かれた対象に手を伸ばす頻度を比べた。その結果、親がその場にいるときは、手の届かない距離に置かれた対象に有意に多く手を伸ばすことがわかった。すなわち、この月齢になると乳児は、対象に手が届かない場合、それを助けてくれる可能性がある他者がその場にいるときに選択的にリーチングの試みを増加させるのである。

したがって、乳児は身ぶりとしての指さしを用いて明示的にコミュニケーションを行うようになる以前から、コミュニケーションのパートナーがその行為の目的を採用し、それを補完してくれることを期待して、Ramenzoni and Liszkowski（2016）が示したような道具的な行為としてのリーチングを用いていることが示唆される。その後、生後9ヶ月頃になると乳児は、対象物を要求するときにその場にいる他者がそれをきいてくれそうかどうかを考慮するようになる（Behne, Carpenter, Call, and Tomasello 2005）。Ramenzoni and Liszkowski（2016）によれば、こうした他者の意図を理解する力は、大型類人猿にも認められる。そして大型類人猿は、8ヶ月児とよく似たやり方でコミュニケートすることができる。ただし、ヒトの乳児がその後、指さしをはじめとするより複雑なジェスチャーによるコミュニケーションのスキルを発達させていくのに対して、大型類人猿にはそうした移行は認められないという。

また Franco and Butterworth (1996)は、早くに指さしとリーチングの働きの違いについて考察している。Franco and Butterworth (1996)は、生後 10 ヶ月〜18 ヶ月の乳児が 2 つの社会的コンテクスト（参照条件：乳児の遠くに動く人形を置く、道具的条件：乳児の手の届きそうなところに魅力的なおもちゃを置く）において産出する行動を調べた。その結果、参照条件では指さしが多く産出された。道具的条件では、指さしもリーチングも産出された。ただし、月齢があがるにつれてリーチングが多く産出されるようになった。指さしは視覚的チェックとより結びついていた。ここから Franco and Butterworth (1996)は、指さしは叙述−参照（declarative-referential）、リーチングは要請−道具的（imperative-instrumental）という、コミュニケーション上の異なるコンテクストに由来する別々の身ぶりとして発達すると考えた。

こうした Franco and Butterworth (1996)の考え方は、Vygotsky に由来し、指さしの発達に関する現在の議論の主流をなす見方、すなわち子どもの周囲の人々がリーチングのような他者とのコミュニケーションとは直接的には関わりのない動作にコミュニケーションに関わる意図を読み込むことで、コミュニケーションに関わる働きを遂行する指さしが促進されるようになっていくという見方に異議を唱えるものである。これと関連して、3.3 で紹介したやまだもすでに指さしがリーチングに由来するという見方には異を唱えている（やまだ 1987: 85–91,109–113）。ただし、やまだは「指さしは、対象を取ろうとして手を伸ばすリーチングの縮まったものであるという古い見解は、「取ろう」としているという行為の解釈に関しては間違いだが、「行動形式（シェム）」の形のみに限定すれば完全な誤りではなくなる（やまだ 1987: 111）」と述べて、Franco and Butterworth (1996)よりも進んだ解釈を提示していることは注目される。指さしとリーチングの関係については、さらなる実証的研究による検討が期待される。

4.3 指さしの普遍性と文化特異性

指さしについての知見が蓄積されてくるにつれて、ヒトの種としての特徴

を論じる上でのその重要性が認識されるようになってきた。たとえばPovinelli, Bering, and Giambrone（2003）は、霊長類の中では唯一ヒトだけが身ぶりとしての指さしを用いてコミュニケーションを行う種であると論じている。大型類人猿、とりわけチンパンジーが形態的に指さしのような動作を見せることは間違いない。さらに複数の研究が、飼育下のチンパンジーは学習によって人間の飼育員等に対して要求の指さし、あるいは要求の指さしにきわめて似た動作を行うようになると主張している（e.g., Cartmill and Byrne 2010, Rossano 2013, Bard et al. 2014, Takada 2014）。しかしながらPovinelliら（2003）は、あるチンパンジーやヒトが指さしを行ったと判断するためには、そのチンパンジーやヒトが、自己や他者は注意、欲求、知識、信念といった心理学的な状態を持つと認識していることが必須だと考える。そして、Povinelliらのグループや他の霊長類学者が精力的に進めてきた実験研究を見渡しても、チンパンジーがこのような認識をしていることを示す確固たる証拠はない。

　指さしを行えることが種としてのヒトの特徴であるという議論が活況を呈している一方で、ヒトによる指さしの現れ方にはかなりの文化的多様性が認められるという主張も盛んに行われている。たとえばWilkins（2003）は、人さし指を用いて行う指さしという身ぶりの普遍性について疑念を表明している。Wilkins（2003）によれば、オーストラリア中央部のアレンテ語を話す先住民などいくつかの言語集団では、人さし指による指さしは指示をする行為の唯一の形式ではない。他の形式としては、手全体を使った指さし、唇を使った指さし、親指を使った指さしなどがある。どのような指さしを用いるかが、それが人に向けられるかどうか、さらにはその人が指さしを行う者とどういった社会関係があるかによって制約される文化も少なくない。また人さし指による指さしが用いられる場合でも、その形態のバリエーション、その解釈、それが起こる空間、それが埋め込まれているコンテクストなどは文化的に特異であり得る。そして私たちは、その社会における文化的実践（e.g., 道探索実践）を積み重ねることを通じて、その文化的に特異な指さしを適切

なコンテクストで用いることができるようになる。

　これに対して Liszkowski, Brown, Callaghan, Takada, and de Vos（2012）は、指さしは文化の違いを問わず、ヒトが社会の中で成長していくにつれて普遍的に身につける特徴であると主張している。Liszkowski ら（2012）は、7 つの文化（パプアニューギニアのロッセル島；インドネシアのバリ；日本の京都；ペルーの中央高地にあるモンタローバレー；メキシコのツェルタル・マヤ；メキシコのユカテク・マヤ；カナダのノヴァスコシア）において、生後 10 ヶ月～14 ヶ月の乳児とその養育者を対象として同じ条件で心理実験（飾られた部屋課題：壁にたくさんのおもちゃが飾られた部屋を養育者に抱っこされた乳児が自由に見て回り、養育者と乳児がそれぞれどの程度指さしを行うかを調べる課題）を行った。

　その結果、いずれの文化においても、養育者および乳児は類似した頻度で同じような人差し指を延ばした原－典型的な指さしを産出した。また、乳児の指さしの頻度は、その月齢および養育者による指さしの頻度によってもっともよく予測される。さらなる分析は、養育者と乳児の指さしは、たいてい会話のような構造を持つ相互行為フレームにおけるやりとりの中であらわれることを示している。これに対して、文化の違いは乳児の指さしの頻度に対してそれほど説明力を持たなかった。あえて違いをいうならば、養育者と乳児の指さしはロッセル島、京都、ノヴァスコシアにおいて多く見られる傾向があった。モンタローバレーは中程度、ユカテク・マヤ、ツェルタル・マヤ、バリは少なめであった。これらの結果から、実験的な状況における二者関係を志向するやりとり（すなわち、飾られた部屋課題）の中で行われた調査という制約はあるものの、養育者と乳児の指さしは文化の違いを問わず行われることが示された。これはまた、ヒトのコミュニケーションにおいて、言語とは独立したジェスチャーとしての指さしが普遍的に認められ、これが後の文化的に共有された多様な言語的コミュニケーションの前言語的な基盤を形成していることをも示している。

　Wilkins（2003）が主張する、指示をする行為のための指さしの文化的多様

性と Liszkowski ら (2012) が主張する指さしの普遍性とは、必ずしも矛盾しないだろう。時代や地域によってさまざまな言語が見られる一方で言語を持たない社会集団は見つかっていない。同様に、どんな社会集団においても乳児は指さしをコミュニケーションにおける前言語的な基盤の1つとして発達させる (cf. Povinelli et al. 2003: 40) のに対して、その形式はその社会集団における慣習や文化的コンテクストによって社会文化的に、また記号論的に多様なあらわれ方をし得ることが示唆される。

5.　まとめ

　本章で見てきた知見をまとめるにあたって、指さしに関する発達研究から導かれる理論的な示唆を2点指摘したい。

　第1に、指さしはヒトの普遍的な「多層からなるデザインの制約をみたす工学的に安定した解決」(Evans and Levinson 2009) であり、さらには、きわめて多様なあらわれ方をする言語の獲得と使用を基礎づける「社会－認知的で協力的なインフラ」(Tomasello 2008) であるといえる。指さしと言語の機能的および構造的な関係についての分析を推進することは、柔軟性と創造性によって特徴付けられるヒトのユニークな記号使用の成り立ちについての理解を深めることにつながる。そのためには、指さしと言語が相互作用しつつ発現する内的な仕組みや発達的なプロセスをさらに明らかにしていくことが求められよう。この点に関しては、本章で紹介した子どもの発達研究に加えて、ジェスチャーと言語が1つのシステムを構成するとみなすコミュニケーション研究（第1章（安井・杉浦）でも触れている）(e.g., Kendon 1980, 2004, McNeill 1992, McNeill and Duncan 2000) の観点からも、重要な研究が蓄積されてきている。

　第2に、指さしは複数の個人間の生活世界、さらにはそうした複数の個人の生活世界と環境をつなぐ働きを持っている。指さしの使用に注目することは、子どもの発達研究の主流をなしてきた方法論的個人主義を乗り越えて、

子どもの主体性と環境の構造の関わりについて論じる、新たな研究領域を切り開くことにつながる。今世紀の初め頃から Charles Goodwin や Lorenza Mondada たちが推進してきた会話分析の研究手法を援用する指さし研究は、そのパイオニアだといえよう（その具体的内容については、本書所収の第1章（安井・杉浦）を参照）。こうした研究がさらに推進して行くべき重要な課題としては、指さしを通じて相互行為の参与者がそれぞれの注意を重ね合わせ、共有し、増幅していく微視的なプロセスを解明すること（e.g., 高梨 2011, Streeck 2017）、環境に偏在するさまざまな記号論的な資源（Goodwin 2000）が指さしによって相互行為の組織にどのように取り込まれ、活用されるのかを明らかにすること（e.g., Goodwin 2007, Mondada 2014）、さらにはヒトの相互行為を特徴付けていると考えられてきた指さしのタイプや働きが異なる環境においてどのようなバリエーションをとりうるのかを記述・整理していくこと（e.g., Levinson 2003, Takada 2018）などがあげられるだろう。本書に収められている論考の多くも、基本的にはこれらの方向での研究を展開するものである。とはいえ、こうした研究の歴史は短く、扱うべき研究領域は広大である。その豊かな果実を手にするためには、実際の多様な相互行為の丹念な観察に基づく経験的な研究がまだまだ不足している。

参考文献

麻生武（1992）『身ぶりからことばへ―赤ちゃんにみる私たちの起源』新曜社

Bard, Kim A., Sophie Dunbar, Vanessa Maguire-Herring, Yvette Veira, Kathryn G. Hayes, Kelly McDonald. (2014) Gestures and social-emotional communicative development in chimpanzee infants. *American Journal of Primatology* 76: pp.14–29.

Bates, Elizabeth, Luigia Camaioni, and Virginia Volterra. (1975) The acquisition of performatives prior to speech. *Merrill-Palmer Quarterly* 21: pp.205–226.

Bates, Elizabeth. (1979) Intentions, conventions and symbols. In Elizabeth Bates, Laura Benigni, Inge Bretherton, Luigia Camaioni, and Virginia Volterra (eds.), *The Emergence of Symbols: Cognition and Communication in Infancy,* pp.33–68. New York: Academic

Press.

Bates, Elizabeth, Laura Benigni, Inge Bretherton, Luigia Camaioni, and Virginia Volterra. (eds.) (1979) *The Emergence of Symbols: Cognition and Communication in Infancy*. New York: Academic Press.

Behne, Tanya, Malinda Carpenter, Josep Call, and Michael Tomasello. (2005) Unwilling versus unable: Infants' understanding of intentional action. *Developmental Psychology* 41(2): pp.328–337.

Bruner, Jerome S. (1975) The ontogenesis of speech acts. *Journal of Child Language* 2: pp.1–19.

Bruner, Jerome S. (1983) *Child's Talk: Learning to Use Language*, Oxford: Oxford University Press.（寺田晃・本郷一夫訳（1988）『乳幼児の話しことば』新曜社）

Bruner, Jerome S. (1990) *Acts of Meaning*. Cambridge, MA: Harvard University Press.［岡本夏木・仲渡一美・吉村啓子訳（1999）『意味の復権――フォークサイコロジーに向けて』ミネルヴァ書房）

Cartmill, Erica A., and Richard W. Byrne. (2010) Semantics of primate gesture: Determining intentional meanings. *Animal Cognition* 13: pp.793–804.

Evans, Nicholas J., and Stephen C. Levinson. (2009) The myth of language universals: Language diversity and its importance for cognitive science. *Behavioral and Brain Sciences* 32: pp.429–492.

Fogel, Alan, and Esther Thelen. (1987) Development of early expressive and communicative action: Reinterpreting the evidence from a dynamic systems perspective. *Developmental Psychology* 23: pp.747–761.

Fogel, Alan, Andrea Garvey, Hui-Chin Hsu, and Delisa West-Stroming. (2006) *Change processes in relationships: A relational-historical research approach*. Cambridge: Cambridge University Press.

Franco, Fabia, and George Butterworth. (1996) Pointing and social awareness: Declaring and requesting in the second year. *Journal of Infant Language* 23: pp.307–336.

Goffman, Erving. (1974) *Frame Analysis: An Essay on the Organization of Experience*. Cambridge, MA: Harvard University Press.

Goodwin, Charles. (2000) Action and embodiment within situated human interaction. *Journal of Pragmatics* 32(10): pp.1489–1522.

Goodwin, Charles. (2007) Environmentally coupled gestures. In Susan D. Duncan, Justine Cassel, and Elena T. Levy (eds.), *Gesture and the Dynamic Dimension of Language*, pp.195–212. Amsterdam/Philadelphia: John Benjamins.

Grünloh, Thomas, and Ulf Liszkowski. (2015) Prelinguistic vocalizations distinguish pointing acts. *Journal of Child Language* 42(6): pp.1312–1336.

Haliday, Michael Alexander Kirkwood. (1975) *Learning How to Mean: Explorations in the Development of Language.* London: Edward Arnold.

Kaye, Kenneth. (1977) Toward the origin of dialogue. In H. Rudolph Schaffer (ed.), *Studies in Mother-Infant Interaction,* pp.89–117. London: Academic Press.

Kaye, Kenneth. (1982) *The Mental and Social Life of Babies: How Parents Create Persons.* Chicago: The University of Chicago Press.（鯨岡俊・鯨岡和子訳（1993）『親はどのようにして赤ちゃんをひとりの人間にするのか』ミネルヴァ書房）

Kaye, Kenneth, and Anne Wells. (1980) Mothers' jiggling and the burst-pause pattern in neonatal feeding. *Infant Behavior and Development*, 3: pp.29–46.

Kendon, Adam. (1980) Gesticulation and speech: Two aspects of the process of utterance. In Mary Ritchie Key (ed.), *The Relationship of Verbal and Nonverbal Communication,* pp.207–227. Toronto: Hogrefe.

Kendon, Adam. (2004) *Gesture: Visible Action as Utterance.* Cambridge: Cambridge University Press.

Levinson, Stephen C. (2003) *Space in Language and Cognition: Explorations in Cognitive Diversity.* Cambridge: Cambridge University Press.

Liebal, Kristin, Tanya Behne, Malinda Carpenter, and Michael Tomasello. (2009) Infants use shared experience to interpret pointing gestures. *Developmental Science* 12: pp.264–271.

Liebal, Kristin, Malinda Carpenter, and Michael Tomasello. (2010) Infants' use of shared experience in declarative pointing. *Infancy* 15: pp.545–556.

Liszkowski, Ulf, Malinda Carpenter, Anne Henning, Tricia Striano, and Michael Tomasello. (2004) Twelve-month-olds point to share attention and interest. *Developmental Science* 7(3): pp.297–307. doi:10.1111/j.1467-7687.2004.00349.x.

Liszkowski, Ulf, Malinda Carpenter, and Michael Tomasello. (2007) Pointing out new news, old news, and absent referents at 12 months of age. *Developmental Science* 10(2): pp.F1–F7. doi:0.1111/j.1467-7687.2006.00552.x.

Liszkowski, Ulf, Malinda Carpenter, and Michael Tomasello. (2008) Twelve-month-olds communicate helpfully and appropriately for knowledgeable and ignorant partners. *Cognition* 108(3): pp.732–739. doi:10.1016/j.cognition. 2008.06.013.

Liszkowski, Ulf, Marie Schäfer, Malinda Carpenter, and Michael Tomasello. (2009) Prelinguistic infants, but not chimpanzees, communicate about absent entities. *Psychological Science* 20: pp.654–660.

Liszkowski, Ulf, Penny Brown, Tara Callaghan, Akira Takada, and Conny de Vos. (2012) A prelinguistic gestural universal of human communication. *Cognitive Science*, 36: pp.698–713.

McNeill, David. (1992) *Hand and Mind: What Gestures Reveal about Thought*. Chicago: University of Chicago Press.

McNeill, David, and Susan Duncan. (2000) Growth points in thinking-for-speaking. In David McNeill. (ed.), *Language and Gesture,* pp.141–161. Cambridge: Cambridge University Press.

Mondada, Lorenza. (2014) Pointing, talk, and the bodies: Reference and joint attention as embodied interactional achievements. In Mandana Seyfeddinipur, and Marianne Gullberg (eds.), *From Gesture in Conversation to Visible Action as Utterance: Essays in Honor of Adam Kendon,* pp.95–124. Amsterdam/Philadelphia: John Benjamins.

Piaget, Jean. (1937) *La Formation du Symbol chez L'enfant*. Neuchatel-Paris: Delachaux et Niestle. (Piaget, Jean (1954) *The Construction of Reality in the Child*. New York: Basic Books.)

Piaget, Jean. (1964) *Six Etudes de Psychologie*. Paris: Gonthier. (滝沢武久訳 (1968)『思考の心理』みすず書房)

Povinelli, Daniel J., Jesse M. Bering, and Steve Giambrone. (2003) Chimpanzees' "pointing": Another error of the argument by analogy? In Sotaro Kita (ed.), *Pointing: Where Language, Culture, and Cognition Meet,* pp.35–68. Mahwah, NJ: Lawrence Erlbaum.

Ramenzoni, Verónica C. and Ulf Liszkowski. (2016) The social reach: 8-month-olds reach for unobtainable objects in the presence of another person. *Psychological Science* 27(9): pp.1278–1285. doi: 10.1177/0956797616659938.

Rossano, Federico. (2013) Sequence organization and timing of bonobo mother-infant interactions. *Interaction Studies* 14: pp.160–189.

Sander, Louis W. (1977) The regulation of exchange in the infant-caretaker system and some aspects of the context-content relationship, In Michael Lewis, and Leonard A. Rosenblum (eds.), *Interaction, Conversation, and the Development of Language* (pp.133–156). New York: Wiley.

Streeck, Jürgen. (2017) *Self-making Man: A Day of Action, Life, and Language.* Cambridge: Cambridge University Press.

高田明 (2009)「赤ちゃんのエスノグラフィ─乳児及び乳児ケアに関する民族誌的研究の新機軸」『心理学評論』52(1)：pp.140–151.

Takada, Akira. (2014) Mutual coordination of behaviors in human-chimpanzee interactions: A case study in a laboratory setting. *Revue de Primatologie* 5. URL: http://primatologie.revues.org/1902.

Takada, Akira. (2018) Environmentally coupled gestures among the Central Kalahari San. In Donald Favareau (ed.), *Co-operative Engagements in Intertwined Semiosis: Essays in Honour of Charles Goodwin,* pp.397–408. Tartu: The University of Tartu Press.

Takada, Akira and Tomoko Endo. (2015) Object transfer in request-accept sequence in Japanese caregiver-child interactions. *Journal of Pragmatics* 82: pp.52–66.

高梨克也 (2011)「複数の焦点のある相互行為場面における活動の割り込みの分析」『社会言語科学』14(1): pp.48–60.

田中昌人・田中杉恵 (1981)『子どもの発達と診断 1 乳児期前半』大月書店

田中昌人・田中杉恵 (1982)『子どもの発達と診断 2 乳児期後半』大月書店

Thelen, Esther and Linda B. Smith. (1996) *A Dynamic Systems Approach to the Development of Cognition and Action.* Cambridge, MA: MIT Press.

Tomasello, Michael. (1999) *The Cultural Origins of Human Cognition.* Cambridge, MA: Harvard University Press.

Tomasello, Michael. (2008) *Origins of Human Communication.* Cambridge, MA: MIT Press.

Vygotsky, Lev Semionovich. (1978) *Mind in Society: The Development of Higher Mental Processes.* Cambridge, MA: Harvard University Press.

やまだようこ (1987)『ことばの前のことば—ことばが生まれるすじみち 1』新曜社

やまだようこ編 (2007)『質的心理学の方法—語りをきく』新曜社

Werner, Heinz, and Bernard Kaplan. (1963) *Symbol Formation: An Organismic-Developmental Approach to Language and the Expression of Thought.* New York: John Wiley. (柿崎祐一監訳 (1974)『シンボルの形成—言葉と表現への有機・発達論的アプローチ』ミネルヴァ書房)

Wilkins, David. (2003) Why pointing with the index finger is not a universal. In Sotaro Kita (ed.), *Pointing: Where Language, Culture, and Cognition Meet,* pp.171–215. Mahwah, NJ: Lawrence Erlbaum.

分析編
第1部　日常会話の中の指さし

第3章

受け手に「直接経験」として
聞くことを要請すること

―過去の出来事を受け手に「帰属」させる指さし―

森本郁代

1. はじめに

　会話の中で聞き手の誰かを指さすという行為は、一見あまり好ましくないふるまいのように思えるが、実際にはそれほど珍しいことではない。二者間の会話で用いられた指さしを分析した荒川(2011)は、指さしが頻繁に相手に向けられたことを報告している。また、三者以上の会話の中でも、話し手が聞き手の誰か一人を指さしするというふるまいはよく観察される(本書の第4章(杉浦章)、第5章(安井章)を参照)。

　本章で扱うのは、話し手が聞き手の中の特定の一人に対して指さしを向けながら、その聞き手が経験した過去の出来事を語らせたり、思い出させたりする(reminiscence recognition solicit: Lerner 1992)というふるまいである。まず事例を見てみよう。断片1は、同じ研究室に所属する男子学生A、B、Cの3人の会話の一部である。なお、本章で提示する断片中の参与者の指さしと視線の動きを表す記号の一覧は章末に掲載している。

断片 1：DBs_mentei

```
01-> C：あ*+この・ *まえ +♯免停+になりかけたんでしょ.(.)試合の日.
          ->・
       *......*B-->>
       +..........+ptgB,+
              ♯図1
02        (0.7)†(0.2)
    b    -->†C-->
03  B：な-(.)†ふあ[:::っ
        ----->†下を見る
04  A：          [なんで：[なんでなんでなんで何したん?=
05  C：                  [fufufu
06  A：=[何したの？    ]
07  B： [びっくりした.]
```

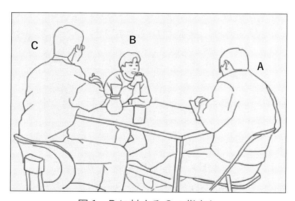

図1　Bに対するCの指さし

　この断片の詳細な分析は3節に譲るが、1行目でCはBに指さしを向けながら、「このまえ免停になりかけたんでしょ。試合の日」と、B自身の経験について言及しつつ、その経験について語ることを要請している。本章の目的は、この指さしが、その過去の出来事が受け手自身に帰属するものとして聞くよう要請する手続きであることを示すとともに、それがなぜ今行われるのかを、会話分析によって明らかにすることである。

2. 先行研究

2.1 指さし

　Kendon（2004）によると、指さしは、人差し指など身体の一部の先端を話し手の身体の外側にある人や物、場所、方向などを指し示す動作として定義される。また、Kita（2003）は、誰も座っていない王座に向けられた指さしが、そこに常に座っている王のことを指示するという例を挙げ、指さしによってその場に存在しない対象が指示されることがあると述べている。

　しかし、指さしが何を指示しているかは決して自明のことではない。Goodwin（2003）は、指さしが埋め込まれた活動を参照することではじめて指示対象が理解可能になることを指摘している。Mondada（2014）も、指さしによる指示行為が、指さしとそれが指示する対象という二者間の関係で成立するのではなく、相互行為の連鎖的、時間的進行の中に存在する、さまざまなマルチモーダルな資源に対する参与者の志向によって組織化されることを例証している。

　他方、指さしは、指示以外の行為を行うための手段としても用いられる。Mondada（2007）は、農学者とコンピューター技術者による会議という特定の状況で、「なぜ今」指さしが用いられているのかという観点から参与者のふるまいの精緻な分析を行っている。そして、現行の話し手の発話順番の最中に行われた指さしが、そのまま維持されることで、対象を指示するだけでなく、次の発話順番を取ることを主張する手段ともなっていることを見出している。

　以上の研究を参考にしつつ、本章は、受け手に向けられた指さしが何を達成しているのかを、指さしを含む話し手のマルチモーダルなふるまいと、そのふるまいが行われた連鎖上の位置から明らかにすることを試みる。

2.2 受け手に向けられた指さし

　本章が対象とする「受け手に向けられた指さし」を扱った研究には、1節で

述べた荒川（2011）と杉浦（2011）がある。荒川（2011）は、22名の友人同士の二者会話において観察された198回の指さしのうち、相手に向けられたものが132回であったと報告している。そして、これらの指さしには、(1) 主語や目的語が省略された場合にそれらを代替し、ネガティブフェイスへの配慮から、両者の関係を明示化せずに、その発言が聞き手に関することであることを示す機能、(2) 親しい間柄では、親密さを表すポジティブフェイスへの配慮として相手と話題を共有していることを明示する機能、(3) 思考を促進するという認知的機能の3種の機能がある可能性を指摘している（荒川 2011: 175）。しかし、3節で述べるように、主語や目的語が省略され、かつその発言が相手に関することである場合であっても、常に指さしが用いられるわけではない。(2) や(3) に関しても、必ずしも指さしが使われるとは限らない。つまり、この(1) から(3) は、相手に向けた指さしが果たす可能性のある機能のいわば「目録」であり、「なぜ今」指さしが用いられているのかは明らかにされていない。

　一方、杉浦（2011）は、相手の評価に対して強い同意を示す手段として、相手に向けた指さしが用いられることを見出している。本章が対象とする指さしは、杉浦が対象とした、話し手の評価に対する同意の表明とは異なるが、杉浦と同様、ある行為を達成するプラクティスの1つとして捉え、「なぜ今」受け手に指さしを向けるのかを明らかにすることを目指す。

3.　分析

　1節で述べたように、本章が注目するのは、話し手が聞き手の1人に対し、その聞き手が過去に経験した出来事を思い出させる場面である。以下では、4つの事例を挙げて、こうした場面で指さしがどのような行為のプラクティスとなっていたのかを見る。

　本章で分析したデータは、友人同士やアルバイト先の先輩と後輩、研究室の先輩と後輩など、互いに知り合いである大学生や大学院生3人から5人が、それぞれ自宅や大学の研究室などで行った日常会話である。

第3章 受け手に「直接経験」として聞くことを要請すること　67

3.1　過去の経験について語ることの要請

　断片1では、指さしを行った話し手が受け手に過去の経験について語ることを要請していると述べた。以下では、先行するやりとりを含めて断片1を再掲し、なぜそのように理解可能かを詳しく記述する。Aは大学院生で、Bは4年生、Cは3年生である。1行目は、Cが、自分が以前は奥手で、恋人と付き合い始めた当初は手もつなげなかったと述べた直後の発話である。なお、断片中のAの視線の向きは以下の記号で示している。

　‡　‡　Aの視線の向きの開始と終了時点

断片1：DBs_mentei
```
01    C:ほん:まにぼ[くは遅かったですよおくて:,
02    A:            [はい,((Cの左手のトイレットペーパーを指さす))
03      (0.9)
04    A:おくて?
05      (0.2)
06    A:え:やん別におくてでも.((CがAにトイレットペーパーを渡す))
07      (0.4)
08    B:おくての方がえ:よ.
09      (.)
10    C:今から思うたら信じられへん:.
11      (.)
12    B:あ:っはっ[は
13    A:        [でい(h)っ‐(.)今はおくてやないの.
14      (1.0)((Aがトイレットペーパーをちぎってたたむ))
15    B:[°ええ°?
16    A:[　ってこと[か.((トイレットペーパーをテーブルの上に立てる))
17    B:          [°はい°.
18    C:          [いまは(.)まだその学習機能っていうか(.)
19      [ 学 習 の う り ょ く::  　]=
20    A:[なん‐何(h)を(h)ゆ(h)う(h)てん]=((テーブルを拭きながら))
21      (0.3)
```

22　C：＝［の：］
23　A：＝［なに］それ(.)学習機能［って？
24　C：　　　　　　　　　　　　［発達によって［えっへっへ＝
25　B：　　　　　　　　　　　　　　　　　　　［(ちがう)
26　B：＝同じことの繰り返しや猿のように.＝
27　A：＝わけわから［ん.
28　B：　　　　　　［そ：ゆう［学習機能や.
29　C：　　　　　　　　　　　［んふふふ
30　　　(.)((Aが右を向いて机の上のパンフレットを取り上げる))
31　B：¥一回覚えこまし［たら：それしかせ：へん.△＝
　　　　　　　　　　　　　　　　　△お茶を飲む-->
32　C：　　　　　　　　　［huh huh huh
33　A：＝それ学習‡機能かそ(h)れ(h)：‡huh huh huh huh＝
　　　　　　　‡C-------------‡パンフレット-->>
　b　>>前方下を見る--->
34　C：＝いえ(.)あの：,((Bはお茶を飲み、Aはパンフレットをめくる))
35　　　(0.8)
36　A：(　　　　)＝
37　C：＝学習能力です.
38　B：え？•†
　　　　　　　†A-->
　c　　　•上体を右に倒してAのパンフレットの方を見る->
39　　　(0.5)
40　A：(あれ)((パンフを見ながら))
41　　　†(0.8)•(0.4)
　b->†‡Aのパンフレット-->
　c　　　->•上体を起こし始める->
　　　‡図2
42-> C：あ*+この•*まえ+‡免停+になりかけたんでしょ.(.)試合の日.
　　　　　->•
　　　*......*B-->>
　　　+..........+ptgB,+
　　　　　‡図3

```
43         (0.7)†(0.2)
    b     -->†C-->
44  B: な‐(.)†ふあ[:::っ
           ----->†下を見る
45  A:            [なんで:[なんでなんでなんで何したん?=
46  C:                   [fufufu
47  A: =[何したの?    ]
48  B:  [びっくりした.]
49     (0.3)
50  B: いや(0.3)車に乗ってたんですよ普通にね:.
51  A: うん.
```

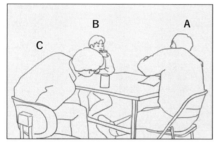

図2　Cがパンフレットを覗き込む

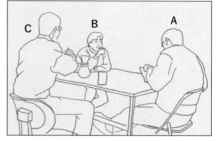

図3　CがBに指さしをする

　1行目から10行目で、Cは、以前は奥手で恋人と手もつなげなかったのが今から思えば信じられないと述べて過去の自分と現在の自分を対比させている。Aが13行目で今は奥手ではないのかと尋ねると[1]、Cは18・19行目で「今は学習機能っていうか学習能力」と答えるが、「学習能力」がAの「何をゆうてん」という発話と重なり、「学習機能」の部分だけが取り上げられて、それに対するAとBによるCに対する揶揄が23行目から始まっている。Cは34行目で「いえ(.)あの」と、AとBの理解に対して訂正を始めるが、その直前でAは視線をCから右手にあるパンフレットに移してめくり始め、Bもお茶を飲み、Cを見ていない。37行目でCは「学習能力です」と訂正を行うものの、Bが「え?」と反応をしただけでそれ以上何も言わず、Aもパンフレットを見続けて何も反応していない。つまり、この時点

で、Cに対するAとBの揶揄はすでに終わっていたことが公然となっているのである。そしてこの直後に、Cは上体を右にかがめてAが見ているパンフレットをのぞき込み（図2）、そして上体を起こしながら42行目で「あこのまえ免停になりかけたんでしょ(.)試合の日」と確認要求をしながらBに指さしを向ける（図3）。

　この指さしがBを指示対象としていることは明らかであろう。指さしを向けながら言及しているのがBの経験であることからも、Bを指示していることが理解可能である。では、なぜCはここでBに指さしを向けたのだろうか。まず考えられるのは、CがBを次話者として選択するために指さしを用いたという可能性である。Lerner（2003）は、話し手が連鎖を開始する行為を行いながらその受け手に視線を向けることが、もっとも繰り返し用いられる次話者選択の方法であるとしつつ、この方法が用いられるのは、受け手もまた自分に視線が向けられているのを見ている場合であると述べている。そして、受け手が話し手を見ていないなど、視線での選択がうまく行かない可能性がある時は、相手の名前を呼ぶなど、より強力な方法が用いられると指摘している。Cの指さしもまた、こうした強力な次話者選択の方法として用いられたのだろうか。この可能性を検討するために、以下では、指さしが行われた42行目とその前後の連鎖を詳しく見る。

　42行目で「あ」と言った時点では、Cは、まだ上体を起こす途中でBに視線を向けておらず、Bに視線が向けられたのは「このまえ」の「この」が産出された時点である。一方、Bは前方のAがながめているパンフレットに視線を向けていて、Cの視線を見ていないため、この時点では、Cの視線は次話者選択の方法とはなり得ていない。ところが、指さしがBに向けられ始めたのは、視線がBに向けられ始めるのとほぼ同じタイミングであり、視線がBに届いた直後の「免停」という語の産出と同時にBを指し示している。つまり、Bがこちらを見ていないことを認識してから指さしを開始したのではなく、視線の移動と同時に開始しているのである。このようなBとCの視線や上体の向きを見ると、指さしが視線とともに次話者選択の

第 3 章 受け手に「直接経験」として聞くことを要請すること 71

方法として用いられた可能性は依然としてあるものの、少なくとも視線という方法の脆弱さを補う手段として用いられたわけではないことが分かる。

　他方、視線よりも強力な次話者選択の技法は、次話者として発話を向けられた受け手以外の聞き手が自己開始を行う可能性がある時にも用いられるため（Lerner 2003）、指さしをBに向けて発話の宛先を明示することによってAが次の発話順番を取るのを防ごうとしたのかもしれない。しかし、この発話がなされた時点でのAの参与のあり方が、その可能性を否定する。Aは33行目の時点でパンフレットを見始めることでBとCとの会話から退出しており、37行目のCの訂正にも反応を示していない[2]。したがって、42行目の確認要求に対してAが反応する可能性にCが注意を向けていたということは考えにくい。

　もう1つ考えられるのは、42行目の発話は誰の経験について言及しているのかを示す主語がないため、主語の代替として指さしが用いられているという可能性である（荒川 2011）。主語がないために、Bが、自分が次話者として選択されていることに気づかない可能性にCが志向していたのかもしれない。しかし、相手の経験について言及する際、常に主語が用いられるわけではない。先行する文脈から、それが受け手の経験であることが明らかである場合も多いからである。また、そもそもCがここで言及しているのは、B自身の経験である。Lerner（2003）は、次話者選択の技法として、受け手のアイデンティティに関与する発話を行うことで、暗黙的にその受け手を次話者として選択する方法があることを指摘している。では、Cが話している過去の出来事をBが自分の経験として聞かない可能性はあるのだろうか。この可能性を検討するために、以下では、指さしが行われた連鎖上の位置と、指さしと共に産出された発話の組み立てをさらに詳細に分析する。

　上で述べたように、指さしが行われたのは、AとBがCを揶揄するという連鎖が終わり、2人がそれぞれ別のことに従事し始めたことで、3人の間の焦点の定まった相互行為（Goffman 1963）[3]が終わった時点である。このような時点で、CがAとBに向けて発話することは、いったん終わった会話

を開始することになる。その際、今開始しようとしていることが、前の連鎖の続きなのか、新しい連鎖を開始するものなのかを示す必要が生じる。42行目のCの発話の冒頭の「あ」は、今何かに気づいた、もしくは思いついたことを示しており（Heritage 1984, Endo 2018）、それは同時に、何か新しいことを今から始めようとしていることを示すものでもある。

　続く「このまえ免停になりかけたんでしょ」という発話は、話し手Cが知っているBの経験に言及し確認を求めるものとして聞くことができる。この確認要求には、Pomerantz（1980）が指摘した「釣り出し装置（fishing device）」が用いられている。釣り出し装置とは、相手の直接経験について自分が知る部分的な情報を伝えることで、相手に自分の経験について語ることを求める方法である。つまり、Cの発話は、確認要求としてだけではなく、「免停になりかけた」という経験についてBに詳細を語ることを要請するものとして聞くことができるのである。過去の経験に言及しながら指さしを向けるというふるまいは、単にBを指示しているだけでなく、その経験が受け手に帰属するものであることを視覚的に示していると言えるだろう。では、なぜ指さしを使って視覚的に示す必要があるのだろうか。

　ここで受け手に過去の出来事について語ることを要請する行為は、新たな話題を開始する方法として行われている。他方、先行する連鎖や文脈に、このような要請がここで行われることを投射するものは何もなく、受け手であるBにとっては唐突な要請である。実際、Bが反応するまでの0.9秒の沈黙が、この要請がBにとって唐突であったことを示している。このことは、話し手であるCの立場から見ると、Bがすぐに思い出せず要請がうまく行かない可能性があることになる。指さしによってその過去の出来事を視覚的に受け手に帰属させることは、相手を「発話の受け手」として指示することに加えて、受け手に対し「今話し手が述べている過去の出来事を受け手自身の経験として聞く」ことを求める手段でもあるのである。このような連鎖環境下で、過去の経験を思い出し語ることを要請する場合、それがうまく行かない可能性に話し手が志向していることが、指さしの使用に表れているとい

第 3 章　受け手に「直接経験」として聞くことを要請すること　73

える。

　以下の断片 2 でも、指さしが受け手に対して過去の経験について語ることを要請する手続きの一部として用いられている。この断片は、鉄道会社でアルバイトをしている同級生の土佐、中田、花見、熊田と、1 学年後輩の宮本が、自分たちの仕事ぶりやアルバイト先での人間関係について話している会話の一部である。断片の直前では、アルバイトの後輩たちとコミュニケーションを取るために、自分たちがかつて先輩と飲みに行ったように、後輩とも飲みに行く必要があるという話から、自分たちを誘ってくれた先輩たちとのエピソードへと話題が移っている。断片中の「郡本さん」は、アルバイト仲間の中で特に影響力を持っていた先輩のことである。

断片 2：HBs_shiga

```
01    花見：まえ郡本さんと一緒にな武庫之 [荘で  [ [中華料理屋=
02    土佐：                            [huhu [ [huhuhuhuh
03    中田：                                  [ [huh  huh  huh=
04    花見：= [行ったっけ [ [な.
05    土佐：= [huhuhuhuh
06    中田：= [huh  huh  [ [huh =
07    宮本：            [ [huhu
08    中田：=え,あの:子とか:まめぽん(h)と(h)か(やろ)hh
09    花見：一回(.)あったか [ないかぐらい(h)の(h)気がする.
10    中田：              [そう(なんや)
11    花見：え? [あ::.
12    熊田：    [ (ふつう)郡本さんもちょこちょこ-(.)どっか
13          連れてi-(.)あの: [マクド行ったし.=
14    花見：                [うん.
15    花見：=まあ奢ってはくれはらへんかったけどな一回も.huhuhu
16    土佐：(え)郡本さん奢ってくれる [よ.
17    熊田：                      [ (そう) [郡本さん奢ってくれるよ.
18    中田：                              [え?
```

```
19   花見:一回 (.) あったか [ないかぐら [い (h) の (h) 気がする.
20   中田:              [そう (なんや)
21   土佐:                      [ああ::.
22   土佐:郡本政権が傾いてる時は:>(なに)<[頻繁に(奢ってくれた)
23   熊田:                          [傾いてる時は:まじ−
24   熊田:まさにばらまきみ[たいな.
25   花見:          [あ::残念ながらその時にはうまいこと
26       甘え−(.)[甘えて(0.5)られ[なかった.
27   中田:      [その−        [なんかあの:すごい−すごい下手や
28       ねん下手なんがわかる:から:huhなんか見ててすごい痛々し
29       かったん覚えてる.huhuh.hh
30   熊田:確かあの時は大変やったからな.
31   花見:あ::ちょうどそのじき::(.)>あれやな< そうゆうなんが
32       まっ[たくなかったんやな:,
33   ?  :   [うん
34       (.)
35  (土佐):あ::[:
36−> 中田:   [*あ†の,*し+が−#+滋賀の雪+見に行こう+とかって.
              *.....*H-->
                     +ptg. +H----- +,,,,,,,,, +
        h           †N-->
                        #図4
37   花見:あ::[†あったな::
           ,,,,,†N-->>
38   熊田:   [.hh *huhuhuhuh.h =
        n     --- *K-->>
39       =あ(h)t[(h)huh.hh 思い(h)出(h)し(h)たhh
40   中田:      [hu hu hu hu hu hu hu hu hu hu hu
41   花見:結構楽しかったで,
```

第 3 章　受け手に「直接経験」として聞くことを要請すること　75

図4　中田が花見に指さしをする

　この断片では、先輩の郡本に奢ってもらった経験があるかないかについて参与者が語り合っている。花見は、15 行目で、郡本は一回も奢ってくれなかったと述べるが、土佐と熊田は「奢ってくれるよ」と、郡本が後輩に奢ってくれるような人物であることを主張する。他方、中田は、16 行目の土佐の「郡本さん奢ってくれるよ」という発言に「え?」と聞き返し、20 行目で「そうなんや」と、花見と熊田の発言を新しい情報として受け取っていることから、花見と同様奢ってもらった経験がないことを表明している[4]。この時点で、この4人が、郡本に奢ってもらった経験がある者とそうでない者とに分かれることが明らかになる。

　さらに、土佐と熊田は、自分たちの主張の根拠として、22 行目から 24 行目で「郡本政権が傾いてる時は頻繁に奢ってくれた」「傾いてる時はまさにばらまきみたいな」と、郡本がアルバイト仲間の間で影響力を失いつつあるときには、頻繁にごちそうをしてくれたという経験を述べる。一方、花見と同様、奢ってもらった経験がない中田は、27–29 行目で、「すごい下手やねん下手なんが分かるから、見ててすごい痛々しかったん覚えてる」と、影響力を回復しようとするために後輩にごちそうをするという郡本のやり方に対する評価を行う。このように「すごい下手」「すごい痛々しかった」などの誇張した表現は、聞き手からその評価に対する同意や不同意など反応を引き出そうとしているように聞こえる。ところが、中田の発言に対して誰も反応

せず、熊田は「あの頃は大変やったからな」と、郡本本人のふるまいから「あの頃」と、それらの出来事が起こった時期へと焦点を移し、続く花見も「ちょうどそのじき」に先輩に飲みに連れていってもらうということがなかったと述べて、熊田による話題の焦点の移動に連携する。この熊田と花見の発話は、当時の郡本のふるまいに関するそれまでの話題から離れつつあるものとしても聞くことができる。そして、参与者の1人が「うん」と花見に同意したあと、短い沈黙が生じる。

中田が次の発話順番を取って指さしを花見に向けたのはこの時点である。断片1と同様、36行目の中田のふるまいは、受け手に指さしを向けつつ「あの、しが‐滋賀の雪見に行こうとかって」と過去の出来事に言及するというものであるが、この発話は、断片1のCの行為と同様、花見に過去の出来事を自分の経験として思い出し語ることを要請する行為として聞くことが可能である。この行為は、Lerner (1992) が、3人以上の会話において参与者の1人がもう1人の参与者にストーリーを開始するよう促す方法の1つとして挙げた、「今思い出すことの促し (reminiscence recognition solicit)」に該当するものと考えられる。今思い出すことの促しとは、「私たちが同じサイズの靴を履いていた時のことを覚えている？」と、同じ経験をした、もしくは共通の経験を持つもう1人の参与者に、その出来事や経験を思い出すことを促すというものである。実際、花見がそのように聞いていることが、このあとの反応に表れている。37行目で「あ :: あったな ::」と、その誘いを思い出したことを表明した後、41行目で「結構楽しかったで」と、誘いを受けて滋賀の雪を見に行った経験を楽しかったものとして報告している。この「楽しかったで」の「で」は、終助詞「よ」の変異形である。Hayano (2013) は、終助詞「よ」が話し手の認識的優位性 (epistemic primacy) を示すことを指摘している。花見は、郡本とともに滋賀の雪を見に行ったという出来事を自分だけの直接経験として、中田を含む他の聞き手に伝えているのである。さらに、この発話は、それがどのような経験だったかについて語るストーリーの前置きとしても聞くことができる[5]。38・39行目で熊田が笑いながらその出

来事を「思い出した」ことのみを表明しているのとは対照的である。この反応から、花見は、36行目の中田の発話を、反論としてではなく、「過去の経験を思い出して語ることの要請」として聞いていることが見てとれる。花見がこのように聞いたのは、指さしによって、郡本による誘いが花見の直接経験として提示されたからであると考えられる。このように、この断片においても、過去の出来事に言及しながら受け手に指さしを向けるというふるまいは、受け手を次の話し手として選択するだけでなく、その出来事を受け手に帰属させることで、自分の経験として思い出し語ることを要請する行為として理解可能である。

　他方、断片1と違うのは、このふるまいが、直前の「そのじきあれやなそうゆうなんがまったくなかった」という花見の解釈に対する反論にも聞こえるという点である。花見の発言が先輩に誘われることを「まったくなかった」と述べているのに対し、中田の発言は、「滋賀の雪見に行こう」と、誘いの発言を引用することで、滋賀の雪を見に行こうと誘われたことがあったことを主張しているからである[6]。さらに詳しく見ると、発話冒頭の「あの」は、これから話すことが相手と自分が共に知っている何かについてであることを投射している。続いて、指さしによって、自分が今言及している過去の出来事が受け手に帰属するものであることが示される。こうした発話の組み立てとともに指さしを行うことは、反論の根拠である出来事について「あなたは経験しているはずだ」ということを主張する手段となるのである。

3.2　相手の主張に対する反論の根拠の提示

　3.1では、断片2において、指さしによって過去の出来事を受け手の直接経験として提示することが、受け手に対する反論の方法としても用いられていることを見た。本節では、反論が主たる行為となっている事例を検討する。

　断片3は、断片2と同じ会話からの抜粋である。以下の断片の前では、車掌や運転手、駅の助役などが自分たちにさまざまな注意をしてくれることで、電車の出発時に旗を挙げたり、駆け込み乗車の乗客のためにドアに

手を入れて閉まらないようにするタイミングなどを学んできたという話を
しており、断片の直前では、そうした周囲の人たちがどのように自分たち
に注意をしたかについて話していた。以下の断片中の「高田助役」とは、
江川駅に勤務している正社員のことである。

断片3：HBs_助役

```
01   熊田：しょうみ：ほんま：[一時期の： 高田助役とか：正味いらっと=
02   土佐：              [((咳))
03   熊田：=[来てたやん
04   中田：  [.hhhu[huh
05   土佐：           [高田助役はちょっとあれ=
06       =言い過ぎ[や.(いやいいけど)]
07   熊田：        [も： そ-(.).hh  ]<そうとう:>も何回も言われる
08       からあの人.
09   花見：高田[助役      ]なよう言わはる↑な↓いろいろと.
10   熊田：    [なんでやろ]
11       (0.4)
12 -> 土佐：*でも*>今でも†ゆうやん.<†+って  +#お前この間(.)江川で
         *...*K--->>
                          +ptg.. +K-->
         k    >>下------>†........†T-->>
                                     #図5
13 ->    言われてたやん.
14   熊田：>江川， <(.)>あすいません<=
15 -> 土佐：=.hh+ huh huh huh [huh
         -->+,,,,,,,,,
16   花見：              [なんか言われたん？
17   熊田：え！，u- ↑高田助役↓にはなんも言われてない.
18   土佐：いや， 高田助役↑か↓ら伝わっている.
```

第 3 章　受け手に「直接経験」として聞くことを要請すること　79

図 5　土佐が熊田に指さしをする

　1 行目で熊田が、高田助役が過去のある時点で自分たちに対してイライラしていたと述べると、土佐が「あれは言い過ぎや」と文句を言い、熊田も「相当何回も言われるからあの人に」と同調し、花見も、高田助役はいろいろ言うと、熊田に同意する。そして 0.4 秒の沈黙の後、12 行目で土佐が「でも今でもゆうやん」と、高田助役がいろいろ言うのは過去のことではなく今も続いていると主張したあと、「ってお前この間江川で言われてたやん」と言いながら熊田に指さしを向ける。

　この土佐の指さしを伴った発話は、1 行目の熊田の「一時期の高田助役とか正味いらっと来てたやん」という主張に対する反論として聞くことができる。熊田が高田助役のふるまいを「一時期いらっと来てた」と過去のものとして描写していたのに対し、12 行目の「でも今でもゆうやん」は、それが過去の一時期だけのふるまいではなく、今でも続いていることを主張しているからである。そしてその根拠として「ってお前この間江川で言われてたやん」と、熊田自身が高田助役に叱られた経験を「この前」と最近の出来事として言及する[7]。「お前」と言いながら視線を熊田に向けることで、この発話が熊田に向けられていることはこの場の参与者たちにとって明らかであるため[8]、次話者選択の方法として指さしが用いられたようには見えない。断片 2 と同様、この事例でも、反論の根拠となる過去の事実を相手の直接経験として差し出す方法として指さしが用いられているのである。指さしを向ける

ことは、今言及している出来事を受け手に自分自身の直接経験として聞くよう要請する。そして、反論の根拠として相手自身の経験を差し出すことは、反論を受け入れさせる強い方法となる。

　他方、土佐のふるまいは、熊田に対する揶揄という側面も持っていることは指摘しておくべきだろう。発話順番冒頭の「でも今でもゆうやん」という反論は早く発話されており、その根拠として提示された「ってお前この間江川で言われてたやん」という相手の経験への言及は相対的にゆっくり発話されている。このような発話産出の速度の対比から、反論であることを示す前半部分よりも後半の受け手の失態に言及する部分の方が発話の焦点であるように聞くことができる。また、断片2では、話し手の指さしは、その発話が言及する過去の出来事を端的に表現する「滋賀の雪」が産出されるのと同時に受け手を指し示すように調整され、その部分の産出が終わると同時に解除され始めているが、断片3では、受け手である熊田が反応するまで指さしが維持されている[9]。受け手が反応を返すまで指さしを維持することは、今言及している過去の出来事を受け手に帰属するものとして聞くことを求めるだけでなく、それに対する反応を要請する手段にもなっている。

3.3　指さしを使わずに受け手の直接経験に言及する場合

　ここまで、指さしが過去の出来事を受け手自身の直接経験として聞くよう要請する手続きであることを示してきた。しかし、話し手が受け手の直接経験について言及する際に、常に指さしを受け手に向けるわけではない。以下の断片4では、話し手が指さしを向けずに受け手の直接経験について確認要求をした後、今度は受け手に指さしを向けてもう一度同じ直接経験について確認要求を行っている。この事例において、話し手は最初は指さしをしなかったにもかかわらず、なぜ二回目で指さしを向けたのかについて分析し、指さしの使用に見られる話し手の志向について考察する。

　断片4は、大学卒業直前の4年生4人の会話からの抜粋である。断片の冒頭で、卒業直前の3月になっても、まだ就職活動に関するメールが届くと

第 3 章　受け手に「直接経験」として聞くことを要請すること　81

いう話題になっている。

断片 4：LB_ 自動車販売

```
01　上野：(なんか) リクナビでさ:, まだメール:だけ見てんねんけど [さ,
02　稲村：　　　　　　　　　　　　　　　　　　　　　　　　[うん.
03　上野：まだくるの¿
04　稲村：まだ [くる.
05　田町：　　　[あん: [きてんで (いま (h))
06　加賀：　　　　　　[くるくる.
07　　　　(0.3)
08　上野：くるな:. (.) ラストチャンス (.) とか [ (゜いって゜) [¥いっぺん=
09　田町：　　　　　　　　　　　　　　　　　　[そ (もいっかい-) -
10　加賀：　　　　　　　　　　　　　　　　　　　　　　　[ (そやな)
11　上野：=ラストチャンスやって, >今度こそホントのラストチャンス
12　　　　[っていう<¥.h
13　田町：[hhh
14　田町：¥次何がくるん [やろな (h) ¥hh
15　上野：　　　　　　　[hh
16　　　　(0.8)
17　加賀：¥ほんまやな¥
18　上野：゜うん.゜
19　加賀：.h [ セカンドステージかな
20　稲村：　　[゜ファイナルチャンス゜
21　上野：[そう (゜セカンドステージ゜)
22　稲村：[¥ファイナルチャンスじゃないの¥ [ (.) huh [huh　huh
23　田町：　　　　　　　　　　　　　　　　[hhhh
24　加賀：　　　　　　　　　　　　　　　　　　[なにチャンス.
25　稲村：意味わからん (h) [huh　huh　huh　huh　huh　huh　huh　huh
26　上野：　　　　　　　[¥(その) メール気になんねんけど.¥
27　加賀：(来る) かな, あ, まん- (.) 最たん: >それは<一週間ぐらい
28　　　　できんかな,
29　　　　(0.8)
```

```
30   稲村：いや無理＊†やろ＊一週間
                  ＊....＊K-->
     u             †..I&K-->
31   加賀：[（きん-）
32   上野：[一週間行け＊るやろ
     i              -->＊U-->
33   加賀：い↓や↑いけるい[ける
34 -> 稲村：            [あれちゃうん.自動車販売ちゃうんまさかの.
35   上野：†>なんか,†セミナー行って,†面接して:,　オッケイやろ.
     --->†,,,,,,,,†正面-------->†I-->
36   加賀：オッケーや[な¿
37 -> 稲村：       [自動車販売[＋やろ¿.一回目が:＋#しゃしょ-社長＝
                        ＋ptg..........＋U,,,,,,,,,,,
                                    #図6
38   加賀：              [あるある.
39   稲村：＝面接ってゆう.
40      (.)
41   上野：†あ:そや†そや[そや
           †,,,,,,†I--->
42   稲村：          [えぐかったら(h)し(h)い(h)な,h(ま)h.hh＝
43   上野：＝†>いやでも,<　†楽勝やったけどな＝
           †,,,,,,,,,,..†I--->
44   稲村：＝楽勝やった†なhh.hh
     u        --->†,,,
45      (0.2)＊(0.6)＊(0.4)
     i   --->＊.....＊K--->
46   稲村：おれ、受かった:とか＊って＝
                     -->＊U--->>
47   田町：fufu う(h)か(h)huhuhu
48   稲村：おれがあの:で-(.)電車でおったら,で-新幹線>(nなか)<で,
49      おれ受かったねん[とかって.どこどこ? 日産の車売るとこ
50   上野：          [うん.
51   田町：ha ha ha ha
```

図6　稲村が上野に指さしをする

　この会話が収録されたのは、参与者たちがあと2, 3週間で卒業を迎えるという時点である。27行目の加賀の「最短それは1週間ぐらいできんかな」という発話は、数週間後に迫った卒業までに面接から内定獲得までの過程が終わることが果たして可能かという疑問を提起するものであり、この発話によって、いまだにメールが来るという話題から、短期間で選考が終わるのかという話題へと移行している。この疑問に対し、稲村は一週間は無理だと否定するが、上野は一週間でいけると答え、加賀もそれに賛同する。すると34行目で稲村は上野に視線を向けながら、「あれちゃうん. 自動車販売ちゃうんまさかの」と言う。この発話は、上野に対し、自動車販売であれば1週間で可能だということかと確認を求めるものとして聞くことができる。ところが上野の次の発話は「セミナー行って、面接して、オッケイやろ」と、一般的な就職の選考過程について述べており、自動車販売という個別の職種を挙げた稲村の確認に対する応答なのか、それとも一週間でいけると述べた自身の32行目の主張の理由なのかどうかは、この時点で明らかではない。すると、37行目で稲村は「自動車販売やろ」と、34行目の「自動車販売ちゃうん」に比べてより確信を持っているように聞こえる要求の仕方に変更したあと[10]、「一回目が社長面接っていう」と、自動車販売における具体的な選考過程に言及し、同時に指さしを上野に向ける。この指さしによって、自動

車販売で一回目から社長面接を受けたのが上野自身の経験であることが受け手の上野と他の聞き手にとって認識可能となる。それに対し、41 行目で上野は「あ：そやそやそや」と、思い出したことを表明すると、稲村は「えぐかったらしいな」と過去に聞いたその経験についての上野の評価に言及する。この 42 行目の稲村の発話は、上野に「えぐかった」経験について語ることを促すように聞こえるが、上野は「いやでも楽勝やったけどな」と述べただけでそれ以上は語らない。稲村はそれに「楽勝やったな」と同意した後、46 行目から、その話を上野から聞いた時のエピソードを語り始める。

　この断片で、稲村が最初に上野の経験に言及したのは 34 行目である。しかしこの時は指さしを向けていない。この発話が上野の経験について語っているかどうかは、少なくともそれを知っている稲村と上野本人以外には分からないと思われる。「自動車販売ちゃうんまさかの」という発話は、自動車販売が自分の予想や想定、もしくは許容の範囲を超えているという評価を表明しているが、それが自動車販売という業種自体に対する評価なのか、それとも、後で明らかになるように、上野が自動車販売の会社の選考で経験した予想外の状況のことなのかが、本人以外の者にも分かるように組み立てられていないからである。逆に言えば、これを聞いた上野自身には分かるように組み立てられた発話である。断片 1 では、新しい話題を開始する手続きとして受け手に過去の経験について語ることを求める際、先行する連鎖にそのことを思い出す手がかりが与えられておらず、受け手がうまく思い出せず応答しない可能性に話し手が志向し、今話している過去の出来事を自分の経験として聞くよう要請する手段として指さしが用いられていることを指摘した。断片 4 では、まず上野が「一週間（で）いける」と主張しており、稲村の 34 行目の発話は、上野自身の経験がその主張の根拠なのかと確認を求めている。つまり、上野がこの経験をもとに「一週間（で）いける」という、通常では考えられないほど短期間で選考が終わると主張していると、稲村は理解していたことが見てとれる。したがって、指さしを用いて、「今話していることを自分の経験として聞け」と要請する必要は、この時点の稲村にはなかっ

たのである。

　この稲村の確認の求めに対して期待される応答は、上野が、自分の主張の根拠が自動車販売での選考経験である（もしくは違う）と述べることである。同時に、この稲村の発言は、「まさかの」という評価を含んでいるため、上野にその経験について語ることを促しているようにも聞こえる。ところが、続く上野の発話は、期待されるような応答には聞こえない。すると稲村は、もう一度確認を要求しつつ指さしを上野に向ける。1回目の確認要求で言及した「過去の経験」に対し上野が自分の経験として反応しなかったことから、2回目は視覚的に「受け手自身の経験」であることを示す指さしが用いられたのだと理解できる。このように、指さしは、受け手に過去の経験について思い出して語らせるより強い手段として利用可能なのである。

4.　おわりに

　本章では、過去の出来事について言及しながら受け手に指さしを向けるというふるまいを見てきた。分析の結果明らかになったのは、受け手が過去に経験した出来事について述べながら相手に向ける指さしが、その出来事を受け手自身の直接経験として聞くことを求めるものであり、今述べている過去の出来事が受け手に帰属することを示す手段として用いられるということである。このような求めが必要となるのは、受け手に対してその経験について語ることを要請したり、受け手自身の直接経験を根拠とした反論や揶揄などを行う際、受け手が、今話している過去の出来事を思い出せない、もしくはそれが自分の経験であることに気が付いていない可能性があることが、それまでの連鎖環境や受け手の反応などから観察可能である時である。言い換えれば、こうした可能性に話し手が志向していることが、指さしの使用に見てとれるのである。

　指さしは、対象を指示するための手段であり資源であると同時に、それが何を指示し、何を達成するかは、それが埋め込まれた環境や行為と相互反映

86　分析編　第Ⅰ部　日常会話の中の指さし

的に決定される。Mondada（2014）は、指さしが、それが指し示す対象との
間の関係のみで捉えられるものではなく、相互行為における参与者のふるま
いの展開の中で、発話や視線、身体の向き、そして参与者間の位置関係やそ
の場の物理的環境などさまざまな資源が精密に調整されることによって構成
されるマルチモーダルなゲシュタルト（multimodal gestalt）の一部であると指
摘している。本章が取り上げた、話し手が言及している過去の出来事を受け
手に「帰属」させる指さしの分析も、言語を含めたマルチモーダルな資源が
ある行為を達成するあり方の1つを例証するものであると言えるだろう。

書き起こし記号一覧
本書の「書き起こし記号一覧」の表記法に倣い、本章では、事例中の参与者の視線の
向き、ふるまい、ジェスチャー、指さしは以下の記号で表している。

＊　＊	指さしを行う話し手の視線の向きの開始と終了時点
†　†	指さしの受け手の視線の向きの開始と終了時点
・　・	指さしを行う話し手のジェスチャーまたはふるまいの開始と終了時点
△　△	指さしの受け手のジェスチャーもしくはふるまいの開始と終了時点
＋　＋	指さしを行う話し手の指さしの開始と終了時点
ptg	指さし
＊--->	視線が後続の行まで継続している
＊-->>	視線が事例の最後もしくはその後も継続している
>>--	視線の開始時点が事例の開始時点よりも前
...	視線が対象に向かって移動中であることを示す
,,,	参与者の視線が対象から逸れていくことを示す
a	話し手以外の参与者（漢字名の場合はイニシャルの小文字）
♯	各図が表れた時点

注
1　実際には、Aの質問に対してCはすぐに答えず1.0秒の沈黙が生じている。その
後Aは「ってことか」という発話を追加することで、Cの応答の不在を自身の発話順
番の中に回収するとともに、Cが今は奥手ではないという自分の理解に対する確認要

求へと行為を途中で変更している。

2　Cは38行目で上体を右にかがめてAが読んでいるパンフレットを覗きこみ、Aの注意がそちらに向いていることを確認している。

3　焦点の定まった相互行為とは、人々が近接していて、発話を交わしながら注意を単一の焦点に維持しようとはっきりと協力し合う場合の相互行為のことを指す（Goffman 1963= 丸木・本名 1980）。

4　宮本は他の4名の1学年下であり、郡本のことを知っているが、ここで話されている出来事が起きた時期にはまだこのアルバイトを始めていなかった。

5　ただし、41行目の後、中田が自分が受け取ったメールの内容について語り始め、花見がストーリーを展開することはなかった。

6　36行目の発話の時点では、誰の発言の引用なのかが示されていないため、指さしを向けられた花見か、もしくは直前まで話題になっていた郡本のどちらにも聞くことができる。しかし、その後の連鎖の中で、この発言が郡本の発言であることが、聞き手の応答によって示されており、参与者たちもそのように理解していることが分かる。

7　12行目の「って」は、「だって」の短縮形であるように聞こえる。

8　Lerner(2003) は、二人称代名詞 "you" とともに視線を受け手に向けることで、"you" が指し示すのがその受け手であることが理解可能となり、それがその受け手を次の話し手として選択する方法となることを例証している。

9　断片1もまた、受け手が免停になりかけたという過去の失敗に言及するものであるため揶揄を行っていると言えるが、話し手Cが「免停」のあと、指さしを解除したのは、受け手であるBがそもそもCに視線を向けておらず、自分に向けられた指さしを見ていなかったことにCが気づいたからである可能性がある。

10　「自動車販売ちゃうん」は「じゃないの」という否定疑問文の形式であるのに対し、「自動車販売やろ」の「やろ」は「だろう」という形式を取っている。そのため、否定の可能性を残すものとして聞こえる前者よりも後者の方がより確信を持った確認要求として聞くことができる。

参考文献

荒川歩 (2011)「指さし行動と発話による談話の達成」『社会言語科学』14 (1)： pp.169–176.

Endo, Tomoko. (2018) The Japanese state-of-tokens *a* and *aa* in responsive units. *Journal of Pragmatics* 123: pp.151–166.

Goffman, Erving. (1963) *Behavior in Public Places: Notes on the Social Organization of Gathering*. Free Press. (丸木恵祐・本名信行訳 (1980)『集まりの構造—新しい日常行動論を求めて』誠信書房)

Goodwin, Charles. (2003) Pointing as situated practice. In Sotaro Kita (ed.), *Pointing: Where Language, Culture, and Cognition Meet*, pp.217–215. Mahwah, NJ: Lawrence Erlbaum.

Hayano, Kaoru. (2013) *Territories of Knowledge in Japanese Conversation*. Unpublished PhD dissertation, Radboud Universiteit, Nijmengen.

Heritage, John. (1984) A change-of-state token and aspects of its sequential placement. In J. Maxwell Atkinson and John Heritage (eds.), *Structures of Social Action: Studies in Conversation Analysis*, pp.299–345. Cambridge: Cambridge University Press.

Kendon, Adam. (2004) *Gesture: Visible Action as Utterance*. Cambridge: Cambridge University Press.

Kita, Sotaro. (2003) *Pointing: Where Language, Culture, and Cognition Meet*. Mahwah, NJ: Lawrence Erlbaum.

Kita, Sotaro. (2003) Pointing: A foundation building block of human communication. In Sotaro Kita (ed.), *Pointing: Where Language, Culture, and Cognition Meet*, pp.1–8. Mahwah, NJ: Lawrence Erlbaum.

Lerner, Gene. H. (1992) Assisted storytelling: Deploying shared knowledge as a practical matter. *Qualitative Sociology* 15(3): pp.247–271.

Lerner, Gene H. (2003) Selecting next speaker: The context-sensitive operation of a context-free organization. *Language in Society* 32: pp.177–201.

Mondada, Lozenza. (2007) Multimodal resources for turn-taking: pointing and the emergence of possible next speakers. *Discourse Studies* 9(2): pp.194–225.

Mondada, Lozenza. (2014) Pointing, talk, and the bodies: Referential and joint attention as embodied interactional achievement. In Seyfeddinipur, Mandan and Gullberg, Marianne (eds.), *From Gesture in Conversation to Visible Action as Utterance: Essays in honor of Adam Kendon*, pp.95–124. Amsterdam/Philadelphia John Benjamins.

Pomeranz, Anita. (1980) Telling my side: "Limited access" as a "fishing device". *Sociological Inquiry* 50, 3–4: pp.186–198.

杉浦秀行 (2011)「「強い同意」はどのように認識可能になるか─日常会話における同意ターンのマルチモーダル分析」『社会言語科学』14(1)：pp.20–32.

第4章
記憶探索活動中に参与者に向けられた指さしの非指示的性質

杉浦秀行

1. はじめに

　日常の相互行為において、しばしば参与者たちは経験や既知の出来事について、それに関わる人や場所の名前・名称等を想起しながら語ることがある。例えば、自宅に帰った子どもが親に今日学校であった出来事について、どの友達と、どこで、何をしたのかについて語る場合、具体的に、友達の名前、場所の名前、遊び（活動）の名称などを想起しながら語るだろう。そういった状況下において、特定の参与者が具体的な人や場所の名前・名称（つまり、上記の例だと、友達の名前、場所の名前、遊びの名称など）を想起し、その名前・名称を発話する際に、別の参与者に向けて人差し指を利用した指さしを産出することがある。本章で取り上げる指さしは、具体的には、以下の断片1に見られるようなものである。

断片1：モスク
```
01    タカ：上に全部(0.5)　ステンドガラスがあって,=
02       =上の(.)+ 模　様　(.) +全部バ [ガ:＊#図1:っ＊[て #─
03 ➡ カズ：                 [あ ＊#      ＊[モ #スクモスク.+
    タカ G        +両手を下ろす+両手を挙げて動かす-------------- +
Fig  カズ G                          ＊手叩く　＊指さし--->>
                                   #図1          #図2
```

図1　　　　　　　　　　　　図2

04　　タカ：モスクモスク [モスク .>そうそうそうそうそうそうそうそう<=
05　　カズ：　　　　　　　 [モスクだね?

　この断片は、タカが家族との昔のエジプト観光について語っている時に、イスラム教の建築物である「モスク」という言葉を思い出せず、カズと協働で「モスク」という言葉を想起する活動を行っているところである。この断片の詳細な分析は 4.1 節に譲るとして、01–02 行目でタカが「上に全部(0.5)ステンドガラスがあって, =上の(.)模様(.)全部バガ::って」と言いながら、描写的ジェスチャー（depicting gesture）（喜多 2002a, 2002b 及び本書の第 1 章（安井・杉浦）を参照）を用いて、当該建築物の描写をしたところで、03 行目でカズが認識変化詞「あ」（Endo 2018）と発するのに続けて手を 1 度叩き（図1）、問題となっている「モスク」という言葉を発するのと同時に、指さしをタカ（の身体）に向けて産出している（図2）。興味深いことに、ここでのカズの指さしは、単に時空間的に近接した対象を指し示す直示的ジェスチャーとして利用されているとは言えない。重要な点として、指さしの指示対象と発話内容との関係に齟齬がある。すなわち、指さしの指示対象であるタカ（の身体）と同時に発話されている「モスク」というイスラム教の建築物の名前との関係に齟齬がある。もう 1 つ興味深いことに、ここでのカズの指さしは、認識変化詞「あ」とそれに続く手を叩く動作の直後に、問題となっているイスラム教の建築物の名前を発するのと同時に産出されている。認識変化詞「あ」とそれに続く手を叩く動作から、記憶探索活動を経て、問題となっ

ているイスラム教の建築物の名前を想起したことが公然化しており、その直後に産出される指さしがその名前の想起と関連付けられたものであると考えられる。本章では、このように特定の対象の名前・名称を想起した参与者が発話とともに産出する指さしに焦点を当て、この種の指さしがその他の言語的・非言語的資源と併用されることで相互行為的に何を達成しようとしているかについて明らかにすることを試みる。

2.　研究の背景と目的

2.1　研究の背景

　ポインティング・ジェスチャー、典型的には、人差し指を利用した指さしについては、主としてジェスチャー研究の領域で、特定の対象や方向を指し示す直示的機能に関わる研究が蓄積されている（本書の第1章（安井・杉浦）を参照）。しかしながら、近年の会話分析研究において、ポインティング・ジェスチャーによる指示行為は、単に、話者が問題となっている指示対象を発話とともに指し示すだけで達成されているのではないことが指摘されている。会話分析研究では、ポインティング・ジェスチャーによる指示行為は、今ここの進行中の相互行為の中で、目の前で展開されている活動の枠組みに沿って、その活動が行われている特定の環境（の構造）に連接されながら、発話、視線、姿勢、参与者間の身体配置、連鎖組織などの資源と巧みに調整されることで達成されていることが指摘されている（Goodwin 2003a, 2003b, 2007）。

　ポインティング・ジェスチャーによる指示行為の精緻かつ複雑な性質が明らかになる一方で、ポインティング・ジェスチャーによる行為には、指示以外の特性があることも指摘されている。Mondada（2007）は、異なる領域の専門家たちが作業机に置かれている地図や印刷物について議論しているデータの中で、繰り返し利用される（ペンを手に持ってなされる）ポインティング・ジェスチャーが、（ペンの先で）地図や資料の特定の対象を指すための資

源として利用されているだけでなく、適切なタイミングでポインティング・ジェスチャーを開始することで発話順番の自己選択の資源としてシステマティックに利用されていることを明らかにしている。また、こうして産出されるポインティング・ジェスチャーは、自己選択した発話順番の終結前に撤退するものもあれば、自己選択した発話順番の終結部をこえて持続するものもあり、前者は進行中の発話順番の終結を投射し、後者は進行中の発話順番だけでなく、自分が開始した連鎖における発話の権利と義務への志向を公然化するものであると論じている。Mondada は、ポインティング・ジェスチャーとそれによって指示される対象だけでなく、ポインティング・ジェスチャーの開始、撤退のタイミングに着目することで、ポインティング・ジェスチャーの指示以外の性質を見事に示して見せたのである。

　本章ではポインティング・ジェスチャーの中でも、人差し指による指さしに焦点を当てていくが、その指さしについても近年の会話分析研究の中で、指示以外の性質について明らかにされつつある。高梨 (2011) は、複数のグループに分かれて並行して活動がなされている際に、一方のグループの参与者がもう一方のグループの活動に割り込むための資源として指さしが利用されていることを明らかにしている。杉浦 (2011, 2013) は親しい友人間の日常会話において、直前の話者の意見に対する同意を示す際に、その話者に向けて産出する指さしは、強い同意であることを公然化するための重要な資源となっていることを示している。安井 (2014) は、日常会話における語りの開始部で特定の参与者に向けられる指さしには 2 つのタイプがあることを明らかにしている。1 つは、語りの開始部で直前の話者に向けて産出される指さしで、それは今まさに展開しようとしている語りが、直前の話者の発話内容をきっかけとしたものであることを示すことである。もう 1 つは、語りの開始部で直前の話者ではない第三者に向けられて産出される指さしで、それはこれから展開する語りがその第三者についてのものであり、進行中の相互行為に参加している参与者たちに対して、語りへの適切な参加の仕方を提示することである。さらに安井 (2017) は、直前の話者に向けられる指さしは、

直前の発話内容（の一部）を指し示すものであり、それは他でもなく当該発話内容への反応であり、それには相手に対する同意を公然化するものと、これから展開する語りが当該発話内容をきっかけにして起こったことを公然化するものがあることを明らかにしている。これらの一連の研究が示唆するのは、相互行為の中で展開される指さしは、相互行為が行われている環境、活動の枠組みや連鎖組織などに敏感に呼応して、特定の対象に向けて、特定のタイミングで展開されることで、必ずしも受け手に向けて特定の対象を指し示すことだけをしているのではなく、指し示すことを通して指示以外の相互行為的タスクを遂行するための資源になりうるということである。本研究の着目点もまさにそこにあり、指さしのもつ指示以外の性質の一端を明らかにすることを目的としている。

2.2 目的

　本章では、会話の参与者たちが相互行為の中で、記憶探索活動を経て、何らかの対象の名前・名称を想起し、受け手に提示する際に、想起した名前・名称を発話しながら、受け手に向けて産出される指さしに焦点を当てる。このときに興味深いのは、通常、典型的な指さしであれば、発話内容（例：この本）と指さしを向けた対象（自分の近くにある特定の1冊の本）が一致しており、そこに指示関係が成立するが、本章で取り上げるケースでは、1節の断片1で提示したように、発話内容（＝想起した対象）と指さしを向けた対象（＝受け手）との間に指示関係が成立していないということである。このことから、このケースにおける指さしは受け手を指さすことで、指示以外の何らかの相互行為的タスクの遂行のために利用されていると考えられる。本章では、この点に着目し、この種の指さしによって、相互行為的に何が達成されているのかについて、その指さしの産出のタイミング、その持続期間（あるいは、どの時点で撤退するか）、指さしとともに展開される発話順番の構造や発話順番をこえた連鎖組織などにも注意を向けて分析していく。

3. データ

　本章で分析の対象とするのは、関東地方在住の 20 代、30 代の親しい友人同士の会話、合計 20 組、約 20 時間分のビデオ録画データである。データは会話分析の転写法に基づいて書き起こされている。指さしやその他のジェスチャー、視線などの非言語の部分は、本書の「書き起こし記号一覧」を基本とするが、若干異なる転写の仕方を施している（詳しくは章末の書き起こし記号一覧を参照）。

4. 分析

4.1 協働的記憶探索活動を経て想起した対象を提示する際に産出される指さし

　本節では、複数の参与者が協働で記憶探索活動を経て、想起した対象の名前・名称を発話しながら特定の受け手に向けて産出する指さしの事例から見ていく。以下に挙げる 2 つの事例では、参与者たちがある対象の名前・名称を思い出せないというトラブルに直面し、協働で記憶探索している時に、いずれも最初に想起した参与者が認識変化詞「あ」と手を叩く動作に続けて、想起した対象の名前・名称を発するのと同時に指さしを特定の受け手に向けて産出している。以下の事例の分析を通じて示したいのは、次の 4 点である。

1. この種の指さしは、その指示対象である受け手（の身体）と発話内容（想起した対象の名前・名称）との間に指示関係が成立していないことから、受け手を指し示すことを通して、指示以外の行為を達成するために利用されている

2. この種の指さしは、想起した対象の名前・名称を発話すると同時に産出されることで、受け手に対して、自分の認識が変化し、想起した対象の名前・名称が正しいものであることを身体的に公然化・主張して

いる

3. 指さしを向ける相手は、想起した対象の名前・名称が正しいものであることが評価可能な相手である

4. いずれの事例も産出された指さしは発話順番をこえて持続しているが、これは Mondada（2007）で指摘されているように、発話の権利と義務に志向しているもので、想起した対象の名前・名称について、まだ付け加えるべき何かがあることを主張しているものとして認識可能なものである

以下、断片 2 から見てみよう。断片 2 は断片 1 を拡張したものである。この事例では、タカがカズに対して昔家族とエジプトに行ったときに見たモスクについて語っているところである。断片 1 でも見たように、タカがイスラム教の建築物である「モスク」という名前を思い出せないことを契機に、語りの受け手であるカズとともに言葉探しの活動に協働で従事している。その中で、問題となっている「モスク」という名前を最初に想起したカズが以下の断片の 13 行目で「モスク」という発話とともに指さしを産出している。

断片 2：モスク（断片 1 の拡張版）
（（タカが昔家族とエジプトに行ったときに見たモスクについて語っているところ））

```
01   タカ：  $%+うわ：：：°       +なんだっけ?=
     タカ G      +右手を額に当てる +右手を顔に当てる--->02
     タカ 視線  %下を見る--->02
     カズ 視線 $タカに視線--->04
02   タカ：  イスラム：：-+ (0.6) イスラ +ムのそ%の：(.)    %教会の
     タカ G           ---> +右手を口に当てる +両手の人差し指を動かす--->03
     タカ 視線                ---->%カズに視線%下を見る->03
```

96   分析編　第I部　日常会話の中の指さし

03　　タカ：名前．(0.4)教会って言わない％[よね．+
04　　カズ：　　　　　　　　　　　　　　　　　[ええ-+$んん？
　　　タカ^G　　　　　　　　　　　　　　　--->+
　　　タカ^{視線}　　　　　　　　　　--->％カズに視線--->08
　　　カズ^{視線}　　　　　　　　　　　　--->$右前方を見る--->06
05　　タカ：(メ-メ-)(.)メッカ．=　ちがう？
06　　カズ：メッカはちがう．=メッカ*[じゃない．=ええと　*$::　]
07　　タカ　　　　　　　　　　*[メッカちがう．=>あ*$なん]だっけ？<=
　　　カズ^G　　　　　　　　*左手を前に出す　　　　*体を左に向ける->10
　　　カズ^{視線}　　　　　　　　　　--->$左下を見る-->10
08　　タカ：=>名前忘れ％ちった．<％+[>まとりあえずこ:(h)<hhhh
09　　カズ：　　　　　　　　　％+[(なんだっけ)
　　　タカ^G　　　　　　　　　　+両手の人差し指を動かす　--->10
　　　タカ^{視線}　　　　--->％下を見る％カズに視線--->10
10　　カズ：$*うんそうだね？％+=なんか．
　　　タカ^G　　　　　　　　--->+両手を挙げて動かす　--->12
　　　タカ^{視線}　　　　　　--->％上を見る--->12
　　　カズ^G　　　*体をタカに向ける--->>
　　　カズ^{視線}$タカに視線--->13
11　　タカ：上に全部(0.5)ステンドガラスがあって,=
12　　　　=上の(.)％+模　様(.)　+全部バ$[ガ:　$*#:っ*[て #—
13➡　カズ：　　　　　　　　　　　$[あ　　$*#　　　*[モ#スクモスク．+
　　　タカ^G　　　--->　+両手下ろす+両手を挙げて動かす--------------　+
　　　タカ^{視線}　--->％カズに視線--->16
　　　カズ^G　　　　　　　　　　　*手叩く*指さし-->17
　　　カズ^{視線}　　　　　--->$右前方$タカに視線--->15
　　　Fig　　　　　　　　　　　　　　　　#図1　　　#図2

第 4 章 記憶探索活動中に参与者に向けられた指さしの非指示的性質　97

図1　　　　　　　　　　　　　　図2

```
14    タカ： +モスクモスク [モス   $ク.>そうそうそうそうそう+
15 ➡ カズ：           [モスク$だね？
      タカ^G  +指さし--------------------------------+
      カズ^視線          ---> $下を見る--->16
16    タカ： そう %そうそう<$=
      タカ^視線 -->%下を見る--->18
      カズ^視線           --->$
17 ➡ カズ：=$あ#ぶね*:::社会科として:.[hh%hh $hhhhhh%h $hhhh
18    タカ：                         [hh%hh $hhhhhh%h $hhhh
      カズ^G    ---> *
      カズ^視線 $右前方を見る------------------$タカに視線-$下を見る->>
      タカ^視線                  --->%カズに視線-%左前方を見る>>
      Fig      #図3
```

図3

01 行目で、タカは発話順番冒頭で、右手を額に当てながら「うわ:::」と発し、続いて右手を額から顔に移動させながら「なんだっけ？」と自問する

ように発することで、進行中の語りにおいて記憶に関するトラブルが生じていることを示している。02・03行目で、間髪を入れずに1行目の順番構成単位(TCU)の付加要素(increment)である「イスラム::- イスラムのその:(.)教会の名前」を産出すると同時に両手の人差し指で問題となっている何らかの構造を描いて見せることで、記憶に関するトラブルのターゲットがイスラム教の建築物の名前であることを公然化させている。ここでタカは「教会の名前」と発しているが、「教会」という語のチョイスにもトラブルを抱えていることを自ら表明するかのように、0.4秒の間の後に「教会って言わないよね」と、自身の「教会」という語のチョイスが間違っていることをカズに確認している。続く04行目のカズの反応は、タカの確認要求質問にyes/noで応答していない。この反応は、直前のタカの確認要求質問への応答に志向したものではなく、タカの記憶のトラブルのターゲットであるイスラム教の建築物の名前に志向した反応として聞かれるものである。上昇調のイントネーションで「んん?」と発しながら、カズがタカに向けていた視線を逸らしたことは、直前の確認要求質問に答えるのではなく(確認要求質問に答えるだけではタカの記憶のトラブルへの対処は部分的でしかない)、タカの記憶のトラブルへの対処(つまり、イスラム教の建築物の名前を想起すること)に参加することの予告表示のように見える(Goodwin 1987)。実際、05行目でタカがイスラム教の建築物の名前の候補として、言い淀みながら「(メ-メ-)(.)メッカ」と発したのに対して、06行目でカズはその名前の候補を否定するだけでなく、身体をタカとは逆方向の左に傾けながら「ええと」と発することで、タカの記憶のトラブルへの対処への参加を表明している。07・08行目で、タカはカズによって候補を否定されたことを受け、早口で「あ何だっけ?名前忘れちった.」と記憶のトラブルをより鮮明に提示している。続けてタカは「まとりあえずこ:」と言いながら、両手の人差し指で02行目の際に見せたのと同じようにイスラム教の建築物と思われる構造の輪郭を描きながら、説明を先に進めることに志向する。このタカの発話と重なるかたちで、09-10行目で、「(なんだっけ)」と発した後、カズはタカの「ま

とりあえずこ:」に応答するかたちで、それまで逸らしていた視線をタカに
戻し、身体もそれに合わせてタカの方に向けて、「うんそうだね?」と発す
るが、これはタカが説明を先に進めることをカズが了承したことを示してい
る。その直後、カズが「なんか」と発するタイミングで、タカは上方を見る
と同時に両手を上に挙げるが、これは先に両手の人差し指で描いていたイス
ラム教の建築物と思われる構造の輪郭とは別のものを描く段階に入ったこと
を身体的に表示している。実際、11 行目でタカは、自分がイスラム教の建
築物の中にいる視点で、建物内の上部について「上に全部 (0.5) ステンドガ
ラスがあって」と、具体的な描写をした後、12 行目で「上の」と発してい
るが、直前の「上」という語を繰り返すことで、次にくるものが「ステンド
ガラス」に関連するものであることを示している。そして、「上の」と発し
た後、ごく僅かな間をおいて、いったん両手を下ろし、カズに視線を向けな
がら「模様」と発している。ここで発した「模様」が直前のステンドガラス
の「模様」であることが示され、タカは再度両手を挙げて「全部バガ :: って」
と説明を加える。この 12 行目のタカの説明に重なるかたちで、13 行目でカ
ズが認識変化詞「あ」を産出し、続けて手を 1 度叩き、その直後にタカの胸
元に向けて指さしを展開しながら問題となっているイスラム教の建築物の名
前、すなわち「モスク」という語を 2 度続けて発している。ここで産出され
ている指さしが、どのような行為の資源として利用されているのかが、本章
の主要な関心事である。

　まず、指さしの直前に産出された認識変化詞「あ」と手を 1 度叩くこと
によって、それまでの記憶探索状態から脱して問題となっているイスラム教
の建築物の名前を想起したこと、つまり、認識状態の変化をマルチモーダル
に提示しているものと考えられる。指さしが産出されるのは、想起した名前
「モスク」の最初の音を発するタイミングである。このことから、指さしに
よって達成されていることは、今まさに発話している想起した名前の提示の
やり方と深い相関があると考えられる。

　ここで注目されたいのは、指さしの向けられている対象と発話されている

対象との間の齟齬（荒川 2011）である。直示的ジェスチャーであれば、指さしの向けられている対象と発話されている対象の間には指示関係が成立しているはずである。例えば、「この本」と言いながら、特定の本に向けて指さしをするような場合がそれである。断片 2 では、指さしの向けられているのはタカ（の身体）であるが、それと同期している発話は想起した「モスク」というイスラム教の建築物の名前である。ここに指さしの向けられている対象と発話内容との間に齟齬が見出せる。この齟齬こそ、カズが展開している指さしが単にタカの身体を指している以上の何かを実現していること、換言すれば、指さしのもつ指示以外の特性を体現していることの証左である。

　本章での主張は、ここでカズが産出している指さしは、受け手であるタカ（の身体）に向けられることによって、タカに対して自分の**認識状態が変化し**、イスラム教の建築物の名前を**正しく想起したこと**を身体的に公然化・主張するために利用されているということである。その直前に発話された認識変化詞「あ」は、記憶探索状態から想起した状態への認識状態の変化をマークしている。その後の指さしの産出は、同時に展開されている発話内容（想起した対象の名前）を考慮すると、当該対象の名前を正しく想起したことのマルチモーダルな主張であると考えることができる。さらに、発話内容、すなわち発話順番の構築のされ方にも着目してみると、カズは「モスクモスク」と想起した名前を 2 度繰り返し、それをもって発話順番を終結している。想起した名前を繰り返して提示することは、提示した名前が単なる候補の提示以上のことをしているものとして認識可能である。さらに、2 度繰り返している「モスク」のうち、最初の方は強いピッチで発話されている。強いピッチで発話されているのも、想起した名前を単に提示している以上のものとして認識可能である。これらの構築された発話と指さしが互いに呼応することで、マルチモーダルなかたちで認識状態の変化を示し、想起した名前が十分確証あるものであることを公然化・主張しているのである。

　今ひとつ興味深いことは、13 行目でカズが展開した指さしは、発話順番をこえて持続していることである。これは Mondada（2007）でも見られたよ

うに、指さしを展開する発話順番をこえて、発話の権利と義務に志向しているものと言える。それは、13行目で想起した名前について、付け加えるべき何かがあることを示唆している。その何かは、17行目でカズが発話順番を取って「あぶね」と発話するところまで続いていることから、ここに関連づけられていると言える。「あぶね」に続けて、「社会科として」と発話しているが、ここでは(教育学部の)社会科専攻に所属するものとして、想起したイスラム教の建築物の名前について、当然知っているべき情報で、それが提示できたことに対する安堵を表明しているものとして理解可能である。

　次に断片3を見てみよう。この事例も断片2と同様に、指さしが発話やプロソディーなどと呼応することで、想起した対象の名前・名称が正しいものであることを身体的に公然化・主張するために利用されている。それに加えて、この断片の事例にはポイントが2つある。1つは、想起した対象の名前・名称を提示する際に指さしが同期しないもの(11行目、12行目)と、指さしが同期するもの(13行目)があり、これらの相違点が断片2での主張を大きく裏付けるものとなる。もう1つは、指さしを向ける相手についてである。断片3は、3者間の会話であり、指さしを向けられる参与者は、想起した対象の名前・名称を正しく評価できる参与者であることが示される。

　それでは具体的に断片3を見ていこう。この事例では、ハナとミサが最近ディズニーランドに行ったときのことについて、時系列順に何をしたか、マキに語っているところである。ここではハナが主導して語りを展開している。

断片3：ダッフィー
((ハナとミサがディズニーランドに行ったときのことについて，その活動を時系列順に振り返りながらマキに語っている))

| 01 | ハナ： | %¥$そんな並んでらんないとか[言って::, |
| 02 | ミサ： | 　　　　　　　　　　　　　　　[うん. |

ハナ^{視線}　%ミサに視線--->09
ミサ^{視線}　¥ハナに視線--->14
マキ^{視線}　$下を見る--->03

102 分析編 第Ⅰ部 日常会話の中の指さし

```
03  ハナ:  タワテラのファストパスを [取りに$行っ [て::,
04  ミサ:                        [取りに$行っ [て::,
05  マキ:                                    [うん
    マキ視線                      ---> $ハナに視線--->08
06  ハナ: [何してた(ん)？
07  ミサ: [何してた(んだっけ)？
08  マキ:  hhh%[h $h  h %+h h
09  ハナ:      %[h $h  h %+h h
    ハナG                    +左手を口元に動かす--->12
    ハナ視線  -->%マキに視線%ミサに視線--->14
    マキ視線    ---->$下を見る--->10
10  ミサ:  あ！ ポップコ$ーン食べ- $
    マキ視線        --->$ミサに視線$
11  ハナ:  $あ！ ポップ$コ$ーンを-
    ハナ視線            ---> %マキに視線--->12
    マキ視線 $下を見る--$ハナに視線--->>
12  ミサ:  買って%:+ ： ,+
    ハナG       ---> +,,,,+
    ハナ視線 --->%ミサに視線---14
13 ➡ ハナ:+あ！  +#(.)
    ハナG +手叩く +指さし--->20
    Fig         #図4
14 ➡ ハナ:+ダ#ッフィ[―  ：    %の ¥:(ウ エ イ ティ ＊ングした＊んだ).
15  ミサ:       [>ダッフィ%ー<¥の:ウエイティング＊したの<.
    ハナ視線              --->%マキに視線--->16
    ミサ視線              --->¥マキに視線--->16
    マキG                          ＊口開ける＊頷く>16
    Fig      #図5
```

第 4 章　記憶探索活動中に参与者に向けられた指さしの非指示的性質　103

図 4

図 5

```
16            %¥(0.8) *
     ハナ視線 %ミサに視線--->20
     ミサ視線   ¥ハナに視線--->>
     マキG        --->*
17   マキ：写真見たわ．
18 ➡ ハナ：そう．
19   ミサ：なんだっけ？何味食べたんだっけ？
20 ➡ ハナ：ミルク%#ティー．(0.6) +ダ#ッフィーのさ::,
     ハナG                 --->+両手で輪を作る--->>
     ハナ視線 --->%マキに視線--->>
     Fig        #図6        #図7
```

図 6　　　　　　　　　図 7

　01、03 行目でハナが東京ディズニーシーのアトラクションの 1 つである「タワテラ（タワー・オブ・テラー）」のファストパスを入手しに行ったことを提示している。04 行目でミサはハナの語りの構築に積極的に参加し、語りの進行を見計らい、それを妨げず、むしろ共同で構築するかたちでハナの発話に重ねて「取りに行って」と発話している。ここでハナとミサの「取りに行って::」の「て」が必要以上に引き伸ばされている。これはその後に

続く、次の語りの項目の産出に問題を抱えていることの前触れと考えられる。実際、06 行目と 07 行目でハナとミサは互いに顔を見合わせ、次の語りの項目が想起できないことを互いに表明している。これを受けて 08 行目と 09 行目で受け手のマキとハナの間で笑いが起こる。その直後の 10 行目でミサは認識変化詞「あ」を産出し次の語りの項目を挙げようとするが「ポップコーン食べ -」と発話を最後まで構築せずに断念している。このことからミサは想起をする上で何らかのトラブルを抱えているものと見られる。それに続けて、ハナも 11 行目で先ほどのミサと同じように認識変化詞「あ」を産出し、ミサからマキへと視線を移動しながら、まさにミサが発した「ポップコーン」を繰り返して産出する。その後、ミサが発した「食べ -」を「を -」に置き換えるが、ここでもまた、ミサと同じように、ハナは最後まで発話を構築せずに断念している。ここでもミサと同様に、ハナは何らかのトラブルを抱えていることを示している。すぐ後の 12 行目で、ミサは、ハナの未終結の発話を引き継ぐ形で、「買って」を産出している。これは 10 行目でミサが産出した「食べ -」を「買って」に置き換えることで、断念した発話の修復をしているものと理解可能である。また、「買って ::」という形を利用することで、その後に続く項目が入ることを予示するばかりでなく、接続助詞「て」を引き延ばすことで、語りを主導するハナに次の項目を提示するように働きかけているようにさえ見える。

　ここで注目すべきことに、10 行目から 12 行目にかけてミサとハナがしていることは、次の語りの項目を想起することであったが、断片 2 で見たような指さしは産出されていない。発話順番冒頭でこそ、ミサとハナは、断片 2 と同様に、認識変化詞「あ」で開始しているものの、それに続いて指さしが展開していない。断片 2 との違いとして、10 行目、11 行目のミサとハナは想起に係る何らかのトラブルを抱えていて、発話は未終結のまま断念されている。断片 2 で、想起する際に発話と同期する指さしは、認識状態が変化し、特定の対象を正しく想起したことを公然化・主張するために利用されるものであると論じた。断片 3 の 10 行目、11 行目でミサとハナの発話に指さ

第 4 章　記憶探索活動中に参与者に向けられた指さしの非指示的性質　105

しが同期しないのは、ミサとハナは構築中の発話が未終結のまま断念されて
いることからも理解できるように、2 人とも依然として想起に関わるトラブ
ルを抱えており、問題となっている項目を正しく想起したことを公然化・主
張できていないからだと考えられる。これと対照的なのが、13 行目でハナ
の発話に指さしが同期していることである。

　12 行目でミサが「買って ::」と産出している間、それまでマキに向けてい
た視線をミサに向け、13 行目で認識変化詞「あ」と発し、直後に軽く手を
1 度叩き（図 4）、14 行目の想起した対象（の名前・名称）の産出開始のタイミ
ングに合わせて、ミサに向けて指さしを展開している（図 5）。ここでは、断
片 2 と同様に、想起された対象である「ダッフィーのウエイティング」の
「ダッフィー :」[1] の部分は、強いピッチで発話されている。この卓立された
プロソディーは、指さしと呼応することで、想起された対象（「ダッフィーの
ウエイティング」）が正しいことを公然化・主張するための資源として利用さ
れている。ここで、ハナは「ダッフィー : の :」と「の」をわざわざ引き延
ばしているが、この引き延ばしを利用して、それまでミサに向けていた視線
をマキに向けている。他方、この引き延ばしの最中も指さしは依然としてミ
サに向けられている。ここでハナがしていることは、一方で、探索活動を終
えて、受け手であるマキに対して語りを進めていくことに志向し、他方で、
ミサに対しては自分が想起した項目が正しいものであることの承認を求めて
いるように見える。実際に、15 行目でミサは遅れる形で、ハナが産出しつ
つある「ダッフィー」を繰り返して提示し、ハナと同時に想起した項目の残
りの部分を協働で産出することで、その項目を承認しているものと考えられ
る [2]。

　重要な点として、ここでハナが指さしを向けた相手は語りの受け手のマキ
ではなく、もう 1 人の語り手であり、記憶探索活動に共・参加していたミサ
であることに注目されたい。これは正しく想起しているかどうかを承認して
もらうべき相手が、語りの経験を共有しているミサだからに他ならない。断
片 3 は、その意味で、指さしによって指される対象（特定の参与者）と発話内

容との齟齬の問題について、1つの見通しを与えてくれる。それは、この種の指さしによって指される対象、すなわち、参与者は、探索活動に共・参加している相手であり、想起した項目の正しさについて評価可能な相手であるということである。

その後、13行目で展開したハナの指さしは複数の発話順番をこえて20行目まで持続する（図6）。これは断片2と同様に、発話順番をこえて、14行目で想起した内容について、まだ語るべき何かがあることを指さしが向けられているミサに対して示唆しているものと思われる。17行目のマキの「写真見たわ」に対して18行目でハナは応答する一方、指さしと視線はミサに向けられ続けている。19行目のミサの（「ダッフィー」の「ウエイティング」の時に食べていたポップコーンの味についての）確認質問は、まさにハナの志向に沿って、語りの次の項目に進むのではなく、14行目の語りの項目の続きの内容となっていることに注目されたい。そして、ハナが指さしを撤退したのは20行目でミサが確認質問の応答をしているときである（図7）。

4.2　1人の参与者が単独で記憶探索活動を経て想起した対象を提示する際に産出される指さし

ここまでの2つの事例（断片2、断片3）では、共通の知識や経験を有する2人の参与者が語りを展開している際に、特定の対象の名前・名称が思い出せないというトラブルに直面し、協働で記憶探索活動を行い、最初に当該対象の名前・名称を想起した参与者が、想起したものを発話する際に、そのタイミングに合わせてもう1人の参与者に向けて産出される指さしの特性について議論してきた。次に取り上げる2つの事例では、断片2、断片3と異なり、語りの展開の中で、参与者たちの発話内容や身体的動作をきっかけに、1人の参与者が特定の対象の名前・名称を想起した際に、その名前・名称を発すると同時に産出される指さしを見ていく。以下の事例の分析を通じて示したいのは、次の点である。

第 4 章　記憶探索活動中に参与者に向けられた指さしの非指示的性質　107

1. 以下の 2 つの事例で見る指さしも、断片 2 と断片 3 事例と同様に、その受け手(の身体)と発話内容(想起した対象の名前・名称)との間に指示関係が成立していないことから、受け手を指し示すことを通して、指示以外の行為を達成するために利用されている

2. これらの事例においても、断片 2 と断片 3 事例と同様に、指さしは、特定の対象の名前・名称の想起に関連付けられた特徴を持っており、指さしを向けた参与者に対して、自分の認識が変化し、想起した対象の名前・名称が正しいものであることを身体的に公然化・主張するための資源として利用されている

3. これらの事例において、指さしがそれと同時に構築される順番構成単位(TCU)をこえて保持されるが、この指さしの保持は、断片 2 や断片 3 の事例と異なり、当該参与者が単独で想起した対象の名前・名称がその場の相互行為的コンテクストに適切なものであることを立証するために発話の権利と義務を主張することの身体的な表れである

　まずは 1 つ目の事例から見ていこう。以下の断片 4 では、カナとサラがジェットコースターの体感について語っているところである。

断片 4：ビッグサンダー
((遊園地にあるコースター系の感覚(体感)について語っている))
01　カナ：　％＄＋え？　　＋なんか− 　なんだっけ?＝
　　　カナ^G　　　＋腕挙げる ＋人差し指を上に向ける−−−>02
　　　カナ^{視線}％右下を見る−−−>02
　　　サラ^{視線}　＄カナに視線−−−>15
02　カナ：　スペース ％マウンテンとかっ＋＊て [さ　　]
03　サラ：　　　　　　　　　　　　　　　　　　 [うん]
　　　カナ^G　　　　　　　　　　　　 −−−> ＋腕を水平に回す−−−>04
　　　カナ^{視線}　　−−−> ％サラに視線−−−>>
　　　サラ^G　　　　　　　　　　　　　 ＊指さし−−−>04

```
04    カナ：ただ *こ:回ってるだけ [じゃ:ん.(.)(....)てるんだけど.+
05    サラ：                     [°そうそうそう°
      カナG                                           --->+
      サラG  -->*
06    サラ：うん.
07    カナ：+でもこれじゃないじゃ:ん.
      カナG  +人差し指を立てて腕を上下に動かす--->10
08    サラ：んんん[んん.
09    カナ：     [でもこれは駄目.
10    サラ：*>そうそうそう+そう.<=
      サラG  *指さし--->11
      カナG            ---> +人差し指で腕を回して円を描く--->12
11    カナ：=これとかも駄*目.=
      サラG            ---> *
12 ➡  サラ：=そう.*ビ#ック+サンダー？
      サラG      *指さし--->15
      カナG                ---->+
      Fig            #図8
13    カナ：うん.あ+の[(トロッコ乗っ #て)-+
14 ➡  サラ：        [あれ結構やばい.#    +
      カナG          +両手を細かく動かす------+
      Fig                     #図9
```

図 8　　　　　　　　　　　　　　図 9

```
15 ➡  サラ：>そうそうそう.<$*あ#れ結構$たまにさ:(0.5)$何カ所か*
      サラ^G          ---->*人差し指を立てて腕を下に動かす---->*
      サラ^視線       ---->$下を向く--$カナに視線----$手を見る-->16
      Fig                    #図10
```

図10

```
16    サラ：*>あの<$フワッてとこない?
      サラ^G *手を広げて腕を下に動かす--->18
      サラ^視線 ---> $カナに視線--->17
17    カナ：hhhh$[hhh
18    サラ：    $[フワッ$てとこ*あ[るよね?グルグルして *て.
19    カナ：              [んんんん
      サラ^G              ---> *腕を水平に回す--------*
      サラ^視線 ---->$手を見る$カナに視線--->21
20        (0.5)
21    サラ：あそこ駄目.=だ$からほんとうち(.)*ランド行っ(.)たら::,*
      サラ^G                    *左手を机に置く------*
      サラ^視線    ---> $左前方を見る--->>
```

　この断片の直前に、サラが通常のジェットコースターは「全然いける」と言ったのに反応して、02行目でカナは具体的なジェットコースター名（スペースマウンテン）を挙げている。これについて03行目でサラはカナの「スペースマウンテンとか」に反応して、指さしをカナに向けて展開し「うん」と早々に同意しているが、これは連鎖の軌道を利用して、カナが挙げた「スペースマウンテンとか」を自分が先に言及した「全然いける」ものの具体例として理解したことによるものであろう。実際、カナは04行目で手の動き

を利用しながら「ただこ：回っているだけじゃ：ん」と、「スペースマウン
テンとか」を「全然いける」ものの例として提示したことを示している。こ
れに合わせて、再度、06 行目でサラは同意を示している。07 行目でカナは
人差し指を立てて上下に大きく腕を動かしながら「でもこれじゃないじゃ：
ん」と発話しているが、これは「スペースマウンテンとか」が上下動の大き
い動きをしないことを示している。続く 09 行目でカナはその腕の動きを維
持しながら「でもこれは駄目」と上下動の大きいジェットコースター系のア
トラクションが苦手であることを示している。これを受けて、10 行目でサ
ラは指さしをカナに向けて展開しながら同意を示している（杉浦 2011, 2013,
安井 2017）。続けて、カナは人差し指を使って円を描く動きをしながら、
11 行目で「これとかも駄目」と発話することで、09 行目とは異なる動きを
するものも苦手であることを示している。続く 12 行目でサラは再び同意し
ている。この同意の直後、サラはそれまでの連鎖の軌道から、カナと共有可
能な苦手なタイプのジェットコースター系アトラクション名を挙げることに
志向しつつ、指さしをカナに向けて展開しながら、具体的な候補である東京
ディズニーランドの「ビックサンダー（マウンテン）」を想起して提示してい
る（図 8）[3]。このサラの指さしについて詳しく見ていこう。

　ここで重要なのは、サラは「ビックサンダー」という苦手なアトラクショ
ンの候補名を具体的に想起し提示しながらカナに向けて指さしを産出してい
ることである。この点で、サラの指さしは、断片 2 と断片 3 の指さし（具体
的な名前や項目を挙げながら他の参与者に向けて展開されていた指さし）に
符合する。他方、断片 2 と断片 3 と異なり、サラはカナと協働で探索活動
に従事する中で、具体的な候補名を想起しているのではなく、単独で具体的
な候補名をその場で想起して提示している。また、指さしの展開とともに構
築される発話順番の構造も断片 2 と断片 3 と異なり、認識変化詞で開始せ
ずに具体的候補名だけで構成されている。さらに、その具体的候補名は断片
2 と断片 3 と同様に、強いピッチで発話されている一方で、この事例に特徴
的なのは、上昇調のイントネーションを利用して発話されている点である。

これは「ビックサンダー」という認識用指示表現（recognitional）を試行標識（try-marker）（Sacks and Schegloff 1979）として利用し、受け手のカナが「ビックサンダー」という認識用指示表現で（東京ディズニーランドにあるビッグサンダーマウンテンを）認識できるかをチェックしていると考えられる。実際、カナの 13 行目の反応（「うん . あの（トロッコ乗って）-」）から、カナはそのようにサラの発話を理解しているものと思われる。

　興味深いことに、サラが展開している指さしは具体的候補名を提示している順番構成単位（12 行目）をこえて、最終的には 15 行目まで長く保持されるが、これは断片 2 と断片 3 で指さしが保持されたのとは異なることに志向した結果と考えられる。それは、とりもなおさず、サラが単独で具体的候補名を想起して提示していることに関係がある。断片 2 と断片 3 でこの種の指さしは、想起された名前・名称が正しく想起されたことを公然化・主張する資源として利用されると述べたが、これらの事例では特定の名前・名称を複数の参与者が協働で記憶探索活動に従事して想起していたので、提示された名前・名称の正しさは、すぐさま他の参与者に承認されうるものであった。しかし、断片 4 では、サラが単独で具体的候補名を想起し提示しているゆえに、その候補名が正しく想起されていることを公然化・主張するためには、その正しさについて理由を説明することが適切となる。この理由説明への志向が、指さしの保持と関係しており、この点で断片 2 と断片 3 とは異なっている。

　具体的に見ていくと、サラは、12 行目の指さしを保持しながら、14 行目で「あれ結構やばい」と産出している。15 行目で「そうそうそう」と 13 行目のカナの「ビックサンダー」の認識が正しいことを示している間も指さしを保持し（図 9）、その後、その指さしの形を保持したまま（図 10）腕を下に動かし、その後、手を広げて腕を下に動かしながら「何か所かあのフワッてとこない ?」とカナに確認しつつ、なぜ当該アトラクションが苦手であるか、具体的に苦手なスポットを挙げながら理由説明を続けている（21 行目まで）。このように 15 行目で理由説明を開始するまで指さしが保持されている。

112 分析編 第Ⅰ部 日常会話の中の指さし

　最後の断片5を見てみよう。この事例は、断片4の指さしが生起した断片の続き（21行目から）である。ここでも、引き続きジェットコースター系アトラクションの体感について語っているところで、断片4の指さしと同様に、サラが単独で記憶探索活動をして想起した対象を提示しながら指さしを産出している。とりわけ、38行目、39行目に注目されたい。

断片5：那須ハイ

```
21    サラ：  ％あそこ駄目.=だ＄からほんとうち(.) ＊ランド行っ(.)たら::,＊
      サラ ᴳ                                      ＊左手を机に置く－－－－－－＊
      サラ 視線          ＄左前方を見る－－－>22
      カナ 視線 ％サラに視線－－－>30
22    サラ：  ＊スペースマウンテンか＄スプラッシュ？ ＊
      サラ ᴳ  ＊左手で指を折って数える－－－－－－－－－－－＊
      サラ 視線           －－－> ＄カナに視線－－－>25
23    カナ：  ああああ:[:
24    サラ：        [乗れてスプラッシュ？=
25    カナ：  んんん ＄＊[ん
26    サラ：        ＄＊[ぐらいしか＄ジェットコースター系は乗らないのね？
      サラ ᴳ          ＊両手を小刻みに動かす－－－>27
      サラ 視線 －－－> ＄手を見る－－－－＄カナに視線－－－>35
27        (0.4) ＊
      サラ ᴳ  －－－> ＊
28    カナ：  え！[スプラッシュっ＋てさ，　途 ＋中の落ちるところのが怖くない？
29    サラ：      [° そうそう°
      カナ ᴳ                            ＋右腕上げる ＋右腕を上下に動かす－－－>30
30    サラ：  °>そうそうそうそう [％そうそう＋そうそうそう＋そ　う　そ　う <°＋]
31    カナ：                [％な　ん ＋か　(0.5) ＋ハ　ッ　て　　　＋]
      カナ ᴳ                        －－－> ＋        ＋体を上方向に動かす＋
      カナ 視線            －－－> ％下を見る
32    カナ：  な％る[h h h. h h h. h 　h
33    サラ：      [そう.=めっちゃ怖いよね？=
      カナ 視線 －> ％サラに視線－－－>>
```

第 4 章 記憶探索活動中に参与者に向けられた指さしの非指示的性質　113

```
34    カナ: =怖い. や[ばい.]
35    サラ:      [そう.]$外出るとこあれ(.)あんま$だよね?
      サラ視線         ---> $左前方を見る--------- $カナに視線--->>
36    カナ: ん[*な  ん   か-
37    サラ:   [*直 角 じゃ な  い   *からね?
      サラG   *右手を上から下に動かす---*
38 ➡  カナ: ね?ん確かに #+(°直線 *#的じゃない.°) * +
      カナG             +右腕を動かす----------- +
      サラG                  *手叩く------- *
      Fig            #図11    #図12
```

　　　　図 11　　　　　　　　　　図 12

```
39 ➡  サラ: *那#須ハイ.(.)直角に落ちるやつあん#の.*
      サラG  *指さし---------------------------*
      Fig      #図13                    #図14
```

　　　　図 13　　　　　　　　　　図 14

```
40    サラ  [*なんか:-
41    カナ: [*え!+スプラッシュみたいなやつ? +
      サラG   *手を口元にやる--->>
      カナG     +左手を上下に2度動かす---- +
```

114　分析編　第Ⅰ部　日常会話の中の指さし

42　　サラ：　(0.5) うん. +>なんかね<水は　+ないんだけど
　　　サラ^G　　　　　 ---> +両手で何かを囲む +両手を右の方へ動かす--->>

　まず、21 行目でサラは「あそこ駄目」と、断片 4 で見たように、「ビック
サンダー」の苦手なスポット（「フワッてとこ」）を挙げることで、「ビックサ
ンダー」が苦手なことを示している。その後 26 行目にかけて、サラはディ
ズニーランドに行ったら、ジェットコースター系はスペースマウンテンかス
プラッシュ（マウンテン）ぐらいしか乗らないということをカナに伝えてい
る。27 行目の 0.4 秒の沈黙の後、28 行目でカナは「え!」で前置きされた質
問をしているが、これは 21 行目から 26 行目でスプラッシュマウンテンを
スペースマウンテンと同じように「乗れるもの」として提示したことに対
して、急な気づきに触発された関連質問となっている（Hayashi 2009）。この
質問は「途中の落ちるところ」という具体的なスポットを取り上げ、スプ
ラッシュマウンテンの「落ちるところ」の動きについて右腕を使ったジェス
チャーで示しながら、それが(断片 4 で取り上げた「ビックサンダー」のよ
うに)「苦手なもの」に相当することを確認するための質問として理解可能
である。続く 30 行目でサラは何度も「そう」を繰り返して産出しながら是
認している。そこに重なる形で 31、32 行目でカナは「途中で落ちるところ」
の体感を、「ハッてなる」と言いながら自らの上体を上方向に動かすことで
提示している。33 行目でサラはさらに「そう」と是認し、「めっちゃ怖い
よね?」とスプラッシュマウンテンの当該スポットについて評価連鎖を開始
し、34 行目でカナは「怖い. やばい」と評価形容詞を立て続けに産出しな
がら、強く同意している。34 行目のカナの「やばい」に重なる形で、33 行
目で連鎖を閉じる第 3 要素(sequence-closing third)として認識可能な「そう」
によって、サラは自分が開始した評価連鎖を閉じる⁴。この直後、サラは視
線をカナから逸らして、それまでのスプラッシュマウンテンについてのスタ
ンスを変えて、「外出るとこあれ(.) あんまだよね?」と怖くない、あるいは
苦手でないことを前景化した確認要求質問を産出している。36 行目でカナ

がその応答をしているにもかかわらず、それに重ねて37行目でサラは右手で直角に落ちる動きを提示しながら「直角じゃないからね?」と発話し、カナからの是認を要求している。それに対して、38行目でカナは「ね?ん確かに(°直線的じゃない°)」と同意を表明している。この38行目のカナの同意発話が産出されているときに、サラは口を開けて(図11)手を1度叩き(図12)、その直後の39行目で指さしを産出しながら「那須ハイ」と強いピッチで発話している(図13)。このサラの指さしについて詳しく見ていこう。

　まず、指さしに先駆けて、口を開けて手を1度叩くのは、断片2と断片3で参与者が認識変化詞「あ」とそれに続いて手を1度叩いていたのと同様に、その時点で認識状態に変化があったことをマークしていると考えられる。この認識状態の変化は、サラ自身が37行目の(スプラッシュマウンテンの「外出るとこ」が)「直角じゃない」と言ったことがきっかけであると考えられる。これがきっかけで認識状態の変化が生じ、対照的な「直角」の動きをするジェットコースター系の候補について想起したと考えられる。実際、39行目でサラが「那須ハイ」と言った後で、「直角に落ちるやつあんの」と言っており、「那須ハイ」という候補を想起したきっかけが、自身の「直角じゃない」と言ったことであったことを間接的に示唆している。

　第二に、断片2から断片4と同様に、サラが展開している指さしは、彼女が想起し提示した「那須ハイ」が、今ここの相互行為コンテクストに適切にフィットし、正しく想起したものであることを公然化・主張するための資源として利用されていると考えられる。しかしながら、断片4と同様に、断片5でサラによって想起し提示された「那須ハイ」は、サラが単独で想起したものであり、正しく想起されたものであることを公然化・主張するためには、その正しさを立証することが適切となる。他方、断片4と異なり、断片5では具体的なジェットコースター系アトラクション名を候補として提示するのではなく、「那須ハイ」という施設名を提示している。この施設名が今ここの相互行為コンテクストにおいて適切にフィットする形で想起され提示されたものであることを公然化・主張するためには、「那須ハイ」にある具

体的なアトラクションに言及することも必要になる。このことが次の3点目の指さしの保持と深く関係する。

　第三に、サラが展開している指さしが「那須ハイ」だけで構成される順番構成単位をこえて、「直角に落ちるやつあんの」と言い切るまで保持されている（図14）。この指さしの保持は、第二で述べた「那須ハイ」という施設名を提示したことの理由説明に志向しているためである。指さしが保持されている間に構築されている「直角に落ちるやつ」という表現に着目すると、「那須ハイ」にある具体的アトラクション名に言及するのではなく、「那須ハイ」にある特殊な体感（落下する角度に関する特徴・評価）を持った特定のアトラクションの存在を示すやり方になっている。この表現には、当該アトラクションについてカナが知らないはずだというサラの主張が伴っている。このことは、なぜ、サラが「那須ハイ」という施設名を提示したかとも相関している。最初に具体的なアトラクション名を出さずに「那須ハイ」という施設名を提示したのも、その後に具体的なアトラクション名に言及せずに、特殊な体感を持ったアトラクションの存在を提示したのも、当該アトラクション名についてカナが知らないはずだという主張に基づいたデザインであったと言える。実際、41行目で、カナはサラが提示したものを承認するのではなく、「え！スプラッシュみたいなやつ？」と、当該アトラクションに関する質問をしている。これはカナが当該アトラクションについて知らないことを示していると言える。

5.　結語

　本章では、親しい友人同士の日常会話において、参与者が何らかの対象の名前・名称を想起した際に、その名前・名称を提示するタイミングに合わせて、別の参与者（の身体）に向けて産出する指さしによって、何が達成されているのかについて、指さしの開始のタイミングやその持続期間（あるいは、どの時点で撤退するか）、指さしとともに展開される発話順番の構造や発話

順番をこえた連鎖組織などに注意を向けて分析を展開してきた。この種の指さしは、その向けられた先（特定の参与者）と発話内容との指示関係に齟齬があることに特徴があり、本章はそこに着目し、指さしのもつ指示以外の性質を明らかにすることを試みてきた。

　断片2と断片3では複数の参与者が特定の対象の名前・名称を思い出せないという記憶のトラブルに直面し、協働で記憶探索活動に従事し、それを経て最初に想起した参与者が、想起した対象の名前・名称を提示するタイミングに合わせて、もう1人の参与者に向けて展開する指さしについて分析した。断片4と断片5では語りの展開中に参与者たちの発話や身体動作をきっかけとして1人の参与者が単独で想起した対象の名前・名称を提示するタイミングに合わせて、もう1人の参与者に向けて展開する指さしについて分析した。

　これらの断片の分析を通じて、想起した対象の名前・名称を提示するタイミングに合わせて産出される指さしは、いずれも記憶探索（活動）を経て認識状態の変化が生じた結果、当該対象の名前・名称をその場の相互行為コンテクストに合わせて正しく想起したことを身体的に公然化・主張するために利用されていることが明らかになった。

　また、この種の指さしと同期する発話順番の構造、とりわけ最初に構築される順番構成単位（TCU）には似たような特徴があることがわかった。まず、指さしとともに構築される最初の順番構成単位はとても短く、認識変化詞「あ」で開始され（断片2と断片3）、想起した対象の名前・名称で終結される傾向にある（断片2、断片4、断片5）。また、想起した対象の名前・名称を指示する名詞は繰り返されることはあっても（断片2）、終助詞などを付加せず、言い切りの形となる[5]。また、プロソディーの観点からは、いずれの断片においても、想起した対象の名前・名称の部分は強いピッチで発話される。

　さらに、いずれの断片においても想起した対象を提示し始めるタイミングに合わせて指さしが産出され、その指さしはそれと同時に産出される順番構

成単位（TCU）、あるいは発話順番をこえて保持されることが確認された。しかしながら、断片 2、3 と断片 4、5 では、指さしの保持が何に志向してなされているかで違いがあることが明らかになった。まず、断片 2 と断片 3 では、指さしの利用によって、提示した対象の名前・名称が正しく想起されたものであることを公然化・主張したことが、協働で記憶探索活動時に従事していた相手によって、すぐさま承認されるが、当該参与者によってまだ提示した名前・名称について語るべき何かがあることが志向されることで、発話順番をこえて指さしが保持されていることを示した。これは言ってみれば、指さしが提示した当該対象の名前・名称と語るべき何かのつながりを身体的に示しているものと言える。他方、断片 4 と断片 5 でも、指さしの利用によって、提示した対象の名前・名称が正しく想起されたものであるということを公然化・主張しているが、まさに 1 人の参与者が単独で想起し提示したという理由から、当該参与者によって当該対象の名前・名称が正しく想起されたものであることを補足説明などによって立証することが志向される。この立証の志向こそが指さしの保持につながっている。

　最後に、指さしをなぜ特定の参与者に向けるのかについて、断片 3（ハナはミサに向けて指さしを展開する一方、マキに視線を向けていたこと）が示唆していたように、指さしが向けられた参与者は、提示された候補や名称がその時の相互行為コンテクストに合わせて正しく想起されたものであるかどうかについて評価可能な者であり、指さしは、言わば、その評価者を指定するための資源としても利用されていると考えられる。

謝辞

本研究は JSPS 科研費 17K02760 の助成を受けたものである。本章執筆にあたり、関西会話分析研究会ワークショップ 2017 に参加された皆さん、特に Lorenza Mondada 氏から有益なコメントをいただいた。また、本章執筆段階で、高梨克也氏、安井永子氏から詳細かつ重要な指摘をいくつもいただいた。この場をお借りして、感謝申し上げたい。もちろん本章の最終的な責任は筆者であることは言うまでもない。

書き起こし記号一覧

音声以外の要素は、本書の書き起こし記号に従いながら一部変更を加えている。以下がその一覧である。

XXX^G　　参与者 XXX のジェスチャーを示す

XXX^{視線}　　参与者 XXX の視線の動きを示す

--->04　　当該ジェスチャーや視線の動きが、04 行目まで続いていることを示す

注

1　「ダッフィー」は「マイ・フレンド・ダッフィー」という東京ディズニーシーのアトラクションを指しているものと考えられる。

2　ミサもまた「ダッフィー」を産出した直後、それまでハナに向けていた視線を語りの受け手であるマキへとシフトしている。ミサもまた一方でハナの想起した項目を残りの部分を産出しながら承認しつつ、マキに対してハナと協働で語りを進行させていくことに志向しているものと考えられる。

3　サラは「ビックサンダー」と「ク」を清音で発しているが、正式にはビッグサンダーマウンテンである。

4　多くの行為は、2 つの対になる行為（例「質問」-「応答」、「依頼」-「受諾 / 拒否」、「申し出 - 受諾 / 拒否」）の連鎖から成っていて、これを会話分析では「隣接対」(adjacency-pair) と呼んでいる (Schegloff and Sacks 1973)。ここでは 33 行目のサラの「めっちゃ怖いよね？」とカナの「怖い . やばい」は「評価」-「同意」からなる隣接対を構成しており、それぞれ第 1 成分 (first pair part, FPP) と第 2 成分 (second pair part, SPP) と呼ばれる。隣接対は最小の単位の行為連鎖であり、第 2 成分が産出された後は、新しい連鎖が開始することが多い。しかし、隣接対の第 2 成分が産出された後もそのまま行為の連鎖が拡張されることがある。35 行目のサラの「そう」は隣接対の第 2 成分の後に拡張された行為であり、これは「連鎖を閉じるための第 3 の要素」(sequence-closing third, SCT) と呼ばれるものに相当する (Schegloff 2007)。注意すべきこととして、SCT は必ず産出されなければいけない要素ではないという点である。なぜ、ここでサラが SCT を産出したのかは、その直後にサラが開始した新しい連鎖と関係があると考えられる。サラは、22 行目 24 行目でスプラッシュマウンテンは、スペースマウンテンと同様に苦手ではないものとして取り上げている。しかしながら、28 行目から 35 行目に至る連鎖は、カナが先導し、スプラッシュマウンテンが「怖い」、言わば、苦手なものに相当するような形で進行している。サラにとっては 22 行目、24 行目で、なぜ、スプラッシュマウンテンを（苦手ではない）スペースマウンテンと並列して取り上げた

のかの説明が不在である。その説明をする機会を作ることに志向しているからこそ、35 行目で SCT を産出することで連鎖を閉じて、スプラッシュマウンテンが苦手でないことの説明を開始していると考えられる。

5　当該順番構成単位(TCU)の特徴は、岩崎・大野(2007)の言う「即時文」の特徴に符合するものと考えられる。

参考文献

荒川歩 (2011)「指さし行動と発話による談話の達成」『社会言語科学』14 (1)：pp.169–176.

Endo, Tomoko. (2018) The Japanese change-of-state tokens *a* and *aa* in responsive units. *Journal of Pragmatics* 123: pp.151–166.

Goodwin, Charles. (1987) Forgetfulness as an interactive resource. *Social Psychology Quarterly* 50: pp.115–131.

Goodwin, Charles. (2003a) The body in action. In Justine Coupland and Richard Gwyn (eds.), *Discourse, the Body and Identity*, pp.19–42. Palgrave Macmillan.

Goodwin, Charles. (2003b) Pointing as situated practice. In Kita Sotaro (ed.), *Pointing: Where Language, Culture and Cognition Meet*, pp.217–241. Mahwah, NJ: Lawrence Erlbaum.

Goodwin, Charles. (2007) Environmentally coupled gestures. In Susan D. Duncan, Justine Cassell, and Elena T. Levy (eds.), *Gesture and the Dynamic Dimension of Language*, pp.195–212. Amsterdam/Philadelphia: John Benjamins.

Hayashi, Makoto. (2009) Marking a 'noticing of departure' in talk: *Eh*-prefaced turns in Japanese conversation. *Journal of Pragmatics* 41(10): pp.2100–2129.

岩崎勝一・大野剛 (2007)「「即時文」・「非即時文」—言語学の方法論と既成概念」串田秀也・定延利之・伝康晴編『時間の中の文と発話』pp.135–157. ひつじ書房

喜多壮太郎 (2002a)『ジェスチャー—考えるからだ』金子書房

喜多壮太郎 (2002b)「人はなぜジェスチャーをするのか」齋藤洋典・喜多壮太郎編『ジェスチャー・行為・意味』pp.1–23. 共立出版

Mondada, Lorenza. (2007) Multimodal resources for turn-taking: Pointing and the emergence of possible next speakers. *Discourse Studies* 9(2): pp.194–225.

Sacks, Harvey and Emanuel Schegloff A. (1979) Two preferences for referring to persons and their interaction. In George Psathas (ed.), *Everyday Language: Studies in Ethnomethodology*, pp.15–21. New York: Irvington.

Schegloff, Emanuel. A. (2007) *Sequence Organization in Interaction: A Primer in Conversation Analysis*. Cambridge: Cambridge University Press.

Schegloff, Emanuel A. and Harvey Sacks. (1973) Opening up closings, *Semiotica* 8: pp.289–327.

杉浦秀行（2011）「「強い同意」はどのように認識可能となるか―日常会話における同意ターンのマルチモーダル分析」『社会言語科学』14(1)：pp.20–32.

杉浦秀行（2013）「「そう」によって表明される同意の強弱―マルチモーダル分析の試み」『茨城大学留学生センター紀要』11: pp.43–62.

高梨克也（2011）「複数の焦点のある相互行為場面における活動の割り込みの分析」『社会言語科学』14(1): pp.48–60.

安井永子（2014）「語りの開始にともなう他者への指さし―多人数会話における指さしのマルチモーダル分析」『名古屋大学文学部研究論（文学）』60: pp.85–99.

安井永子（2017）「直前の話し手を指さすこと―直前の発話との関連を示す資源としての指さし」『社会言語科学』20(1): pp.131–145.

第5章
笑いの対象に向けられる指さし

―からかいにおける志向の分散と参加フレームの組織化―

安井永子

1. はじめに

　友人や家族など、親しい間柄の者同士による3人以上の日常会話を観察すると、物や場所や方角が対象となる指さしのほか、目の前の会話相手に向けられる指さしも頻繁に見られる（本書第4章（杉浦）、第3章（森本）も参照のこと）。そのような指さしの1つとして、以下の例のように、からかいの対象となる人物に向けられるものがある。以下では、Cが直前の話し手Aに向けて指さしを産出し、Aが産出したばかりの発話について笑いながら言及している。

```
1  A: 喋り方なんだからどんどん方言出したら=
2  B: =ん
3     (1.0)
4  D: ほうげ[んならんのよ
5  A:      [だら:って言ったらいいやん
6  D: hhh
7  C: いいやんって(h)言(h)った(h)゜い[(h)ま゜(h)？　((Aを指さし、AからD
      に視線を移す))
8  D:                          [heh heheheh
```

124 分析編 第I部 日常会話の中の指さし

　5行目で、AがDに対して方言（「だら:」）を使って話すよう提案する発話（「だら:って言ったらいいやん」）をした直後、DではなくCが、「いいやんって (h) 言 (h) った (h) い (h) ま (h)」（7行目）と発話する。直前のAの提案（1行目）は、その受け手であるDが、次の発話順番で、その提案に対する応答（受諾、もしくは拒否）を行うことを適切にするものである (Schegloff and Sacks 1973)。しかしながら、そのような、AからDへの提案の直後という連鎖位置で、次話者として選ばれていないCが発話順番を取っている。Cは、AからDへの提案への応答となる行為ではなく、Aが直前に述べたこと（「いいやん」）を一部繰り返し、「って言った」と、Aが直前に述べたことを報告する発話を産出している。このとき、CはAを見ながら発話開始直後に右手を上げ始め、「って言った」と言いながらAに指さしを向け、「いま」と言いながら視線をDに移した後、指さしを引っ込める。

　CがAに向けたこの指さしは、一見、Cの発話「いいやんって言った今」で言及されていない主語を指しているだけのものであるように思えるかもしれない。荒川 (2011) は、発話内で主語を省略する代わりに、主語となる対象を指さす場合があることを観察している。しかしながら、Aが「いいやん」と言った直後というタイミングで「いいやんって言った今」と述べることだけでも、その文の主語がAであることは明らかであろう。既に明らかであるはずの主語を敢えて指さして示すことで、この指さしが、発話の主語がAであることを示す以上のことをしているとは考えられないか。だとすると、ここでCがAを指さすことによってほかに何が達成されているのだろうか。本章で検討するのは、この例で見られたような、笑いと共に直前の話し手の行為について言及しながら、直前の話し手に向けられる指さしである[1]。

1.1　参与枠組みと参加フレーム

　上記の例では、次話者として選択されていないCが、AとDのやり取りに介入する形で参加している。3人以上の参与者を含む多人数会話

（multi-party conversation）の場合、発話が特定の参与者にのみ向けられ、それ以外の参与者は発話の直接の受け手とはならないこともある。Goffman（1981）は、3人以上がいる場で産出される発話に対して、その場の人々の間で「参与枠組み（participation framework）」が形成されると論じている。1つの発話に対する聞き手の「参与地位（participation status）」は多様であり、聞き手は、「会話への参与を承認されていない参与者（unratified participants）」と、話し手になることができる「会話への参与が承認された参与者（ratified participants）」とに分類できる。そして、会話への参与が承認された参与者の中でも、更に、話し手によって発話を直接宛てられている「受け手（addressee）」と、話し手から発話を宛てられない「傍参与者（side participant）」とに区別される（Goffman 1981）。上記の例では、AによるDを受け手とした発話において、Cは傍参与者である。

　西阪（1992, 2008）は、参与者たちの身体や発話が、どのように会話への参与を組織するかについて論じている。参与者が何にどう志向しているかは、発話のデザイン、身体の向き、顔の向き、手の向き、視線の向きなどによって表示される。そのように表示された志向によって、彼らが携わっている活動が組織される。そのような活動の単位を西阪（1992, 2008）は「参加フレーム（参与フレーム）」と呼んでいる。上記の事例では、第三者である傍参与者が、直前の話し手の発話について笑いながら言及することによって、その話し手への「からかい」という新たな参加フレームを立ち上げている（この事例の分析の詳細については、2節参照）。本章では、このような新たな参加フレームの形成と指さしの産出との関係に注目する。特に、以上の例のように、次話者として選択されていない傍参与者が、直前の話し手の発話について言及するという行為と共に、笑いながら直前の話し手に指さしを向けるケースを検討する。それにより、そのような指さしが何を達成しているのかを明らかにすることを試みる。

1.2　直前の話し手への指さし

　筆者は、安井（2017）でも、日常会話で直前の話し手に向けられる指さしに着目した。安井（2017）では、一人の話し手の発話の直後に、その話し手に向けられる指さしが、その話し手自身を指示するだけでなく、「直後」という指さしの産出タイミングや、共起する発話や身体動作により、その話し手が産出したばかりの発話をも指示することが示されている。そして、そのような「直前の発話」への指示を通し、直前の発話とこれから開始される発話との意味的、連鎖的結びつきが作り出されることが示されている。本章で検討する指さしでも同様に、指さし産出の時間的タイミングが、指さしの指示対象を検討する上で重要な手掛かりとなる。また、本章で検討するのも、指さしが、指示のみならず、指示を通した別の相互行為上の働きも持つと考えられるケースである。そこで、本章では、参与者に向けられる指さしが何を指示するのか、その指示を通して何を達成しているのかを検討する。会話分析の手法を用い、連鎖における指さしのタイミング、指さしに伴う発話や視線の向き、他の参与者の振る舞いに焦点を当てた分析を行う。

1.3　データ

　本章で用いたデータは、友人同士の日常会話をビデオ収録したものである。筆者自身が収録したデータ以外に、Talkbank で入手できる Sakura データも使用している（MacWhinney 2007）。筆者自身が収録したデータは、3人以上の参与者を含む、友人間の、食事やお茶における会話場面である。Sakura データは、同じ大学に通う友人同士の大学生の男女が自由に会話する場面を収録したものである。

　ビデオデータの書き起こし記号は、Jefferson（2004）による会話分析の書き起こし手法と共に、Mondada（Mondada 2007 など）による身体動作の表記法を使用した（記号については「書き起こし記号一覧」および本章の注を参照）[2]。

2. からかいに伴う指さし

2.1 からかいの対象への志向

　まず、参与者が直前の話し手を指さすと共に、直前の発話の話し手本人に向けて発話する事例を見てみよう。この事例の参与者は、H, M, Y, T, R の 5 人の女性である (図 1)。5 人はアメリカの同じ市に住む友人同士で、最年長の H は 40 代半ば、最年少の M は 20 代半ば、それ以外の Y, T, R は 20 代後半から 30 代前半である。この断片より前に、R が、日本で流行している「造顔マッサージ」というアンチエイジングのためのフェイシャルマッサージを話題に出したところ、それについて唯一、知っているという態度を示した Y が、自分もそのマッサージが気になっており、マッサージの工程を一部紹介した雑誌の切り抜きを鏡の横に貼っていると話していた。そこで、M が Y にそのマッサージを実際にやっているのか尋ねたところ、Y はそのマッサージは力を込めて行う必要があると説明する。断片はその後の会話である (14 行目で H が言及する「たなかさん」は、話題になっているマッサージの発案者であり、化粧品会社の社長)。注目したい指さしは、M から H に向けて産出される (17 行目)。

図 1　事例 (1) 参与者

（1）［Japanese teatime 1, Facial Massage］
1　Y：そう.
2　　　だからマッサージクリームを [:ちゃんと塗った [うえじゃないと :
3　H：　　　　　　　　　　　　　[°うん°
4　M：　　　　　　　　　　　　　　　　　　　　　　[あ : :
5　Y：肌を傷めちゃうん [だって
6　H：　　　　　　　　[だよ　[ね :
7　M：　　　　　　　　　　[あ : :なるほどね
8　　　　引っ張ってるだ [けだからね　それだったら=
9　Y：　　　　　　　　　[そうそう
10　　=まだマッサージクリーム買ってないから :今=
11　R：=そう [私も（マー） [クリ（h）ームが（h）な（h）[く（h）て（h）hehe
12　H：　　　[でき@ない [の@ね　　　　@　　　　　　[@あ（.）%マッサージ=
13　Y：　　　　　　　　[heh　heh　heh　heh
　　H視　　　　　　@~~~~~~~@Rに視線　@~~~~~~~~~@　正面に視線-------->
　　H身　　　　　　　　　　　　　　　　　　　　　　　%左手を上げる　->
14　H：=クリ%@ーム @もそ%の　　　%たな　　かさんから買%わなきゃなんない°の°?=
　　H視　　　　@~~~ @Yに視線--->
　　H身　　-->%左手首回す%左手Yへ%手首回す%,,,,,,,,,%
15　Y：=う :うんあのねe-（.）
16　　　　なんでもい [いってことになってるけど
17　M：→　　　　　　[heh*ちょっ@と *>（%あたしさ%@+（h）+）<
　　M視　　　　　　　*~~~~~~~~~*　Hに視線　---->
　　M身　　　　　　　　　　　　　　　　　　　　+...+
　　H視　　　　　　　　　--> @~~~~~~~~~~~~~~~ @Mに視線-->
　　H身　　　　　　　　　　　%.......%
18　M：→ [+す　#（h）[ご（h）い（h）う（h）れ（h）し（h）い（h）.hh
19　H：　　[（　%#　　）[く&↑な↓い&　%
20　R：　　　　　　　　　[hahahaha
　　M身　+Hにptg ------------------------------------->
　　H身　　%Mの方に左手を突き出す-%,,,->
　　H頭　　　　　　　&　頷く　　&
　　fig　　　　　　#図2

第5章 笑いの対象に向けられる指さし　129

図2

```
21 M: → 今%すごい*ひ(h)っ(h)し*(h)だっ(hh)+た(h)#+
   M視 -------->  *~~~~~~~~~~*下に視線---->
   M身 ------------------------------->+,,,,,>+
   H身 --> %
   fig                                    #図3
```

図3

```
22 Y: (でそ) [s-
23 H:       [(必死)だっ?た@
   H視           ---->@
24 M: @.hhh@
   H視@~~~~@
25 Y: @最初:そのた@なか @さんが[:,
26 H:                     [だってなんか
   H視@Yに視線---@~~~~@Tに視線------------>
27 H:   やっぱ下が[↑る↓よ↑ね::下が↑る@の↓よ:
28 T:          [そ(h)うだよね hh
   H視                    ----->@
29 Y: .hhh=
30 T: =mmm [mm
```

130 分析編 第 I 部 日常会話の中の指さし

31 M:　　　[ぜ(h)んぜ(h)んへ(h)い[(h)き(h)じゃ[ん

　まず、1 から 14 行目を見てみよう。Y は、マッサージクリームを塗った上でないと肌を傷めると説明した後(1、4 行目)、「まだマッサージクリーム買ってないから今」(10 行目)と述べる。それに対し、最初に「造顔マッサージ」を話題に出した R が、「そう私もマ - クリームがなくて」(11 行目)と笑いながら Y に同調する。一方、H は「できないのね」(12 行目)と、Y の産出途中の文(10 行目)の主節部分を産出して Y の文を先取り完了させ、Y が言おうとしたことを理解したことを示している。そして、Y と R が互いに視線を合わせ、笑いを交わしている間(11、13 行目)、H は、「あ、マッサージクリームもそのたなかさんから買わなきゃなんないの」(12、14 行目)と Y に質問する。これに対し、Y は 15 行目で「う：うんあのね」と、H への応答を産出し始める。

　Y と H のやり取りの傍参与者である M が指さしを開始するのはこの直後である。H と Y の間に座っている M は、発話中の Y に視線を向けた後すぐに H の方に顔を動かしながら「heh」(17 行目)と笑い、そのまま笑いながら「ちょっとあたしさ」(17 行目)と発する。そして、「すごい」と発しながら(右隣にいる)H への指さしを開始し、H への指さしと視線を保持したまま「すごいうれしい、今すごい」(18、21 行目)と述べる(図 2)。その後、「必死だった」と言いながら視線を下に向けて(図 3)、笑いを噛み殺すようにして笑い終えた後、指さしを引っ込める。

　それでは、ここで H を指さしで指示することによって、相互行為上、何が達成されているのであろうか。まず、M が Y から H へと視線を移し、突如笑いながら「すごい嬉しい」と述べることに注目しよう。突然笑い出すことは、笑うべき何かが生じたことを示している。このことは、その笑いのきっかけが何であったのかを他の参与者に示す、「遡及連鎖(retro-sequence)」の開始を適切にする(Schegloff 2007)。そのような機会において、M が笑いながら H を指さし、「今」という時間表現とともに、「ちょっとあ

たしさすごいうれしい、今すごい必死だった」と描写することは、「すごい必死だった」という描写の対象が、Hがたった「今」行なったばかりのことであること、および、それが笑いのきっかけであり、「ちょっとあたしすごい嬉しい」とMが感じた対象であることを示すだろう。つまり、Mの指さしは、その空間的近接性によりH自身を現場指示（直示）するだけでなく、Hの行為の「直後」という時間的近接性により、Hの行為を文脈指示（照応）することも可能となっているのである。こうして、発話と指さしがそれぞれ意味を補完し合うことで、指示対象が明らかになると同時に、発話の意味も明らかになっている。

　ここでMの笑いの対象となっているHの直前の行為とは、HがYに向けた質問（12、14行目「あ、マッサージクリームもそのたなかさんから買わなきゃなんないの」）である。HはYとRが視線を合わせて笑い合う間（11、13行目）、その2人のやり取りには寄り添わず、YとRの笑いを遮ってYにその質問をしている。その際、Hは左手を2度前に突き出すというジェスチャーも産出している。そのように、HがYとRとのやり取りに割り込むような形でYにマッサージに関する質問を向けたことが、Mによって「必死だった」と描写されていると考えられる[3]。美容のためのマッサージの話題の中で「必死」になる様子が可笑しいものとして笑いの対象となるのは、それが、女性としての「綺麗になりたい願望」を剥き出しにしていることを表わすからであろう。MからHへの指さしは、Mの笑いのきっかけを明らかにしつつ、元々は笑うべきものとして産出されたのではないHの行為を、笑うべき可笑しいものであったとして遡及的に焦点を当て直す、「焦点化（spotlighting）」（Streeck 2017）の手段になっていると考えられる。この焦点化は、Hの行為の中の可笑しさに自分が気付いたことを、他の参与者に提示する行為であろう。

　ここで、この指さしの産出タイミングをより詳しく見てみたい。以下のようにMの指さしは、「すごいひっしだった」というHの振る舞いの描写よりも前、「すごいうれしい」からHに向けられている。

132　分析編　第Ⅰ部　日常会話の中の指さし

(1)'
```
17 M:                    [heh＊ちょっ[＠と＊＞(％あたしさ％＠＋(h)＋)＜
   M視                    ＊~~~~~~~~~＊ Hに視線 ---->
   M身                                                    ＋...＋
   H視                       -->＠~~~~~~~~~~~~~~~＠Mに視線-->
   H身                                   ％......％
18 M: [＋す(h)[ご(h)い(h)う(h)れ(h)し(h)い(h).hh
19 H: [( ％ )[く↑な↓い    ％
20 R:        [hahahaha
   M身 ＋Hにptg ------------------------------------>
   H身    ％Mに左手を突き出す-％,,,->
21 M: 今 ％すごい＊ひ(h)っ(h)し＊(h)だっ(hh)た(h)＋
   M視 -------> ＊~~~~~~~~~~~~＊下に視線--->
   M身 -->----------------------------->＋,,,,,＋
   H身 -->％
```

　17行目でMがHへと視線を動かしながら、「ちょっとあたしさ」と発話し
始めると、HもすぐにMへと視線を移動させる。MがHへの指さしを産
出するのは、Hの視線がMに向いた直後である。MはHの視線がMに向
いた直後、「すごい」(18行目)と発しながらHを指さし、そのまま「うれし
い、今すごいひっしだっ」(21行目)と述べた後、文末の「た」で指さしを
引っ込めている。このように、Hの視線が自分に向いたことを確認し次第、
MがHを指さすことは、この指さしがHを受け手として、Hに見られる
ことに志向して産出されたものであることを表わしていると考えられる。ま
た、この指さしは、Mが発話と笑いを終えるまで保持されている(21行目)。
Mが、Hが見ている前でHを笑うことは、Hへの「からかい」と見なせる
行為であり、Mが笑い終えるまでHへの指さしを保持することは、指さし
がHへのからかいに関連して産出されたものであることを示しているだろ
う。よってMからHへの指さしは、「からかい手」Mから、「からかいの対象」
Hへの志向を可視化させ、「MがHをからかう」という活動の「参加フレー

ム」も形成していると考えられる。

　その後、Hは、「必死だった？」（23行目）とMに尋ね、自分が必死に見えたことをMによる指摘で初めて気付いたという反応をしているが、Mは下を向いたまま笑いを噛み殺し、Hには答えない。Mがそのように素早く笑い終えたのは、Hへのからかいを最小限に抑え、それ以前に進行していた連鎖の継続を優先させることに志向したためだと考えられる[4]。それに対し、Yが発話を再開した（25行目）にも関わらず、HはTへと視線を移し、26行目で、「だってなんか」と、Mによってからかいの対象となった自分の「必死さ」に対する言い訳を開始している（「だってなんかやっぱ下がるよね :: 下がるのよ :」）。このように、笑いの対象となった自分の行為について言い訳を行うことは、まさにHがMの行為をからかいと捉えたことを示している（Drew 1987, 初鹿野・岩田 2008）。

2.2　からかいの対象及びそれ以外の参与者への志向

2.2.1　受け手からの反応を引き出すリソースとしての指さし

　事例（1）では、からかい手の指さしが、笑いの対象を示し、からかい手がからかわれ手を笑う「laughing at」（Jefferson 1972）を可視化させることが見られた。1節で取り挙げた次の事例でも、進行中の連鎖における傍参与者が、その連鎖に介入する形で直前の話し手の行為に対するからかいを産出している。ただし、事例（1）とは異なり、からかい手はからかいへの反応（笑い）を、からかわれ手以外の参与者から引き出すことに志向している。その際、指さしが重要な働きをしている。以下で見てみよう。

　この断片は、名古屋市内にある大学に通う4人の大学生A, B, C, Dによる会話からの抜粋である。ここでは、愛知県の方言の1つ（三河弁）が話題になっている。

134 分析編　第Ⅰ部　日常会話の中の指さし

(2)［Sakura01 三河弁］
((A が 10 行目で言及する「喋り方」というのは、データ収録に関すること
だと思われる。))

```
 1 A： この人らみんな三河のほう＝ ((CとDを指さして))
    D視 >>Aに視線-->
 2 B： ＝ね:
 3    (0.3)
 4 B： ゜じゃ[ん-%゜
 5 D：     [し %つれいな＝
    A視          %Dに視線-->
 6 B： ＝゜へ↑え゜@
    D視     --->@
 7    (.)
 8 D： @((鼻をすする))@
    D視 @~~~~~~~~~~~@
 9 D： @hh
    D視 @ Cに視線 ->
10 A： 喋り方@なんだか@らどんどん方言出したら＝
    D視  --->@~~~~~ @ Aに視線--->
11 B： ＝ん @
    D視  -->@~~->
12    (.) @(0.9)
    D視 --> @下に視線->
13 D： ほうげ[んならんのよ.
14 A：      [だら:って言ったらいいやん
15 D： hhh
```

```
16 C: →い%*+いや%*んっ+#て(h)言(h)った*(h)°い*(h)+[ま(h)?°#+*%
17 D:                                          [@heh @hehe
   C視    *~~~~~ *Aに視線 ------------*~~~~*Dに視線 ------- *
   C身   +........+ Aにptg ---------------+,,,,,,,,+
   D視                                          -->@~~~~@Aに視線->
   A視 -> %~~~~~ %Cに視線-------------------------------- %
   fig              #図4                              #図5
```

図4

図5

```
18 D: h[ehe
19 A:  [ちゃ-俺いいやんってさ元々さ:(.) 使って>なかったのにさ<
20     タツキが使う@じゃ:ん (.) うつったんだって.
   D視            --->@
21 C: たっちゃん言うっけ=
22 A: =[い- い- あいつめ]っちゃ言うって.
23 D:  [ほんと::        ]
24 C: eh heh
```

　ここではまず、三河地方出身者であるCとDが、Aによってからかいの標的となる。1行目で、AはBに向かって「この人らみんな三河の方」と述

べ、CとDが三河出身であることをBに伝える（このとき、AはCとDを指さしているが、この指さしは「この人ら」という発話とともに産出されており、CとDの2人を指示するためのものであると考えられるため、本章の分析対象となるものとは異なる）。Dがそれに対して「失礼な」（5行目）と返すと、Aはニヤついた顔でDに視線を向けたまま、「喋り方なんだからどんどん方言出したら」（10行目）と、三河の方言で話すようDに促す（「喋り方」は、自分たちの会話が収録されていることへの言及）。Dが「方言ならんのよ」（13行目）と答えると、それに重複してAは更に「『だら』って言ったらいいやん」（14行目）と、Dに三河の方言の特徴の1つである「だら」（終助詞）を使って話すよう促す。実際は、「だら」を用いて話す若者はごく稀であり、CやDも普段「だら」を用いて話しているわけではない。いつもしないことを敢えてするように促すこと、ましてや、「だら」と三河の方言「丸出し」で話せと促すのは、真面目な提案であるとは理解しにくい。また、Aがニヤついた顔のまま述べていることからも、これは提案の形をしたからかいとして産出されていると考えられる（千々岩 2013）。実際、その後Dは下を向いたまま「hhh」（15行目）と少し笑っており、Aの発話を提案ではなく、からかいとして聞いたことを示している。

　このように三河地方出身者Dに対するからかいがAから産出された直後、それまで黙っていたもう一人の三河地方出身者であるCが発話順番を取る。それまでDの方を見ていたCは、Aに視線を移しながらAを指さし、発話の開始と同時に笑みを浮かべ、「「いいやん」って(h)言(h)った(h)い(h)ま(h)」（16行目）と、笑いを含ませながら発話する（図4）。ここでCが「いま」と発話しながら視線をAからDに移すと、それとほぼ同時にDは顔を上げ、発話をしたCではなく、指さしの対象であるAに視線を向けて笑い出す（17行目、図5）。その後、Cは発話の終わりと同時にAに向けた指さしを引っ込めている。

　ここでCからAに向けられた指さしは何を指示しているのだろうか。1節で既に述べたように、この指さしはCの発話内で言及されていない主語

がＡであることを示す現場指示以上のことをしていると考えられる。Ｃは、「今」という時間表現を用い、「いいやんって言った今」と、Ａがたった今「いいやん」と言ったということを報告している。Ａへの指さしが、そのＡの言動に関する報告がなされる間に産出されていること、Ａが「いいやん」と言った直後という、時間的に近接した位置で産出されていることより、この指さしは、Ａ自身への現場指示だけでなく、Ａが「いいやん」と言ったこと、つまり「Ａがたった今行なった行為」への照応的指示のためにも用いられていると考えられる。これは事例(1)で見られた指さしと同様である。

　では、「直前に起こったこと」を照応的に指示するこの指さしがここで達成することは何であろうか。それはまず、事例(1)でも見られたように、からかいの対象の焦点化であろう。Ｃは、Ａの直前の行為への指示を笑いながら行うことにより、笑うべきものとして産出されたわけではなかったＡの直前の行為を、遡及的に笑うべきものとして焦点を当て直し、前景化している。事例(1)と異なるのは、その際にＣが、指さしの対象とは異なる参与者へと視線を移動させていることである。Ｃは、Ａへの指さしを保持した状態で、同じく三河地方出身者であり、直前にＡから方言を使うよう提案されたＤへと視線を動かすことで、Ａがたった今「いいやん」と言ったことを、Ｄに向けて報告する形で発話を終えている。親しい間柄において、目の前の参与者の行為について、第三者を受け手として笑いながら言及することは、その参与者への「からかい」となることが多い(初鹿野・岩田 2008, 西阪 2001)。Ｄに方言で話すよう促したＡ本人が、何らかの方言である「やん」を使ったことを、その直後、Ａの目の前で笑いながら指摘することは[5]、Ａへのからかいとなる行為である[6]。

　また、上述の通り、このからかい発話の産出中、Ｃが視線によって受け手を変更させていることにも注目したい。Ｃは「いいやんって言った」まではＡに視線を向けているが、「言った」と述べた直後、「いま」と言いながらＤに視線を移している。その一方で、ＣはＡに向けた指さしを発話順番の終わりまで保持しているため、発話順番の完了点付近では指さしと視線が、

2人の別々の参与者に向けられている（図5）。その結果、指さしを向けたA（からかいの対象）と、視線を向けたD（発話の受け手）との、2人の参与者に同時に別々の参与役割が付与されている[7]。それに加え、Cは笑いながらDに視線を向けることで、その発話に対して笑いが適切な反応であることを示してDから笑いを誘いつつ（Jefferson 1979）、Dの反応をモニターしている。つまり、Cは指さしによって、からかいと笑いの対象がAとAの直前の行為であることをDに示し、Dにも笑うよう促しているのである。このように、Aへの指さしを保持したまま視線をAからDに移行させることによって、Cはからかいの対象Aに対して笑うという活動(laughing at)から、Aへのからかいに対してDと一緒に笑うという活動(laughing with)(Jefferson 1972)へと移行させていると考えられる。実際、「言った」とCが発した直後にDは顔を上げ、CではなくAに視線を向けて笑っている。これは、CがAの行為について述べ、笑っていることをDが正確に理解したことを示しているほか、笑いで反応することで、DがCのスタンスに同調(affiliate)していることも示している（Jefferson 1979）。

　このように、Cは指さしと視線とでAとDとに異なる志向を向けることにより、Aの直前の行為を焦点化し、それを笑うという参加フレームと、Dからの笑いを引き出すという参加フレームとの2つを組織している。DがCの笑いに、笑いで応じているのも、まさにこの参加フレームを認識していることを示している。からかいの対象となる参与者に指さしを向けると共に、視線と笑いをそれ以外の参与者に向けることによって、Cは別の参与者（Cと同じく三河地方出身者であるD）を、Aへのからかいに引き込んでいるのである[8]。

　もう1つ類似した事例を見てみよう。以下は事例（2）と同じ大学生4人による会話からの抜粋である。CとD（女性）が、男友達と2人だけで遊ぶこともあると話したのに対し、AとB（男性）はそれが理解できないという態度を示している。

(3)〔Sakura 01 ogoru〕

```
1  B:  どういう気持ちで遊んでん‡のかな [‡:°と°
   B視      >>下に視線------>‡~~~~~ ‡Cに視線->

2  D:                              [@.hhh
   D視                              @~~~->

3      *  (0.5) @ ‡(.)*‡
   D視      --->@ Cに視線->
   C視   *~~~~~~~~~~~~*
   B視        --->‡~~~~‡

4  C:  ‡*女の子‡と ‡遊ぶときと一緒だ[よ‡ね:‡
   C視    *  Dに視線 --->
   B視‡Dに視線 ‡~~~‡ Cに視線 ------- ‡~~~ ‡

5  D:                        [う:ん @
   D視                        ---> @

6  D:  @ふ‡ @つう*に:‡*(0.5)‡<ごはん>みたいなか‡ん‡じじゃな†い°の°
   D視  @~~~ @ Bに視線 --->
   C視       --->*~~~ * Bに視線 --->
   B視    ‡下に視線- ‡~~~~~~‡Dに視線-------- ‡~~‡下に視線->
   B頭                                    †4回頷く->

7     (1.0)†
   B頭  ---> †

8  B:  ‡おごっても‡らうの
   B視 ‡~~~~~~~~‡Dに視線->

9     *(0.5) *+(0.2)
   C視  *~~~~~ *下に視線-->
   C身           +首を傾げる->

10 D:  °う:ん°+
   C身  ---> +
```

140　分析編　第Ⅰ部　日常会話の中の指さし

```
11 C: ％人によ‡る [:*hh hehe *  [hehe
12 A: ->          [u ‡huh +huh ‡ [え +#％％うんっ％#*て言(h)った *(h)よね+
13 D:               [huhu@ hu @ huhu
   C視     --> * ~~~~~~ *  Aに視線-------- *~~~~~~~~~*Dに視線->
   A視％Dに視線  --------------- ％~~~~ ％Bに視線 ------------->
   A身            +.......+Dにptg--------------------+
   D視            ---> @~~~ @ Aに視線-->
   B視  ---> ‡~~~~ ‡Dに視線 ‡~~~~~~ ‡Dに視線 --->>
   fig                   #図6       #図7
```

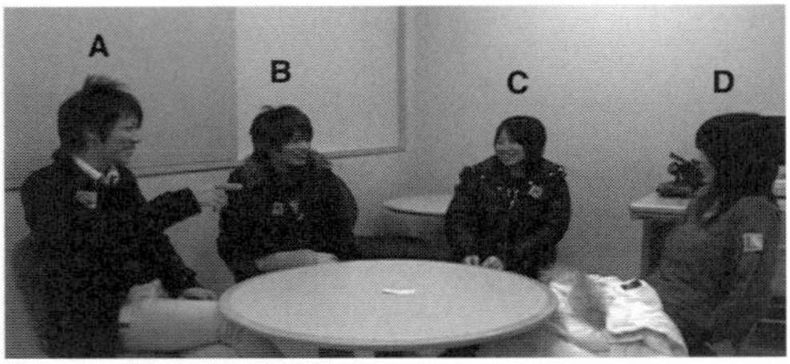

図6

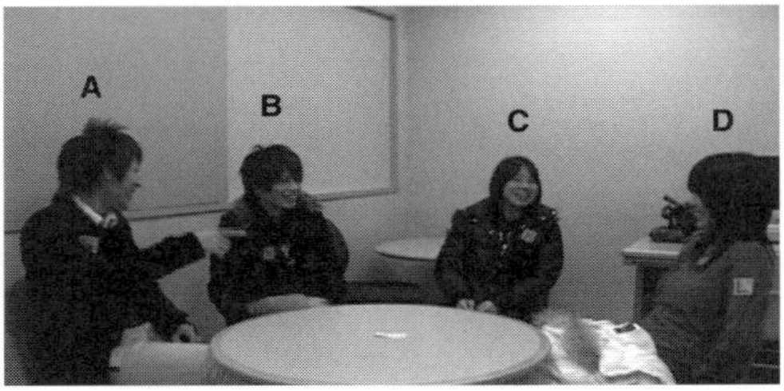

図7

```
14 C:    [hah
15 A: + [heh+％
   A視   --->％
   A身  +,,,,,+
16      hah
17 C: @*％.hh *は@％たらい *て *たらおごっ@てもら@ うよ   @ ね @
   C視   *~~~~ *  下に視線--*~~~* Dに視線 --->>
   D視 @~~~~~~~~~ @ 下に視線    --------- @~~~~~@Cに視線 @~~~~ @
   A視   ％~~~~~~~ ％ Dに視線 --->>
18 D: @ゆりの友達社会人多いから
   D視 @ Bに視線 --->>
```

この断片は、男友達と 2 人きりで遊びに行くことがあると述べた女子学生 C と D の 2 人に対し、理解できないとの態度を示していた男子学生 B が、「どういう気持ちで遊んでんのかなと」（1 行目）と、C に視線を向けながら聞いているところから開始する。C が「女の子と遊ぶときと一緒だよね」（4 行目）と、D を見ながら D からの同意を求める形で B に答えると、D は C に向けて「うん」と同意を示し（5 行目）、B に視線を移しながら「ふつうにごはんみたいなかんじじゃないの」（6 行目）と、男友達と「普通に」食事に行く以上の特別なことはないと述べる。これに B は 4 回頷いた後、「奢ってもらうの？」（8 行目）と D に向けて質問する。B のこの質問に対し、D は「うん」（10 行目）とゆっくり頷く。一方で C は、首を傾げた（9 行目）後、「人による」（11 行目）と答える。

　その直後、C が「人による」と答える間も D に視線を向けていた A が突如笑い出す。事例（1）と同様、1 人の参与者のみが急に笑い出すのは、受け手から笑いを引き出すようデザインされた行為に反応したためというよりも、その参与者が何か笑うべきことに単独で気付いた、もしくは笑うべきことを思い出したためであると考えられ、先行する会話のどこに笑いのきっかけがあったのかを他の参与者に遡求的に示す連鎖（retro-sequence）の開始の機会を作り出す[9]。そのような局面において、A は笑いながら、「え」と言うと同時に右手を上げ、その右手で D に向けて指さしをしつつ（図 6）「うんって言ったよね」（12 行目）と、D から B に視線を移しながら発話している（図 7）。ここでまず、A は「え」により、一度聞き流したものについて後から何かに気付いたことを示し（Shimotani 2008）、笑ったまま、「うんって言った」と、D が何と応答したか報告している。A がこの発話中、笑い続けていることにより、A が発話開始前に笑い出したきっかけは、D が「うん」と答えたことであることが示されている。

　A はその後、「よね」と、B に視線を向けながら、それについて B への確認要求をしている。D の返答を受け取ったはずの B に対して、わざわざ「D はうんって言ったよね」と笑いながら確認を求めることは、B が何の反応も

示さなかったDの「うん」という返答を、遡及的に笑うべきものとして前
景化し、Bに提示し直す行為であろう。AはBにそれが笑うべきものであっ
たことを示しつつ、Bからも笑いの反応を引き出そうとしていると考えられ
る。それを、笑いの標的となっている行為の産出者であるDの目の前で行
うことは、Dへのからかいと認識できる行為である。

　実際、「うん」というDの返答は、笑いの対象となる可能性を含んだもの
である。Bの「奢ってもらうの」という質問に対し、Dが「うん」と答え
たのに続いて、Cは「人による」と答えている。「人による」というCの差
し障りのない返答と比べ、Dの「うん」という返答は問題をはらんだもの
であろう。というのも、Dは男友達とも何ら特別なことはなく、単に「ふ
つうにごはん」に行くなど友人として遊ぶだけだと述べたにもかかわらず、
「奢ってもらうの」と聞かれて「うん」と答えることで、「ふつうにごはんみ
たいなかんじ」とは異なる可能性（食事を奢ってもらうのは、ただの友人関
係としては不自然かもしれない）を示してしまっているからである[10]。Aが
からかいの標的としているのは、Cの差し障りない返答に比べ、Dの返答
がより差し障りのあるものであることであろう。他の参与者には取り上げら
れずやり過ごされたDの「うん」という返答が含む可笑しさを自分は見逃
していなかった、ということを、Aはここで示していると考えられる。これ
に対し、BはAには視線を向けず、からかいの対象であるDに視線を向け
続けたまま笑う。それにより、Aが指摘した可笑しさに気付いたことを示
し、AによるDへのからかいに同調している。

　上記の通り、この事例でも事例（2）と同様、先行する発話の直接の受け手
ではない傍参与者（A）が発話順番を取り、先行する発話について言及しなが
ら（「え、うんって言ったよね」）、直前の話し手を指さしている。では、Aに
よるこの指さしは何を指示しているのか。まず、これまでの事例同様、その
空間的近接性より、Aの発話で言及されていない主語を補い、「うんって言っ
た」のがDであることを示す現場指示（直示）を行っているが、それだけで
はない。上述の通り、この指さしは、Aが先行会話中の何に対して笑い出し

たのか明らかにされることが適切になった状況の中で産出されていることから、単にD自身を指すだけでなく、笑いの標的であるDの先行行為（「うん」という返答）を文脈指示（照応）するものでもあると考えられる。これは、これまでの事例同様、指さしとその対象となるDの行為との時間的近接性、および共起する発話により達成される指示であろう。

　事例（1）、（2）と同様、この指さしは、DとDの先行発話（「うん」）を指示することで、まず、焦点化を行っていると考えられる。この事例の場合、Bの質問に対してCとDの2人ともが返答しているが、AはそのうちのDの返答のみを「選択」してからかいの標的としている。つまり、この指さしは、Bの質問に対する「うん」というDの返答のみを前景化・焦点化し、それが笑いのきっかけであったことを示しながらそれに焦点を引き戻す働きをしている。それにより、Dによって必ずしも笑うべきものとして産出されたわけではない「うん」という返答を、笑うべきものとして後から提示し直し、からかいの対象として変容させているのである。

　更に、事例（2）と同様、ここでも指さしと視線によって、話し手の志向が分散している。それによって「Dをからかいの対象として笑う（laughing at）」ことと「Bと笑いを共有する（laughing with）」ことという、からかいに関わる2つの参加フレームが組織されている。Aは笑った直後、発話の開始とともに視線をDからBに移動させる。Bへの視線によって、「うんって言ったよね」という発話の受け手がBであることが示される一方で、Dへの指さしが発話順番末まで笑いとともに保持されることによって、DとDの先行行為がからかいの対象であることも示される[11]。つまり、指さしと視線が分散することで、からかいの対象としてDとDの先行行為が焦点化されつつ、BとDそれぞれに別々の参与役割が付与され、Aが別々の形でそれぞれに志向を向けていることが示されているのである。

2.2.2　受け手からの反応の不在

　以上の通り、事例（2）、（3）では、先行する発話の直接の受け手ではない傍

参与者が、先行発話の中で笑いのきっかけとなる行為があったことを遡及的に示し、それを対象としたからかいという新たな活動を開始していた。笑いとともにからかいの対象に向けた指さしによって、からかいの対象を焦点化しつつ、第3の参与者から笑いを引き出していた。それに対し、次の事例では、指さしが第3の参与者に見られないケースが観察できる。

　事例(4)は、林原(男性)の家に、大学からの友人である小岸(男性)と、大学の後輩の坂井(女性)がそれぞれ訪ねてきている場面である。ここでは、小岸のために、林原が台所で食品を皿に盛り付けている。小岸はカウンターを挟んで台所の向かいにあるリビングのソファに座っており、坂井は断片の途中(9行目)で小岸の向かいの椅子に座る。この事例での指さしは、林原と小岸とのやり取りが続いた後、坂井から小岸に向けて産出される。

(4)［takoyaki: いかなご］
1　林原：今日はぜんこく：　あの　味めぐりということで<u>ね</u>
2　小岸：はい.
3　坂井：hehh[な(h)に(h)
4　林原：　　　[続いては,
5　　　　 +(0.4)
　　小 視　+林原に視線–>
6　小岸：続いては
7　坂井：¥なになに¥　.hhe　.hhe　[hh
8　林原：　　　　　　　　　　　　[小岸くんの故郷.
9　坂井：[.hh　((椅子に座る))
10　小岸：[故郷.
11　林原：[°兵庫県.°
12　　　　　(.)
13　小岸：<u>ひょうご↓けん</u>
14　林原：ええ.
15　小岸：兵庫県といえば：何だろう.
16　　　　　(0.8)

第 5 章　笑いの対象に向けられる指さし　145

```
17 林原： いかなごの：
18      (1.0)
19 林原： 釘煮でございますね：
20 小岸： まっ@たく： も-  なんか： (0.2)
   坂視      @小岸に視線 -->
21          記憶にも°何にもない[よ.°
22 坂井：→                   [ehehehe な(h)んで(h)
23 小岸：           [思い出にも：
24 坂井：→[@*い(h)ま(h)@*ぜ(h)#ん(h)@ぜ(h)ん(h)@*.hh *   @
   坂視    @~~~~~~~~~~@林原に視線    @~~~~~~~~~@小岸に視線@
   坂身         *,,,,,,,,,,,*  小岸にptg ------------*....*
   林視      >>- 下に視線-->
   fig                       #図8
```

図 8

```
25 坂井：→@+食(h)い+(h)@ #つ(h)き(h) @が(h)
   坂視    @小岸から林原に@林原から小岸に @小岸に視線->
   小視   ->+~~~~~+坂井に視線 --->
   林視   --> 下に視線-->
   fig                      #図9
```

```
                図9
26 坂井：  →[な(h)かっ(h)た#(h)で(h)す(h)よ(h)@ね(h)
27 小岸：    [お+もいで:+にもなんにも+ない +
   坂 視                        --> 小岸に視線--@~~~~->
   小 視    -->+~~~~~~ + 林原に視線 +,,,,+
   林 視       --> 下に視線-->>
   fig               #図10
```

```
                図10
28 坂井： + @heh heh @.h [he@ hhh
29 小岸：                [いかなごっていうのがまずパッと+絵に
   坂 視 ->@下に視線 @~~~~~ @ 小岸に視線->>
   小 視 +下に視線 -----------------------------+林原に>>
30 小岸： 出てこない. heh
31 坂井： eheheheheh
```

　ここでは、初め、林原と小岸の間でやり取りがなされている。1行目で、林原は食品を皿に盛り付けながら、「今日は全国、あの味めぐりということでね」、「続いては小岸くんの故郷」（4、8行目）と、冗談めいた口調で、準備

している食品が小岸の出身地の名物であり、これからそれが何であるかを発表するところであることを予告する。それに対し、小岸は、林原が「続いては」(4行目)と述べた直後に「続いては」(6行目)とそれを繰り返したほか、「小岸くんの故郷」(8行目)と林原が述べた後に「故郷」(10行目)、「兵庫県」(11行目)の後に「ひょうごけん」(13行目)と、それぞれ繰り返し、林原が導入した冗談めいた発表予告を受け入れ、それに寄り添いながら、自分の出身地の名物名を聞く準備があることを示している。そして、「兵庫県といえば：何だろう」(15行目)と発話しながら一瞬視線を上に向けて考える素振りを示し、自分の知識や記憶の範疇にある食品名が出ることを想定した反応をしている。その後、林原はやっと「いかなごの釘煮でございますね」(17、19行目)と、食品名を「発表」する。

しかしながら、それに対して小岸は、自身の出身地の名物として挙げられた「いかなごの釘煮」を「知っているもの」として反応するのではなく、「まったくも - なんか：」と述べた後に0.2秒の間を挟んだ後、「記憶にも何にもないよ」(20、21行目)と、馴染みのあるものではないことを示す反応をする。ここでの小岸の言い淀み(「まったくも - なんか：」と0.2秒の間)は、小岸がどう反応すべきか迷ったことを表わしており、「いかなごの釘煮」が小岸にとって期待されていた名物ではなかったことの現われであるように見える。

この、林原によるもったいぶった発表と、小岸によるそっけない反応とのギャップは、それまでのやり取りに参与していなかった傍参与者であった坂井によって指摘を受ける。坂井は、21行目の小岸の発話の完了間際で小岸に視線を向けたまま笑い始め、そのまま笑いながら「なんでいまぜんぜん」(22、24行目)と発話を開始しつつ右手の指さしを小岸に向ける(図8)。その後、指さしを引っ込め、「食いつきがなかったですよね」(25、26行目)と述べる。

ここでの坂井から小岸への指さしは、次の理由より、林原を受け手として産出されたものであると考えられる。坂井はまずは林原に視線を向けたま

ま、「いまぜんぜん」で小岸を指さすものの（図8）、林原が台所で下を見ながら作業をしており、自分の発話に注意を向ける準備がないことを確認すると、林原から視線を外し、素早く指さしを引っ込める。そして、「食い」（25行目）と言いながら再び林原へと視線を動かすが、林原はなお下を向いたままであるため、坂井はまたすぐに「つき」と発話しながら小岸に視線を戻し（図9）、小岸に対して「がなかったですよね」（26行目、図10）と笑いながら確認を求める発話を産出する。つまり、もともと林原を受け手とし、「なんで」と、質問を産出する形で発話を開始したものの、林原からの視線が得られていないことを確認したことで、坂井は発話順番の途中で指さしを引っ込め、（再度、素早く林原を見るが、その後また）視線を小岸に向けながら、小岸を受け手とした形に発話をその産出途中でデザインし直しているのである。このことは、坂井の指さしが、もともとは林原に見られることに志向して産出されたものである可能性を示しているし、実際、坂井の指さしは、林原に視線を向けて「いまぜんぜん」と発せられた間しか産出されていない。よって、上記の2事例と同様、話し手はまずは直前の話し手（小岸）を見て笑うが、その後すぐにそれとは別の参与者（林原）に視線を向けながら直前の話し手（小岸）に指さしを向けることで、林原の注意を小岸の直前の行為に向けさせようとしたと考えられる。

　では、坂井による指さしは何を指しているのだろうか。既に述べた通り、小岸による「まったくも - なんか：」、「記憶にも何にもないよ」（20、21行目）という発話の完了間際、坂井は笑い出す。そして、坂井は林原へと視線を移しつつ小岸に指さしを向けながら「今全然」と述べた後、小岸へと視線を移動させつつ指さしを引っ込める。更にその後、坂井は再び林原、そして小岸へと視線を移動させながら、「食い付きがなかったですよね」と発話している。「今」という時間表現と共に、小岸の発話の直後に小岸に向けられていることにより、この指さしも、「直前」に小岸が行なったことを指示しており、「全然食い付きがなかった」というのは、小岸による直前の行為についての描写であると聞くことができる。また、坂井が笑い出すタイミングは、

小岸が当然知っているものとして林原が挙げた食品名（いかなごの釘煮）に対し、小岸が「記憶にも何にもない」と、林原の想定とは真逆の反応をした直後である。そのようなタイミングで坂井が笑い始め、「今」と言いながら小岸を指さすことは、笑いのきっかけが小岸の直前の行為にあることを示すものとして理解できる。そして、それに続く発話により、坂井が小岸の行為を可笑しいものとして捉えた理由が、いかなごの釘煮に対して小岸が「全然食い付きがなかった」ためであったことが示される。

　坂井の指さしは、以上のように笑いのきっかけとしての小岸の直前の行為を焦点化するだけのものではない。先にも述べたが、坂井は最初、林原に視線を向けながら、林原に見られることに志向して小岸への指さしを産出している。そして、林原が見ていないことが確認されるや否や、指さしを引っ込めている。このことは、事例（2）や（3）でも同様の観察がなされた通り、坂井が最初、指さしによって、小岸の直前の行為を可笑しいものとして捉えたことを笑いと共に示しつつ、同時に、林原に直前の小岸の行為への注意を促し、それが笑うべきものであったことを示そうとしていたことを意味するだろう。

　このように、それまで林原と小岸の発話の直接の受け手ではない、傍参与者であった坂井は、小岸の行為に笑いで反応し、それに対して林原からの笑いを誘うことで会話への介入を試みたが、林原の視線を得ることはできなかった。つまり、事例（2）や（3）とは違い、林原からの注意を得ることが失敗に終わることで、小岸の行為に対して林原と一緒に笑うという参加フレームの形成はなされなかった。その後、坂井は、林原の注意を得られなかったため、発話の産出途中で小岸のみに向けた行為へとデザインを変え、「なかったですよね」と、小岸から返答を求める確認要求を行っている[12]。このことは、指さしが、その受け手に見られることを必須とすること、その産出者が受け手の視線を確認しながらその産出と行為を調節していることを示している。

2.2.3　まとめ

　以上の事例では、先行する発話における傍参与者が、先行する行為について先行話者をからかうことで参与を試みる際、笑いながら直前の話し手を指さすという現象が観察された。その指さしによって、それが向けられた話し手の直前の行為が「笑うべきもの」として焦点化され、それを可笑しいものとして見るよう、受け手に示されていた。同時に、指さしを向けた参与者以外の参与者に視線を向けることで、その参与者が発話の受け手として位置付けられ、その参与者から笑いを引き出すことが試みられていた。事例（4）は、指さしの産出者が、受け手の視線をモニターし、指さしが受け手に適切に見られ、それがどこに向けられているのかが正確に理解されているかを確認した上で、受け手に合わせて行為をデザインしていることが見られた。このことは、指さしの産出が、その産出者1人の活動ではなく、その受け手が適切に反応することで初めてその役割が果たせられるものであることを示しているだろう。

3.　おわりに

　以上、本章では、相互行為における指さしの「今、ここ」以外への指示と、指示以外の行為の達成とについて検討した。特に、目の前の相手に向けられる人差し指による指さしに注目し、親しい者同士の会話において、先行する話し手の発話や行為について、その直接の受け手ではない参与者が言及する際、先行する話し手に指さしが向けられるケースに焦点を当てた。分析より、次の2つのことが明らかになった。1つ目は、そのような指さしが、何を指示対象とし、それへの指示がどのように達成されるかについてである。ここで重要なのは、指さしが現場指示だけではなく、文脈指示で用いられることも示されたことである。本章で検討した指さしは、発話や視線などの資源との組み合わせと、その産出のタイミング（時間的近接性）とによって、直前の話し手自身を直示的（deictic）に現場指示するだけでなく、その話し手の

直前の行為を前方照応的（anaphoric）に文脈指示するものとしても理解可能
であった。

　2つ目は、そのような指示を行う指さしが、何を達成するかについてである。それは、まず、笑いの対象となる参与者の焦点化である。笑いと共に直前の行為について言及しながら直前の話し手に指さしを向けることは、直前の話し手が産出したばかりの行為に遡求的に焦点を当て、笑うべきものとして提示し直すことを可能としていた。それはつまり、元々は特に笑いを引き出すようにデザインされていなかった行為の可笑しさに自分が気付いたことを示すことであった。それに加え、本章で検討した指さしは、新たな参加フレームの組織化にも貢献していた。その場にいる参与者について、笑いながらその参与者の目の前で言及することは、その参与者への「からかい」となる行為であることが多い。指さしをしながらからかいの対象を笑うことで、からかい手から、からかわれ手への志向が示され、「からかい」という活動の参加フレームが組織されていた。

　また、事例（1）以外では、指さしの産出者が、自分が気付いた可笑しさを他の参与者と共有し、他の参与者からの笑いを誘うことに志向することが見られた。つまり、事例（1）の指さしは自分の関心の対象を示すものであったのに対し、事例（2）、（3）、（4）の指さしは、他者との共同注意を達成することに志向した指さしであった。事例（2）、（3）、（4）では、指さしと視線とが、からかいの対象（先行する話し手）と、笑いを誘う相手（それ以外の参与者）との2人の別々の参与者へと向けられている。それにより、2人の参与者にそれぞれ異なる参与役割（からかいの対象と、発話の受け手）が布置されると共に、2人の参与者への分散する志向が同時に示される。そして、受け手からの注意を得られると、からかいの対象に対して笑うという活動と、別の参与者から笑いを誘うという活動の2つが達成される。西阪（2009）は、目の向きや指先はもっとも先鋭的に志向を表示すると論じているが、ここでもそれらによって話し手の志向が2人の異なる参与者に分散されることが示され、2つの参加フレームが組織されていた。

以上の通り、ここで検討した指さしは、目の前にある「今、ここ」を指し示すだけではなく、直近の過去を指し示し、既にここにない少し前の過去との関係も作り出していた。指さしは、現前のものと指さしの産出者とを結びつけるだけでなく、直近の出来事と今の出来事とを結びつける、連鎖の連結を行うこともできるのである。

　本章で検討した事例の中で、からかいの対象を焦点化し、からかいを組織する中で指さしが用いられることは、それまでの傍参与者が、進行中の発話順番と連鎖に介入することと無関係ではないように思われる。ここで検討した事例ではいずれも、先行話者による発話の受け手ではない傍参与者が会話に参入している。しかも、先行する発話への応答ではなく、先行する話し手が産出したばかりの行為についての言及であり、それまでの連鎖の進行を止める発話を産出している。そのような割り込みを伴う参入の際に、発話だけでなく、指さしという、より目立つ身体資源によって他の参与者の注意を喚起して発話順番を獲得することは、理に適っているように思われる。更に、そのような参入によって新たに開始するからかいが、その直前に起こったことに起因するものであることを指さしで視覚的に示すことで、なぜ今ここで、傍参与者がわざわざ連鎖に参入してからかいを産出するのか（"Why that now"）の理由も示されるだろう。つまり、直前の話し手への指さしは、傍参与者が進行中の連鎖へ介入することを可能にする資源ともなっているのではないだろうか。

　以上の通り、本章で検討した指さしには複数の働きがあると考えられるが、それらは指さし単独で達成されるものではない。先行研究でも示されている通り、指さしの指示対象と指さしによって達成されるプラクティスは、それが実際に誰・何に向けられているかだけでは特定できず、その直前になされたこと、共起・近接する発話や身体動作、周囲の環境、進行中の活動、他の参与者の振る舞いとの関連の中で捉えられる必要がある（Goodwin 2000, 2003, 2007, Mondada 2014ab）。本章では、それらに加え、指さしの産出タイミング（時間的近接性）も、指さしの指示対象を示す重要な資源となる

第 5 章　笑いの対象に向けられる指さし　153

ことも明らかになった。本章で検討した連鎖環境と活動以外でも、指さしが何を指示し、何を達成するかを理解する上で、時間的近接性が重要な資源となるかどうかは、今後、より多様な連鎖や活動における指さしを検討することで、明らかにしていきたい。

　最後に、本章では 3 人以上の参与者を含む多人数会話における「からかい」という活動が、次のような規範性を持つ可能性が浮かび上がった。それは、多人数会話では、からかいが、からかい手から、からかわれ手のみに向けて産出され、からかわれ手のみからの反応を求める 1 対 1 の行為というよりは、それ以外の他者をも巻き込み、他者からの笑いという反応を得ることにからかい手が志向することである。事例 (1) ではからかい手は、中断させた連鎖の進行性を優先すべく、すぐに笑い終えることでからかいを個人の活動に留めたが、それ以外の事例では、第 3 者からの笑いを引き出すことにからかい手が志向することが、指さしと視線によって示されていた。からかいにおいて指さしが用いられたのは、まさに指さしが、自分がからかわれ手に志向していることを他者に「見せる」手段の 1 つとなるものであり、からかいへの他者の参与を引き出す資源の 1 つとなるからだと考えられる。

謝辞

初稿の段階で 2017 年 12 月の EMCA 互助会参加者の皆さまに貴重なコメントをいただいた。感謝申し上げたい。

注

1　Kendon (2004) は、人差し指による指さしを、手の平を下にしてなされるもの（index finger extended prone (palm down)）と手の平が地面と垂直の向きになった状態のもの（index finger extended neutral (palm vertical)）との二種類に区別し、指される対象や共起する発話による行為が、手の平の向きによって異なることを報告している（本書の総説編第 1 章（安井・杉浦）参照）。今回観察された指さしは全て、後者の Index Finger Extended Neutral である。つまり、その形から、指示対象となるものを特定してそれ

に注意を向けさせるためだけの指さしというよりは、その指示対象について何か言及するという行為に志向したものであると言えるだろう。

2　本章では、以下の記号も独自に用いた。

~~~~ 視線の移動

　また、「A身」は参与者Aの身体動作、「A視」は参与者Aの視線の移動を示す。

3　ここでMが、Hが顔のマッサージについて「必死」に質問していることについて「ちょっとあたしすごい嬉しい」と述べているのは、この前にHが最年長であるにもかかわらず美肌を保っていて綺麗だということが話題になったことと関係していると考えられる。Mは、Hが何も顔の肌の手入れをしていないのではなく、アンチエイジングのためのマッサージの情報に喰いつくほど、アンチエイジングに関心があるからこそ美肌を保っていると知り、安心して嬉しいと述べていると考えられる。

4　事実、Yはその直後に「で、そ -」(22行目)と、16行目で中断されていた発話の継続を試みている(それも23行目で中断されるが、再び25行目で再開している)。

5　AがDに方言を使うよう促したまさにその発話の中でA自身が方言を使ったことを、からかいの対象となる笑うべき行為がAによって産出されたその直後という位置で取り挙げることで、笑う側だったAを、即座に笑われる側に貶めている。そのように、Aの行為について、それが起こったすぐ後にからかうことは、そのからかいの面白さをより際立たせることに貢献しているだろう。

6　Aはその後、「ちゃ、俺いいやんってさ元々さ使ってなかったのにさ、タツキが使うじゃん。うつったんだって」(19、20行目)と、「いいやん」と言った理由を説明している。そのような「釈明」を行うことは、Aが直前のCの発話を、自分へのからかいと捉えたということに他ならない(Drew 1987, 初鹿野・岩田 2008)。

7　このように、志向の異なる二者が同時に参与を促されるという実践は、からかいだけでなく、例えば「他己紹介」などの行為でも見られる(高梨 2016)。

8　CからAへの指さしは、先行するAのからかいと、CとDへの指さし(「この人らみんな三河の方」)にも関連していると考えられる。自分に向けて指さしをした相手に対して、からかいながら指さしを返すことは、からかいの応酬の可視化という側面もあるだろう。

9　ここでのAの笑いは、直ちにCとDの笑いを引き出してはいるが、この時点ではAの笑いの対象はまだ示されていないため、CとDはAにつられて笑っているだけのように見える。しかしながらその直後、Aが右手を上げ始め、DからC、そしてBへの視線を移動させ、Bを見ながら「うんって言ったよね」と笑いながら発話すると、CはDに視線を向け、今度は声を上げて笑う(14行目)。この時、Cの笑い方がその直前とは変化していることより、ここでCがAの笑いの対象を初めて理解し、その対象に対して初めて笑っていることがわかる。一方でDは、Aの発話の後、笑い

ながら下を向いている。これは、笑いの対象が自分の返答であることを理解したためだと考えられる。

10　Dは「うん」と答える前に一度躊躇するようにゆっくりと頷いており、「うん」の返答の際も声を潜めている。これは、D自身も、自分の答えが問題をはらむものとなる可能性を認識していたことを示すのではないだろうか。

11　このAの行為に対し、CがDを見ながら「働いてたら奢ってもらうよね」(17行目)と、Dに対して同調する姿勢 (affiliation) を示すと、Dは自分の友達には社会人が多い (18行目) と、Bに対して、友達であっても奢ってもらう正当な理由があると説明し、Aによって可笑しいものとして扱われた自分の応答が正当なものであることを主張している。事例(1)、(2)と同様、そのようにDが自分の先行応答に対する釈明を行うことは、まさに、Dが直前のAの発話を、自分へのからかいとして捉えたことを示している (Drew 1987, 初鹿野・岩田 2008)。

12　結局、坂井は小岸からも返答を得ていない。そればかりか、小岸は坂井に視線を一度は向けるものの、その後も林原に向かって発話を続けている。結果、坂井は林原と小岸とのやり取りへの介入ができず、その後も傍参与者としての参与地位に居残っている。しかしながら、坂井の行為は完全に無視された形では処理されておらず、小岸は坂井の反応を踏まえた上で、次の行為を構築している。林原による「いかなごの釘煮でございますね」という発表に対する小岸の反応を、坂井が可笑しいものとして反応したことで、小岸はさらにいかなごの釘煮への思い入れのなさを強調する。小岸は、「食い付きが」と坂井が述べる間、坂井に視線を向けるが、その後林原へと視線を動かしながら、「思い出にも何にもない」(27行目) と発話した後(この発話は、坂井が「なかったですよね」と発話するのに重なっている)、下を向き、「いかなごっていうのがまずパッと絵に出てこない」(29、30行目) と、林原に向かって、「いかなごの釘煮」が自分の知識の範疇にあるものではないと主張している。

参考文献

荒川歩 (2011)「指さし行動と発話による談話の達成」『社会言語科学』14 (1): pp.169–176.

千々岩宏晃 (2013)「「からかい」の相互行為的達成―「あなたに関する知識」を用いた発話の一用法」『日本語・日本文化研究』23: pp.129–141.

Drew, Paul. (1987) Po-faced receipts of teases. *Linguistics* 25: pp.219–253.

Goffman, Erving. (1981) *Forms of Talk*. Philadelphia: University of Pennsylvania Press.

Goodwin, Charles. (2000) Action and embodiment within situated human interaction. *Journal of Pragmatics* 32(10): 1489–1522.

Goodwin, Charles. (2003a) The body in action. In Justine Coupland and Richard Gwyn (eds.),

Discourse, the Body and Identity, pp.19–42. New York: Palgrave Macmillan.

Goodwin, Charles. (2003b) Pointing as situated practice. In Sotaro Kita (ed.), *Pointing: Where Language, Culture and Cognition Meet*, pp.217–241. MahWah, NJ: Lawrence Erlbaum.

Goodwin, Charles. (2007) Environmentally coupled gestures. In Susan D. Duncan, Justine Cassell, and Elena Terry Levy (eds.), *Gesture and the Dynamic Dimension of Language.* pp.195–212. Amsterdam/Philadelphia: John Benjamins.

Goodwin, Charles. (2018) *Co-operative Action.* Cambridge: Cambridge University Press.

初鹿野阿れ・岩田夏穂（2008）「選ばれていない参加者が発話するとき―もう一人の参加者について言及すること」『社会言語科学』10(2): pp.121–134.

Jefferson, Gail. (1972) Side sequences. In David Sudnow (ed.), *Studies in Social Interaction*, pp.294–338. New York: Free Press.

Jefferson, Gail. (1979) A Technique for inviting laughter and its subsequent acceptance/ declination. In George Psathas (ed.), *Everyday Language: Studies in Ethnomethodology*, pp.79–96. New York: Irvington.

Jefferson, Gail. (2004) Glossary of transcript symbols with an introduction. In Gene H. Lerner (ed.), *Conversation Analysis: Studies From the First Generation*, pp.13–31. Amsterdam/ Philadelphia: John Benjamins.

Kendon, Adam. (2004) *Gesture : Visible Action as Utterance*. Cambridge: Cambridge University Press.

MacWhinney, Brian. (2007) The TalkBank Project. In Joan C. Beal, Karen P. Corrigan, and Hermann L. Moisl. (eds.), *Creating and Digitizing Language Corpora: Synchronic Databases, Vol.1.* Houndmills: Palgrave-Macmillan.

Mondada, Lorenza. (2007) Multimodal resources for turn-taking: pointing and the emergence of possible next speakers. *Discourse Studies* 9(2): pp.194–225.

Mondada, Lorenza. (2014a) The local constitution of multimodal resources for social interaction. *Journal of Pragmatics* 65: pp.137–156.

Mondada, Lorenza. (2014b) Pointing, talk, and the bodies: Reference and joint attention as embodied interactional achievements. In Mandana Seyfeddinipur and Marianne Gullberg (eds.), *From Gesture in Conversation to Visible Action as Utterance: Essays in Honor of Adam Kendo*n, pp.95–124. Amsterdam/Philadelphia: John Benjamins.

西阪仰（1992）「参与フレームの身体的組織化」『社会学評論』43(1)：pp.58–73.

西阪仰（2001）『心と行為―エスノメソドロジーの視点』岩波書店

西阪仰（2008）『分散する身体―エスノメソドロジー的相互行為分析の展開』勁草書房

西阪仰（2009）「活動の空間的および連鎖的な組織―話し手と聞き手の相互行為再考」『認知科学』16(1)：pp.65–77.

Schegloff, Emanuel. A. (2007) *Sequence Organization in Interaction : A Primer in Conversation Analysis.* Cambridge: Cambridge University Press.

Schegloff, Emanuel. A. and Sacks Harvey. (1973) Opening up closings. *Semiotica* 8(4): pp. 289–327.

Shimotani, Maki. (2008) *An Analysis of the Reactive Token Eh in Japanese Conversation.* (Unpuhlished doctoral dissertation), University of Wisconsin-Madison, Madison.

Streeck, Jürgen. (2017) *Self-making Man: A Day of Action, Life, and Language.* Cambridge: Cambridge University Press.

Streeck, Jürgen, Charles Goodwin, and Curtis LeBaron. (eds.) (2011) *Embodied Interaction: Language and Body in the Material Word.* Cambridge: Cambridge University Press.

高梨克也(2016)『基礎から分かる会話コミュニケーションの分析法』ナカニシヤ出版

安井永子(2017)「直前の話し手を指さすこと―直前の発話との関連を示す資源としての指さし」『社会言語科学』20(1): pp.131–145.

分析編
第Ⅱ部　環境の中の指さし

第6章
家庭内の共同活動における子どもの
指さしと養育者の反応

遠藤智子・高田 明

1. はじめに

　子どもは言葉を流暢に使えるようになるはるか前から周囲の人間とのインタラクションに参加している。大人は乳児にも語りかけ[1]、乳児が泣いたり笑ったりする様子やクーイング、喃語等のさまざまな行動が大人のさらなる行動を引き起こす。成長に伴い、子どもの行動はより明確にコミュニケーション上の意味をもつようになっていくが、その中でも特に指さし（ポインティング）が子どもによる象徴的な記号（シンボル）使用の前身であるという議論がある。たとえばヴィゴツキー（1978）は、他者とのコミュニケーションとは直接的には関わりのない、物をとろうとする動作であるリーチングに指さしの前駆的なあらわれを見た。そして、子どもの周囲の人々がこうした動作にコミュニケーションに関わる意図を読み込むことで、子どもは実際にコミュニケーションに関わる指さしを遂行するようになっていくと論じた。すなわち、ヴィゴツキーにとっては言葉と同様、指さしも「外から内へ」向かって発達してゆくのである（本書の第2章（高田）参照）。

　ここで注意すべきなのは、実際の相互行為において指さしはそれだけで完結するのではなく、反応を受けるものであるということである。指さしが記号としてのはたらきを持つのならば、他者からの反応がどのようなものであるのかは記号の機能にとって無視できない重要性をもつ。パースの記号論で

は、記号は解釈項を生み、解釈項が記号の理解に決定的に関わるとされている（Pierce 1965）。パースの議論における解釈項は他者からの解釈そのものではないが、エンフィールド（2015、第4章）が新パース派について説明しているように、記号を知覚した主体が取る行動は解釈項として記号が表象する対象へと差し向けられ、さらにその解釈項が新たな記号となり記号過程が連続していく。やりとりの中で記号はその受け手により反応され、新たなやりとりのきっかけとなるのである。

　本章では、子どもの指さしに対する養育者の反応に注目し、どのようにして指さしが家庭内における活動の中で相互行為の資源としてはたらいているのかを論じる。日常生活の中のやりとりをデータとし、子どもによる指さしの行われるタイミングと養育者の注意のあり方を詳細に記述し分析することで、子どもによる指さしのはたらきを理解するには養育者と子どもが従事する共同活動（Joint activity、Clark1996）を考慮する必要があることを指摘する。

2.　データ

　本研究で用いるデータは第二著者が平成19年から23年にかけて代表を務めたプロジェクト「養育者―子ども間相互行為における責任の文化的形成」[2]にて収集されたものである。このプロジェクトでは、調査者と撮影者が関西圏にある撮影協力者の家庭を1ヶ月に一回のペースで訪問し、各家庭における子どもと養育者の自然なやりとりを撮影した。合計17家庭が撮影に協力し、撮影した動画資料の総時間量は約410時間である[3]。本研究の対象となる指さしをする子どもは、一語文による発話を行うことはできるがまだ内容の複雑な言葉は話さない1歳児、特に14ヶ月から18ヶ月に限定する。2歳児以降では「これ」等の発話と指さしが共起する場合が多く、指さしに反応する際に養育者の解釈が入る余地が少ないためである。

　撮影した動画資料は全て言語行動と非言語行動に関して書き起こしが行われている。第一著者が作成した検索システムを使用し[4]、非言語行動につい

て「指」をキーワードとして含む書き起こしがある部分を抽出した。その後一例ずつ書き起こしを確認し、指さし行動とみなせる例のみ取り出した。取り出した例（1歳児全体、約133時間相当のデータから764例）の中から、まずは書き起こし上でやりとりの流れを確認したうえで、幾つかの場面に関して動画を確認し、より細かい書き起こしを作成してマルチモーダル分析を行った[5]。

　なお、以下の各節にて紹介する例はすべて異なる家庭からの例であるが、参与者の関係をわかりやすくするために母親はM、年長の子どもはS、年少の子どもはB、父親はDで呼び方を統一する。子どもの年齢・月齢は各例のタイトル行に記載する。

3.　反応を得る前提条件の理解

　指さしがコミュニケーション上何らかのはたらきをするためには、相手に見られる必要がある。これは当然のように聞こえるかもしれないが、小さい子どもの指さしにおいては常に成立している条件ではない。養育者が子どもに注視している状況であれば指さしだけでも養育者の注意を指さしの対象に向けさせることが可能であるが、小さい子どもは養育者が自分を見ていない状況で指さしをすることも少なくないのである。

　下の例（1）では、リビングルームに母親（M）・年長の子ども（S, 4歳6ヶ月）・年少の子ども（B, 14ヶ月）がいる。Mは床に座ってソファにもたれかかりながらチラシを見ており、Bもすぐそばでチラシを見ている。Sは少し離れて、チラシを丸めて剣のようにして遊んでいる。Bが見ているチラシには犬の写真があり、その写真に関してのやりとりが展開する。

（1）【チラシ】嵯峨 091104_2　B=14m, S=4y6m

01　　B^{身体}ソファーの横で足を滑らせ、転んで顔をソファにぶつける

02　　B:　うあ::::[::

164　分析編　第Ⅱ部　環境の中の指さし

```
03   M:              [痛かったやろ.
04   B:  ひ:::えええ
05        (3.0)
06 ->      +(1.2)
        B身体+ソファの上のチラシを手に取る
07        (2.0)
08   B:  わ:ん+$わん.=
        B身体       +Bの顔にチラシがかかる
        M視線           $Bに視線を向ける  --->
07 ->M:  =あ,ほんまや.  #図1 $わんわんやね:.
        M視線 ----------------$見ていたチラシに視線を戻す
08        (1.0)
09   B:  わ::わ.
10        (5.0)
11   B:  わ:: +わ.
        B身体+大きくうなづく
12   M:  わんわん.
13        (2.8)
14   B:  わんわん.
15   M:  わんわん. かわいい.
16        (4.0)
17   B:  わ::わ.
18        (2.8)
19        わ::わ.
20        (2.8)
21        わ::[わ.
        S:     [えっと:: (.)たまこ::がち.
22        (2.0)
23   B:  わ::わん.
24        (2.0)
25   B:  わ::わ.
26        (3.0)
27   B:  わぅ, わ:::
```

第6章　家庭内の共同活動における子どもの指さしと養育者の反応　165

```
28        (2.0)
29   B:  わ:::わん
30   M:  わんわん?
31        (2.0)
32 ->B:  わ::(.)+ち.  #図2
     B^身体              +チラシを指さす
33   S:  ちゃ.
34        %(4.0)
     S^身体 %Mの方へ移動する
35   B:  ていぱ:%::
     S^身体      %丸めたチラシでMの頭を叩く
36   M:  いた:::.
          ((数行省略。SがMを数回叩き、丸めたチラシについてSとMが話す))
56   B:  +(1.0)                    +わ::わ.
     B^身体 +チラシをソファの上に置き,+手を叩きつける
57        (0.9)
58   M:  わ:んわん.これロクちゃんと一緒ね.*&
     M^身体                          *チラシ内の写真に指で触れる
     S^視線                          &チラシの犬の写真を見る--->
59   M:  (0.6)%ミチルちゃんロクちゃん(  )[((と一緒ね)
     S:                              [あ.  #図3
     S^身体      %母に近づく---------->
60   S:  ナナちゃん%みたいなの見つけた.
     S^身体 ------->%
61   M:  %(1.0)& 見える?
     S^身体 %母から遠ざかる
     S^視 -----> &
62   S:  °うん°.(0.5)%ほら,ここ.    %
     S^身体           %チラシに近づき%チラシの端をつかむ
63        %(0.9)
     S^身体 %チラシを一度離し、再度つかむ
64   S:  %ほら.
     S^身体 %チラシをさらに引っ張る
```

```
65          $(1.4)
     M視線 $チラシを見る
66   M:   *ここにナナちゃんいるの？
     M身体 *チラシを左手でつかむ
67   S:   %ナナちゃんのちっちゃい頃のいた．
  → S身体 %チラシにptg ---->69行
68   M:   いいひんよ？
69   S:   %゜ほらここ．゜ #図4
     S身体 %一歩踏み込んでチラシにptg
70   M:   違うよ．全然違うよ．
```

このやりとりの中から、参与者間の注意共有の有無と養育者の反応に焦点を当てて三箇所に注目したい。まず、最初の部分では、子どもが滑って転び泣いたあと、数秒後にチラシ右手でつかんでめくり、その中の写真を見ながら「わんわん」という（08行目。なお、この箇所においては指さしは起きていない）と、母親はすぐに子どもに視線を向けながら「あ、ほんまや、わんわんやね」と反応する（図1）。「あ」という状態変化詞及びその後の「ほんまや」は対象物となっている犬の写真について気づいていない状態から気づいた状態への変化を表明するものであり（Endo 2018）、この発話により母親は子どもの「わんわん」という発話を母親に注意を促すものとして位置づけている。「わんわん」という発話以前には母親が意識していなかった内容が、

図1　母親が子どもの発話「わんわん」に反応する

第6章　家庭内の共同活動における子どもの指さしと養育者の反応　167

発話により注意を向けられる対象となり、チラシに掲載されている犬の写真に関して子どもと母の間で注意の共有が達成されている。

　このようにBの「わんわん」という発話はMの注意を引き、Mからの反応を引き出している。ただしここで注意しておきたいのは、「わんわん」という発話がされる前の段階で既にMの注意はある程度Bに向いていたということである。Bはチラシに関する発話をする前に足を滑らせて転び、泣いていた。転んだ拍子にBはMの膝に手をついており、またBに対しMは「痛かったやろ」と声をかけている。さらに、Bがチラシをめくり「わんわん」と発話をすると同時にチラシがヒラリとめくれてBの顔にかかるのだが、めくれる際に風がおきてMの髪を揺らしている。このようなことから、Mの注意は、周辺的にかもしれないが、Bの発話がされる段階で既にある程度はBに対して向けられていたと考えることができるだろう。

　この後しばらく子どもは「わんわん」およびそれに類する発話をし続け、最初のうちは反応を返していた母親も、次第にあまり反応をしなくなっていく。この間、母親の視線は自分の手元にあるチラシに向けられている。30行目で「わんわん？」と母親が再度発話しているが、この時点でも母親の視線は子どもや子どもの見ているチラシに向けられてはいない。次に注目したいのは、その2秒後、子どもがチラシを広げて「わ::(.)ち」と言いながらその中の犬の写真を右手で指さすところである（32行目、図2）。

　母親の視線はソファの上に広げたチラシに落とされており、そこよりも下

図2　子どもによる指さし（反応されない）

の高さで広げられている子どもの持つチラシには視線が向けられていないようである。そのためか、子どもの指さしは母親による反応を受けない。このように、養育者と注意を共有しない状態で行われ、反応を受けない指さしは小さい子どもには珍しくない。指さしは産出されているが、それが他者のいかなる行動も引き起こしていないのである。

　最初に見た08行目のBの「わんわん」がMから反応されている一方、32行目で行われた発声を伴う指さしは反応を受けていない。この違いには、発話や指さしの段階でMの注意がどの程度までBに向けられていたかが関係している。そして、そのようなMの注意状態に関し、Bは関心を払っていないようである。すなわち、Mが反応するか否かはたまたまMの注意が既にBに向いていたか否かに依存し、Mの注意が向いていなければ指さしや発話は反応されることなくそのまま放置される。さらに、反応がされないことに関しても、Bはあまり意に介していない様子である。言い換えると、ここでのBによる指さしは、Mの注意を引いてBとMが共同で活動を行うための基盤構築(本書の第7章(高梨)参照)の資源としてははたらいていない[6]。

　これと大きな対照をなすのは、年長の子ども(S)による指さしである。59行目のMの発話に重複するタイミングで、SはBの持っているチラシに、Sの知っている犬(「ナナちゃん」)に似た犬を見つけるのだが、その時点でMはチラシの方を見ていない(図3)。Sは67行目で指さしを行う前、まずはチラシをめくって母親の身体の方に向け、かつ「ほら」という声がけを行

図3　Sがチラシに犬を見つける

第 6 章　家庭内の共同活動における子どもの指さしと養育者の反応　169

図4　Sによる、共同注意が達成されたうえでの指さし

うことにより（62, 64 行目）、母親が指さしの対象を見ることができる環境を
確保してからその中の犬の写真へ向けた指さしを行っている（図4）。

　Sが一度チラシをおさえた後、チラシがヒラリと戻ってしまうが、Sは再
度チラシをおさえる。このことは、S は M がチラシを見られる状態にある
ことが、その後彼の行う指さしにおいて必須条件であると理解していること
を示すと言えるだろう。

　自らの行動が他者の注意を引くものであり、他者からの注意を得たうえで
行動することがその後の活動をスムーズにするということは、発達的に早
い段階の子どもにも理解されているようである。Kidwell（2005）は、保育所
において養育者から向けられる視線がどのような類のもの（単に見ているの
か、介入すべき対象として見ているのか）について子どもがいかに敏感にふ
るまうかを論じている。子どもが何らかのトラブルに遭遇していないかを保
育所の養育者は常に注意する必要があり、その視線に子どもは対応してい
る。その一方で、本節の例に見られたように、家庭内における活動は、たと
え子どもがその場にいても、常に子どもを中心として進行するわけではな
い。特に子どもが大きくなるにつれ、子どもは子ども、養育者は養育者で異
なる活動をしていることは日常的にあり、子どもが養育者の注意を引くに
は子どもの方からのはたらきかけも必要となる（cf. Kidwell and Zimmerman
2007）。注意を共有するための指さしも、指さしが他者から見られうる状況
になければ反応されえないが、子どもがそのことを理解したうえでふるまう

170　分析編　第Ⅱ部　環境の中の指さし

のは指さしの開始よりもかなり後の時期に起こることのようである（子ども
の発達段階と指さしについては本書の第2章（高田）参照）。

4.　活動の中で反応される指さし

　前節では、小さい子どもによる指さしは他者から見られることを必ずしも
前提とせず、それゆえ反応されずに終わることもあることを指摘した。で
は、指さしが他者との共同注意を達成するための資源としてはたらくように
なるのはどのような経緯によるのであろうか。発達心理学の議論においては
指さしの機能の変化はしばしば子どもの認知能力の発達を反映するものとし
て捉えられるが、子どもは周囲の他者との絶え間ないやりとりの中で成長す
るものであり、子どもの指さしのはたらきを理解するためには子どもの行
為がどのように他者から意味づけられるかという視点が欠かせない。本節で
は、子どもの指さしが養育者によって活動を開始するものとして反応された
り、既に進行している活動の一部として反応されたりする例を検討する。

　下の例はこの撮影日における撮影開始直後の部分である。撮影対象者とし
て、おそらくは何らかの相互行為をすることが期待されているのにも関わら
ず机につっぷしている年長の子どもSに対し、母Mは姿勢を改めるよう要
求する（04行目、図5）。さらにMはSの飲み物を取ろうとすることによっ
てSの注意を引くことに成功する（08行目-09行目）。その後、Sは飲み物を
飲むだけでなく、おせんべいを食べるが、その際にバリバリと大きな音を立
てる。その音に反応してか、MはSを向く。すると、年少の子どもBはS
に向けて左手で指さしをする（12行目、図6）。

(2)【食べてはるなあ】伏見090120_1_0m B=14m

01　　M：　¥(ああ)ちゃん寝たふりし*ないでよ¥
　　　　M^{身体}　　　　　　　　　　　　*Sの近くの皿を動かす

02　　S：　ねむたいのもう::

第6章　家庭内の共同活動における子どもの指さしと養育者の反応　171

```
03    M:  ねむたいの.
04        *(0.5)  すわってちゃんと::.  #図5
      M身体 *Sの椅子に手をのばす
05        *(1.2)*(1.8)
      M身体 *元の体勢に戻る
      M身体      *Bを見て無言で笑う
06    M:  (おかしいね)
07        (4.0)*(    )          *(1.0)
      M身体      * Sの肩を軽く叩く *Sの前のコップを動かす
08    M:  *もらうよ.
      M身体 *Sのコップを手に取る
09    S:  ↑え％えっ*
      S身体      ％起き上がる
      M身体           *コップを元の位置に戻す
10        ％$(5.0)
      S身体 ％コップを取りお茶を飲む
      M視線 $Bに視線-->


11        ％(1.0)     ％(1.0)            ％$+(1.0)
      S身体 ％コップを置き％おせんべいを取り口に入れ、％大きな音をたてる
      M視線                           $Sに視線-->
      B身体                           +体を少し前に動かす
12        +(1.0)          +$#図7(0.5)   #図6
   →  B身体 +.............+Sにptg--->15行
      M視線                $Bに視線-->
13    B:  う.‡#図9
      B視線    ‡Mに視線-->
14        *(1.0)
      M身体 *二度うなずく
15    M:  +食べ+てはるなあ.
      B身体 +,,,+
```

　もう少し細かくＢの指さしと発話およびＭとの視線共有のタイミングを

図 5　S が机に突っ伏している

図 6　B が S に指さしをする

確認してみよう。母親は 90 度の角度で両側に子どもが座っており、双方に均等に注意を配分している。S がおせんべいを食べ始める直前では、M の視線は B に向いていたのだが、S がおせんべいを食べ、バリバリという大きな音がすると、M と B の視線は S に向けられる。B は元々正面の S の方を向いてはいたが、この時点で背もたれから少し背中が離れ、体の位置がやや前よりになる。M の視線が S に向いている状態で、B は左手で指さしを開始する(図 7)。指さしをしている腕が最も伸び、少し左よりに始まった指さしが B の方向である右へとシフトする頃 M は B へと顔を向ける(図 8、なおこれは図 6 と同じ)。腕が完全に伸び切り、左手の人差し指が S を指した状態で、B は「う」という発話をする。「う」の発話時点で B は S を向いているが、「う」の終了と同時に B は M に顔を向ける(図 9)。このように、B の指さしは M との注意共有ができている状態で行われており、指さしは発話に先行している[7]。

第6章　家庭内の共同活動における子どもの指さしと養育者の反応　173

図7　Bが指さしを開始する

図8(=図6)　指さしが完成する頃MがBを向く

図9　「う」と発話し終えると同時にBがMに顔を向ける

　Bの指さしに対するMの最初の反応は非言語行動である。Mが大きく二回うなずくと、Bは指および腕を元の位置に戻す。この縦に首を振るうなずきは、承認を表す際に用いられるものであり、先行するBの行為のコンテクストに照らした適切さを認めるものとしてはたらいているように思われる。MがうなずくとBは指さしをやめるのだが、これはMのうなずきによりSの指さしが承認され、SとMが共同注意を達成したことでBの指さし

はそのはたらきを終えたということを示すと考えられるだろう。

　うなずきの後、Mは「食べてはるなあ」と、Bの指さしの先で起きていることを描写する（15行目）。東京方言では「食べてるね」に相当するこの発話は[8]、Bの指さし（および発話「う」）を、目の前で起きていることへの注意を誘うものとして解釈したことを示し、さらに、その事態の理解「食べてはる」をMも共有していることをBに伝えるものである。さらに、事態の理解が共有されているということを「なあ」という相互行為詞（cf. Morita 2005）により主張し、「食べている」Sと「それを見ている」MとBとしてこの場の活動と参与枠組みを定義するものでもある。このようにして、MはBの指さしを注意共有の活動を開始する行為として意味づけている。

　次に、養育者が既に行っている活動の中で子どもによる指さしが行われたケースを見てみよう。下の例では、母親Mが物入れの前で鳩時計のパーツを探している。子どもたちは直前まで年少の子どもBがおもちゃの車に乗り、年長の子どもSがその車を押して遊んでいたが、Bが突如泣き出すと、Sは母親の探しものを手伝い始める。なお、この鳩時計はこの家庭の撮影データで以前にも登場しており、一定の時刻において鳩が飛び出すと子どもが喜ぶ場面が観察されている。特に年少の子どもの注意を引くのによく用いられていたようである。

　MとSが並んで探しものをしている間、しばらくBは後方で泣きながら車に乗っているが、車から降りてMに近寄り、探しものをしているMの右腕を掴んでMの前面にまわると、MがBを抱き上げる。その後、MはBを抱えたまま立ち上がるのだが、立ち上がった先でBが鳩時計を指さす。

(3)【鳩時計】千本 O110317_1_21m B＝14m
Bはおもちゃの車に乗り、Sが押している。クリップの直前までは楽しく遊んでいたが、Bが急に泣き出したところ。Mは物入れを開けて時計のパーツを探し始めている。16行目より前の部分でもBは断続的に泣き声をあげている。

第6章　家庭内の共同活動における子どもの指さしと養育者の反応　175

```
01   M:  ようちゃんお母さんひとつなあ,(    ) やつなあ,
02       ここの*ポッポのこう探そっかあ.
     M身体        *鳩時計の下の部分を指さす
03       (.)
04       これなかったらお母さん*ちょっと悲しいわ.
     M身体                *しゃがむ
05       *%(5.0)
     M身体 *物入れの下の段の中を探す --->
     S身体 %物入れ下段を探す
06       (いつなくなったのかなあ)お母さん気が付かなかったわ.
07       (1.0)
08   S:  じゃあ.
09   M:  %ねえ.
     S身体 %物入れの中に入ろうとする
10   M:  *ちょっとちょっと.+頭打つよ.
     M身体 *Sを引っ張り出す
     B身体            +車から離れ,母親に向けて這う -->14行
11       (1.0)
12   M:  ここか
13       (          )
     M身体   探している
14   M:  +お母さん悲しいな::+と思って.#図10
     B身体 +Mの腰をつかむ    +立ち上がる
15       (1.0)
16   M:  なあ.
17   B:  +ふえぇ
     B身体 +Mの右腕をつかんで下ろし,Mの体の前面にまわる
18   M:  マアちゃんも*一緒に探そっか.
     M身体        *腕をBの体に回す
19   S:  *木のやつ      *出てこ::い.
     M身体 *Bを抱きかかえる *腰をあげる
20   M:  *木のやつ出て[*こ::いって.#図11
     B:         [あ::((泣く))
     M身体 *立ち上がる---*
```

```
21           *(0.5)
     M身体 *Bを抱いたまま体を鳩時計に向ける
22   M:  ポッポのぼ- ポッポの棒なかったらなあ,
23 →      +ポッ*ポ↑ならへんねん.
   → B身体+鳩時計にptg                #図12
   → M身体      *鳩時計にptg            #図13
24           *(1.0)
     M身体 *伸ばした手で鳩時計の下部を触る--> 26行
25   M:  ここに[(  )
     S:       [出てこ::い
26           *(0.7)
     M身体 *手を引っ込める
27   M:  ここなあ,*カチカチなるやつなあ.
                 *右手でガラス戸に触れる
28   S:  *出てこ::い
     M身体 *ガラス戸を開ける
28   M:  出てこ::い言うてもないなあ.
```

Bが指さしを行ったのは、Mが「ポッポの棒なかったらなあ」と、帰結節を強く投射する条件節を産出した直後であった。Bはこの条件節の産出にあわせるように鳩時計を見上げ、これに対する帰結節の「ポッポならへんねん」の話し始めとほぼ同時に（厳密には、Bの指さしの開始の方がわずかに

図10　BがMに抱きつく

図11　MがBを抱きかかえ、立ち上がる

第 6 章　家庭内の共同活動における子どもの指さしと養育者の反応　177

図12　Bが鳩時計を指さす　　　図13　Mが鳩時計を指さす

早い）左手で素早く鳩時計を指さすのだが、この指さしへの反応は非言語行動と言語行動の両方のレベルで観察できる。まず、Mは子の指さしに呼応するように自らも鳩時計に向けた指さしを行う（25 行目、図 13）。子が指したものと同じ対象を指さすことで、Bの指さしがこの場面において適切なものであることを承認している。また、「ポッポならへんねん」の述部「ならへんねん」はピッチを上げて産出されており（23 行目）、これも子の指さしが「ポッポ」に向けられていて、今MやSが従事しているパーツ探しの活動が、「ポッポがならない」という忌むべき状況を解決するためのものであることをBが理解しているものとして取り扱っているようである。

```
22    M:  ポッポのぼ- ポッポの棒なかったらなあ,
23        +ポッ*ポ↑ならへんねん.
      B身体+鳩時計にptg              #図12
      M身体    *鳩時計にptg           #図13
24       *  (1.0)
      M身体*伸ばした手で鳩時計の下部を触る-->
```

Bの指さしに対し、Mは例えば「そうだね」とか「鳩時計だね」のように指さしを共同注意の達成を志向するものとして扱うような発話はしていない。むしろ、この指さしが現在進行中の活動を邪魔するものではなく、活動

の目的や意義に関する B の理解を示すものとみなすように反応し、それにより B を活動のもうひとりの参与者として位置づけている。

　時計のパーツ探しという活動において、実際に物入れに潜り込んでまで探そうとする S に比べて、B はまだあまりにも小さいため、現実的に役に立つとは考えにくい。しかし、18 行目の「マアちゃんも一緒に探そっか」という M の発話からもわかるように、M は B をパーツ探し活動の参与者として扱っている。B の指さしは、M のその後の反応により、その活動の中で適切な行動としての地位を与えられている。

　以上本節では 2 つの例を検討し、子どもの指さしが活動を開始したり、活動の中の行為として位置づけられる様子を論じた。大人のみが参加する活動であれば、指さしが何を意図したものであるのかは自明かもしれない (cf. Mondada 2014)。しかし子どもを含む相互行為において、子どもの指さしそのものが実際のところ何を意図してなされたものであるのかは、周囲の人間だけでなく、もしかすると指さしを行った子ども自身にもあずかり知らぬものであるかもしれない。むしろ、相互行為において指さしがどのようにはたらくのかは、養育者の反応が規定する。そして、養育者がどのように子どもの指さしを位置づけるのかは、その指さしが生起した環境、すなわち参与者たちがいま何をしているところであるのか、ということに強く依存する。

5.　反応を受けない指さし

　もちろん、子どもによる指さしの全てが養育者から適切な行動として反応されるわけではない。3 節の例 (1) で既に見たように、子どもの指さしが養育者の視界に入っておらず、反応を得ないこともある。本節では、明らかに養育者には子どもの指さしが見えているにもかかわらず、その場で養育者が志向している活動と齟齬をきたすため、子どもの指さしが言語的な反応を受けない例を分析する。

　下の例では、子ども (B) が食事をしているが、あまり進んでおらず、食べ

させようと親が苦心している。かぼちゃをBが床に落とすと(2行目)、Mはもの注意を床に落ちたかぼちゃに向けさせ、食べ物の大切さを教えようとする。この際、なかなか子どもが床に注意を向けないので、声かけだけでなく、体の一部を触ったり顔を覗き込んだりもする(16, 18, 20, 21行目)ものの、なかなか効果がなく、ついには椅子の向きを変える(23行目)ことで強制的に子どもの注意を床に落ちたかぼちゃに向けようとする。

(4)【かぼちゃ】聖護 090303_1_9 B=18m

01　　M:　はっ,こうたろう,　一個ずつ ＊食べて．　一個ずつ食べて．
　　　　　M身体　　　　　　　　　　　　　　　　　　＊Bの手を押さえる　-->
02　　　　　+(0.7)
　　　　　B身体 +かぼちゃを床に投げる　#図14
03　　M:　$はっ
　　　　　M視線 $かぼちゃを見る
04　　D:　ああっ
05　　M:　°やったな：：°＊じゃあもうごちそうさましようか．
　　　　　M身体　　　　　　　　＊顔をBの顔の横につけて耳元で話す
　　　　　((数行省略。母親と父親の間で、子が食べないことに関する会話))
15　　M:　こうたろ:う?(.)こうたろう ＊これ見て::?　＊　#図15
　　　　　M身体　　　　　　　　　　　　　＊しゃがむ　---＊
16　　M:　こうたろう?＊(0.5)こうたろう?
　　　　　M身体　　　　　＊子の腕をつかんで後ろを向かせようとする
17　　M:　(1.0)こうた+ろう?　(0.3)　+
　　　　　B身体　　　　　　+Mの手を振り払う +
18　　M:　(0.3)＊(0.5)こうたろ:う?
　　　　　M身体　　　＊Bの顔を触り、後ろに向けようとする
19　　　　　+(0.7)
　　　　　B身体 +頭を振り、Mの手を払う
20　　M:　(0.8)こうたろう＊さん?
　　　　　M身体　　　　　　　＊Bの首を触る

180　分析編　第Ⅱ部　環境の中の指さし

21　M：(1.0) *こうたろうさん? (0.5) *こうたろうさん?
　　M^{身体}　　　*立ちあがる　　　　　　　*Bの肘を触って顔を覗く
22　　　(0.5)+(0.5)
　　B^{身体}　　　+Mの手を振り払う
23　M：*(1.5)　　　*こうたろう? (1.5) *
　　M^{身体}*Bの背後に回る *椅子の向きを変える *
24　M：こうたろう? (.) *これ見て?
　　M^{身体}　　　　　　　*子の肩を触り、かぼちゃにptg --> 31行
25　M：(0.7)+%ほら. #図16
　　B^{身体}　　+かぼちゃの方に顔を向ける
　　D^{身体}　　　%かぼちゃを見る
26　　　$(0.9)
　　M^{視線}$Bに視線-->
27　M：$これ　　　$見て:.
　　M^{視線}$かぼちゃ $Bに視線
28　　　(0.5)
29　B：+ん.
　　B^{身体}+体を揺らす
30　M：ねえ.*食べ物は::,
　　M^{身体}　　*しゃがむ
31　　　*‡(1.0)
　　M^{身体}*指さし終わる
　　B^{視線}　‡Dに視線
32　M　*こうたろう?
　　M^{身体}*子の肩を2回たたく
33　　　食べ物は *大切にしてください.
　　M^{身体}　　　　*椅子についた米粒を取って食べる
34　M：(0.8)こうたろう? (1.0)　ねえ.
35　　　(0.6)‡(0.9)
　　B^{視線}　　　‡Mに視線
36　M　*食べ物は　　　　$大切にして?
　　M^{身体}*かぼちゃにptg------------>38行
　　M^{視線}　　　　　　　$Bに視線-->

37   ‡(1.0)
     B^{視線} ‡かぼちゃを見る------>42行
38   M: $これ＊ほら．$食べ物こんなふうにしたらだめよ::？
     M^{身体} ---- ＊かぼちゃにptg---------------->41行
     M^{視線} $かぼちゃ-- $Bに視線--------------------->>
39   (0.5)
40   B: ‡ん．＋ (0.5)
  → B^{身体}   ＋かぼちゃにptg->
     B^{視線} ‡かぼちゃに視線
41   M: $＊食べ物は＊大切にするん＋でしょう？ ＋
     M^{身体} ＊,,,,,,,,＊
     M^{視線} $Bに視線------------------->
     B^{身体}   --------------- ＋,,,,,,,, ＋
42   (0.5)
43   B: ‡＋ん． #図17‡ (0.2)
  → B^{身体} ＋かぼちゃにptg ------>>
     B^{視線} ‡かぼちゃ ---- ‡ Mに視線
44   M: ＊ねえ．   ＋ (2.0)   わかる？
     M^{身体} ＊うなずく
     B^{身体}   ＋ 前を向く----->
45   ＋(1.0)
     B^{身体} ＋右手を舐める
46   M: こうたろうわかる:？
47   B: [＋う
     B^{身体}   ＋手を舐める
48   M: [こっち [向いて．
     D: [わか‰る？
     D^{身体}   ‰うなずく
49   B: ＋うん
     B^{身体} ＋うなずく

50   D: わか [％る？
      M: [わかる？
      D^身体   ％うなずく
51   B: +うん
      B^身体 +うなずく（（指はかぼちゃに向いたまま、ただし指さしは徐々に緩む））

図 14　B がかぼちゃの煮物を床に捨てる

図 15　M が B に「こうたろうこれ見て」と声をかける

図 16　M が椅子を動かしたうえで床を指さし B の注意を床のかぼちゃに向ける

図 17　B が床のかぼちゃを指さす

　B はかぼちゃに注意を向けた後、かぼちゃに向けて指さし（的な手の動き）を二度するのだが（40, 43 行目）、どちらもその指さし（および「ん」という発話）そのものには M は反応しない。M が行っている活動は、床に落ちたかぼちゃを話題として、そのような事態が好ましくないこと、食べ物は大事にすべきという規範を B に理解させることであり、床にかぼちゃがあるという状況そのものは活動の前提でしかないのである。

第6章　家庭内の共同活動における子どもの指さしと養育者の反応　183

　ただし、子による「ん＋指さし」は、発話の連鎖における位置としては先行する M の発話の直後に発せられていることにも注意したい。すなわち、

38　　M:「これほら、食べ物こんなふうにしたらだめよ::?」
40　　B:「ん」＋かぼちゃへの指さし

　　および

41　　M:「食べ物は大切にするんでしょう?」
43　　B:「ん」＋かぼちゃへの指さし

という M の発話と B の発話・指さしの連続は一見すると隣接ペアをなしているかのようである。しかし、M が 41 行目で 38 行目とほぼ同内容の第一成分を発していること[9,10]、また 44 行目でも「ねえ.(1.0)わかる?」と B の理解の確認を行っていることに示されるように、40 行目と 43 行目の B の発話および指さしは、先行する第一成分に対する適切な第二成分としては捉えられていない。むしろ、今はじめて床にかぼちゃを発見したかのようなこれらの発話・指さしは、(例(2)「食べてはるなあ」のように)M の承認を第二成分とする第一成分としてはたらきうるものである。第二成分が期待される位置において第一成分を産出することは、先行する第一成分が行おうとしている活動からの脱線につながる[11]。このため、ここでの B の指さしは M の志向する活動、すなわち「食べ物を粗末にしない」という規範を理解させることに対する適切な反応(48 行目以降で父親との間に見られる「わかった」というようなうなずき等)としては解釈されず、そのため M からの言語的な反応を得るに至っていないと考えることができるだろう。

　もちろん、相互行為における子どもの反応を大人のそれと同じであると無条件にみなすことはできない。特に、子どもの反応するポイントが大人の想定する対象と違うということはしばしば起こりうる。この例において、B が例えば「うん」とうなずいたならば M の叱責を受諾していると、また逆に

首を振ってかぼちゃを見ることを拒んだならば活動への非同調を強く表明していると感じられるだろう。しかしここでの指さしはそのどちらでもなく、少なくとも以下に述べる 2 つの解釈が可能である。まず、B の指さしは先行する M の指さしや発話内容と対象（かぼちゃ）を共有しており、注意の共有が達成されたことを示すという意味で M に応答していてそれゆえ同調的であると考えることができる。ただし、M の発話の主旨である叱責・規範の教授に関しては反応していないため、M の期待する応答としては不足しており、B の行動は先行する M のターンに対して大人の基準からすると弱い関連性しか有していない。もう 1 つの解釈の可能性は、すでに述べたように、指さしは叱責からの脱線として行われているというものである。子どもは話題を変えることにより養育者からの指示に従わないことがある。Takada (2013) ではこれに類する行為（ただし、よりはっきりと話題を変えるようなもの）を changing frame と位置づけた。また、串田（2002）は、より年齢の高い学童保育児が指導員からの注意に対して言語的表現を用いて抵抗し、指導員からの反応を引き出すことで注意という活動から焦点をずらしていく様を論じている。この例における B の発話は「ん」という最小限の言語行動であるが、指さしとともに産出されることで、それまでの M による叱責という流れに対してやりとりの方向性を変えるものとして発されていると見なすことができる。この 2 つの解釈、すなわち B は同調的であるのか非同調的であるのか、のどちらかだけが正しいと決めることは難しい。むしろ、この時期の子どもを含む相互行為では、このような曖昧性を持った形で発話や指さしという行動が産出され、相互行為が進んでいくということに注目すべきであろう。

　本節では、子どもの指さしが養育者によって応答されない例を検討した。子どもの指さしに先行する部分からわかるように、養育者は子どもとの共同注意を達成する志向を持たないわけではない。むしろ、声をかけ、椅子を動かし、指さしをする（図 15, 16）ことにより、子どもの注意を床に落ちた（子どもが床に落とした）かぼちゃに向けることに腐心している。しかし、子ど

もの注意がかぼちゃに向いたことを示すように見える子どもの指さしに対して、養育者は言語的には反応していない。それは、この場において共同注意の達成そのものが活動の主たる目的ではないからである。

　相互行為においては、共同注意の達成そのものが活動となる場合もあれば、共同注意が活動の前提でしかない場合もある。特に子どもを含む相互行為においては、子どもと養育者が注意を共有していることや、注意の対象に対して子どもが指さしや発話等の何らかのコミュニケーション的行動をすることに対し、養育者から肯定的な評価を含む言語的反応が返されることがしばしばある。そのような場合には、子どもの指さしに対し養育者が反応を返すことでやりとりが達成される。しかし、そうではない場合には指さしそのものが活動の焦点とはならず、主となる活動（本節の例では食べ物を大事にしなければならないという規範の教示と理解）の進行が優先される。指さしは日常の活動の中で起きる行動であり、指さしのはたらきは活動の中で参与者たちによって意味づけられるものなのである。

6.　おわりに

　以上、本章では子どもの指さしに対する養育者の反応に注目し、指さしが家庭内の活動の中で反応を受け、活動の一部として位置づけられる（または位置づけられない）際のやりとりを記述した。子どもの指さしの機能には様々な分類がされているが（秦野 1983 および本書の第2章（高田）参照）、実際のやりとりの中で指さしがどのような機能を持つものとして理解されているのかを示すのは指さしの後におきる周囲の人間の反応である。そして、周囲の人間は子どもに元々注視をしている場合もあれば、子どもとは異なる活動に従事している場合もある。大人が子どもの指さしをどのようなはたらきをするものとして扱うのかは、その瞬間において参与者がどのような活動を行っており、指さしがどのような連鎖上の位置で産出されるかによるものである。

186　分析編　第Ⅱ部　環境の中の指さし

　世界は様々なものであふれており、子どもは言葉よりも先にまずは指をさすことで世界と自分をつなぐ。この時点では、子どもの世界における他者の役割はさほど大きくないように思われる[12]。しかし、子どものいる世界には子どもとものの他に大人も存在し、大人たちはしばしば子どもの行動に反応して何らかの行動をとる。自らの指さしが大人によって反応されるという経験を重ねるにつれ、子どもの指さしは自分以外の他者とのコミュニケーションの手段としての性格を帯びていく。本章が論じたのは、そのような子どもと大人のやりとりは日々の活動の中で起きるものであり、今は何をしているところなのかに関する参与者の志向が指さしを含むコミュニケーションにとって決定的に重要だということである。大人同士であれば近況を伝え合うおしゃべりをするために会うこともあるが、子ども、特にまだ家庭以外のコミュニティに属さない子どもと養育者の相互行為において、情報の受け渡しという側面は非常に薄い。家庭における生活は様々な活動で成り立っており、参与者間の相互行為は活動の中でなされるものであるという当たり前のことを、今一度確認しておくべきだろう。

注

1　ただし、Ochs and Schieffelin (1984) が論じたように、子どもをどれだけコミュニケーションの対象として扱うのかには文化差がある。de León (2014) による子どもを含んだやりとりの参与枠組みについてのマルチモーダルな分析も参考になる。

2　科研費若手研究(S)、課題番号 19672002

3　詳細は高田 (2016) を参照のこと。

4　検索システムの構築には淺尾仁彦氏(NICT)に全面的な協力を仰いだ。

5　書き起こしの記号については書き起こし記号一覧を参照のこと。

6　秦野 (1983) の整理によると、自発的指さし行動の第一段階は「驚き・興味・再認」を表すものであり、欲しいものや行きたい方向を表す際に用いられる「要求」や伝達意図を明白に含む「叙述」とは区別される。この例におけるBの指さしは「驚き・興味・再認」であると考えるのが妥当だろう。なお、指さしの機能の分類に関しては本

書第 2 章(高田)の 4.1「要求的、表出的、および情報的な指さし」も参照のこと。

7　第 2 章で詳しく説明したように、Liszkowski 他 (2004) は、子どもの指さしに大人からの反応がどのような影響を与えるかを実験により論じている。

8　ただし、「少し心理的・社会的な距離をとっていることを示す」と説明されることもある「はる」のニュアンスは東京方言では表しきれない。

9　第一成分 (First Pair Part) とは会話分析の用語で、対をなす 2 つの発話(隣接ペア)のうち、先に産出され、次にどのような発話が期待されるのかを規定するものである。詳しくは高木他 (2016、第 4 章) 参照。

10　なお、33 行目と 38 行目でも母親は同じ発話を行っている。Takada (2013) および遠藤・高田 (2016) で論じたように、同じ発話を繰り返すのは養育者からの行為指示 (directive) に子どもが適切な反応を示さない際に反応を追求するやり方の 1 つである。

11　例えばここで B が首をかしげたり、「どこ？」と言ったりする等、母親の「見て」という指示に対する反応を遂行するために必要な行動をしたのであれば、B は活動の進行に同調している (alignment、Stivers 2008 参照)と言えるだろう。

12　ロシャ (2004) 等参照。

参考文献

Clark, Herbert. (1996) *Using Language*. Cambridge: Cambridge University Press.

de León, Lourdes. (2011) Language socialization and multiparty participation frameworks. In Duranti, Alessandro, Elinor Ochs and Bambi B. Schieffelin (eds.), *The Handbook of Language Socialization*, pp.81–111. Malden: Wiley Blackwell.

Endo, Tomoko. (2018) The Japanese change-of-state tokens *a* and *aa* in responsive units. *Journal of Pragmatic*s 123: pp.151–166. DOI: 10.1016/j.pragma.2017.06.010

遠藤智子・高田明(2016)「言うこと聞きなさい—行為指示における反応の追求と責任の形成」高田明・川島理恵・嶋田容子編『子育ての会話分析—おとなと子どもの「責任」はどう育つか』pp.55–75.　昭和堂

エンフィールド，N.J. (2015)『やりとりの言語学—関係性思考がつなぐ記号・認知・文化』井出祥子監修，横森大輔・木本幸憲・梶丸岳・遠藤智子訳，大修館書店（原著 N.J. Enfield. (2013) *Relationship Thinking: Agency, Enchrony, and Human Sociality*. Oxford: Oxford University Press.）

Franco, Fabia and George Butterworth. (1996) Pointing and social awareness: declaring and requesting in the second year. *Journal of Infant Language* 23: pp.307–336.

Kidwell, Mardi. (2005) Gaze as social control: How very young children differentiate "The Look" from a "Mere Look" by their adult caregivers. *Research on Language and Social Interaction* 38(4): pp.417–449.

Kidwell, Mardi and Don H. Zimmerman. (2007) Joint attention as action. *Journal of Pragmatics* 39: pp.592–611.

串田秀也（2002）『対人サービス組織における「規則語り」の会話分析的研究』科学研究費補助金研究成果報告書，課題番号 11610178.

Liszkowski, U., Carpenter, M., Henning, A., Striano, T., and Tomasello, M. (2004) Twelve-month-olds point to share attention and interest. *Developmental Science* 7(3): pp.297–307. doi:10.1111/j.1467–7687.2004.00349.x.

Mondada, Lorenza. (2014) Pointing, talk, and the bodies: Reference and joint attention as embodied interactional achievements. In I. Seyfeddinipur, Mandada (ed.) *From Gesture in Conversation to Visible Action as Utterance: Essays in honor of Adam Kendon*, pp.95–124. Amsterdam: John Benjamins.

Morita, Emi. (2005) *Negotiation of Contingent Talk: The Japanese interactional particles* ne *and* sa. Amsterdam: John Benjamins.

Ochs, Elinor and Banbi B. Schieffelin. (1984) Language acquisition and socialization: Three developmental stories and their implications. In R. A. Shweder and Robert A. Levine (eds.), *Culture Theory: Essays on Mind, Self, and Emotion*, pp.276–322. Cambridge: Cambridge University Press.

Pierce, Charles Sanders. (1965) *Collected Papers of Charles Sanders Pierce (Vol.II, Elements of Logic)*. (ed.), Charles Heartshorne and Paul Weiss. Cambridge, MA: Belknap Press of Harvard University Press. (Originally Published 1932.)

ロシャ，P.（2004）『乳児の世界』ミネルヴァ書房（原著 Rochat, Phillipe. (2001) *The Infant's World*. Cambridge, MA: Harvard University Press.）

Schegloff, Emanuel. A. (1992) Repair after Next Turn: The Last Structurally Provided Defense of Intersubjectivity in Conversation. *American Journal of Sociology* 97(5): pp.1295–1345.

Stivers, Tanya. (2008) Stance, alignment, and affiliation during storytelling: When nodding is a token of affiliation. *Research on Language and Social Interaction* 38(2): pp.131–158.

Takada, Akira. (2013) Generating morality in directive sequences: Distinctive strategies for developing communicative competence in Japanese caregiver-child interactions. *Language and Communication* 33(4): pp.420–438.

高木智世・細田由利・森田笑（2016）『会話分析の基礎』ひつじ書房

高田明（2016）「養育者―子ども間相互行為における「責任」の形成」高田明・川島理恵・嶋田容子編『子育ての会話分析―おとなと子どもの「責任」はどう育つか』pp.1–18，昭和堂

秦野悦子（1983）「指さし行動の発達的意義」『教育心理学研究』31(3)：pp.255–264.

Vygotsky, L. S. (1978) *Mind in society: The development of higher mental processes*. Cambridge, MA:

Harvard University Press.

第7章

発散型ワークショップでの
発言に伴う指さし

―多重の行為から見た活動への志向―

高梨克也

1. はじめに

　本章では発散型のワークショップでの参加者の発言に伴う指さしを分析する。一般に、相互行為における指さしの分析（本書の第1章（安井・杉浦））においては、発話と指さしがどのような時間的なタイミングで共起しているかを微視的に分析していくことが重要になるが、これらのタイミングのうち、本章は特に指さしの撤退のタイミングが何に志向して決まってくるのかという点を焦点とした分析を行いたい。この分析を通じて見えてくるのは、このワークでの発言が、単に言語的な発話に指さしが共起するというモダリティ複合的な行為となっているというだけでなく、これが一方では、その評価的なコメント内容を特定の参与者に宛てつつ、同時に、この発言内容を別の参与者に記録させるという二重の志向性を持った行為を遂行しているという可能性である。

2. 理論的背景

2.1 指さしの記号学的特徴

　現代の一般的なジェスチャー記述において、各ジェスチャーは準備

（preparation, P）、実行（stroke, S）、保持（hold, H）、撤退（retraction, R）とい
うジェスチャー・フェーズに時間的に分節化されることが多い（McNeill
1992、Kendon 2004、細馬 2009b、本書の第1章（安井・杉浦））。図像的
iconic ジェスチャーの場合、対象物の形状や行動の軌跡を手の動きで描写す
る「実行」が持続期間を持つのが基本的であるため、このフェーズ区分は適
している。しかし、指さしについては、どの部分を「実行 S」と見なすべき
かの判断が理論的に難しい面がある。

　指さしは図像記号ではなく指標記号 index であり、この手型自体ではな
く、主に伸ばした人差し指の先の方向にある対象物を指示することによって
意味が生まれる。従って、伸ばした人差し指が動いているか停止しているか
によって指示される対象が変わるわけではないため、手が動いている区間
のみを実行 S とすることには意味論的には違和感がある。むしろ、実際に
は手型が維持されたままある位置に保持 H されている区間の方がその対象
物をより正確に指し示すことができるとも考えられる。そのため、Kendon
（2004: 112）は「核 nucleus」という概念を提唱している。この「核」は表現
や意味を担う行為部分であるとされ、実行 S と（ある場合には）実行後保持
post-stroke hold の両方が含まれるため、上記のような性質を持つ指さしの
記述には特に有効であると考えられる。

　他方、ジェスチャー一般や指さしジェスチャーの相互行為上の役割を分析
するには、手の動きに見られる時間的な分節構造の詳細な記述は不可欠であ
る。そのため、本章においても、時間区間の分節化としては、図像的ジェス
チャーの場合と同様の慣習的基準に従い、伸ばした人さし指を伴って腕を伸
長していく区間を「実行 S」、伸ばした腕と人さし指の形状と位置が静止し
ている区間を「保持 H」と記述することにする。しかし、上記のような指
さしの持つ記号学的特徴を考慮するならば、保持の完了点である撤退 R の
開始点には他の種類のジェスチャーとは異なる相互行為上の特別な重要性が
あるのではないかとも予想される[1]。そこで、本章では、指さしの撤退のタ
イミングを焦点とした分析を行う。

2.2 指さしの時間構造に見られる相互行為上の志向

相互行為分析においてジェスチャー・フェーズの同定が重要になるのは、各フェーズが相互行為内において異なるタイプの記号学的資源 semiotic resources (Goodwin 2000) として利用可能であると考えられるためである（城・平本 2015）。

指さしに関しては、早い準備がその直後の話し手性を投射することや、指さしの中断による遅れた撤退などが分析されてきた（Mondada 2007）。さらに、指さしやその他のジェスチャーが質問 - 応答ペアや拡張連鎖の末尾まで維持（＝保持 hold）される（細馬 2009a、Andrén 2011）ことも指摘されている。

このように、指さしのタイミングについては、早目の準備や遅れた撤退に関する考察はあるものの、指さしが素早く撤退できる条件やすべき理由についての議論は皆無である。そこで、本章ではこの点を分析の焦点の１つとしたい。

3. データ

スカイライトコンサルティング株式会社（以下 SKLT）が主催する起業コンテスト「起業チャレンジ」の一環として、2011 年 10 月に最終選考前の応募チームのメンバー間で行われた「アイディア・ワークショップ」を対象とする。一連のアイディア・ワークショップのうち、本稿で分析対象とするのは、当該プランの応募者 T、他の応募チームのメンバー C と D、SKLT 社員 A の４名からなるサブグループのワークである（図 1）。

収録は対角に設置されたビデオカメラ 2 台と卓上に置かれた bluetooth マイクによって行った。分析に用いる映像は図 1 のアングル（カメラ 1）のものを基本とするが、このアングルでは死角になっている事例については逆アングル（カメラ 2）のものを用いる。

グループが取り組んでいるのは「6 つの帽子」(de Bono 1985) という創造的思考法を元に SKLT のスタッフ 2 名（上記 A ではない）が発散型のワーク

194 分析編 第Ⅱ部 環境の中の指さし

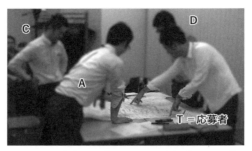

図1 サブグループメンバーの配置（カメラ1）

としてアレンジしたものである。このワークでは、各参与者はグループ内の1人の「応募者」が作成中のビジネスプランについての意見や評価を述べていくが、その際、発言は次の6つの異なる観点（＝帽子）に基づき、この順に時間を区切って行われる。このうち、今回は最初の白色と最後の青色のタスクを除いた、中間の4色のタスクを対象とする。

*1) 白（W）：事実的情報について考えたこと（除外）
 2) 黄色（Y）：肯定的評価、論理的に
 3) 黒（B）：否定的評価（リスク）、論理的に
 4) 緑（G）：斬新なアイディアや解決法
 5) 赤（R）：主観的感覚
*6) 青：要約（除外）

分析対象場面は全体で約22分（1つの帽子あたり5分）であり、その中で51回の指さしが観察された。指さしの認定基準は次の通りである。

・伸ばした人さし指によるもののみ
・マーカーでの指し示しは除外（3回）
・開いた掌による手さし（伸ばした人差し指が一瞬でも表れない）は除外
・複数回の実行 S（うち少なくとも1回で伸ばした人さし指が用いられて

いる）を含むジェスチャー単位は 1 回とカウント

・話し手以外による指さしは他者への伝達意図が明確なもののみ（4 回）

　各サブグループの卓上に A0 サイズの模造紙とカラーマーカー（各帽子の色に対応させることが可能）が用意されており、ほぼすべての発言がこの模造紙上にマーカーで色分けして記録されていく。ただし、ワークの開始時にすべての発言を記入するよう明示的に教示されていたわけではない。また、以下では、当該の事例においてマーカーを持って記入を行う参与者を「記録係」と呼ぶが、記録係はワークを通じて固定されているわけではなく、各参与者が自発的に担うことにより、かなり頻繁に交替している。なお、発言者自身が自分の発言を記入することは比較的少なかった。

4.　分析：指さしの素早い撤退

4.1　観点 1：ターン内の情報構造と基盤化

　このワークショップにおいて典型的だと思われる発言とこれに伴う指さしについて、はじめに機能言語学的な情報構造の観点から考えてみよう。一般に、文には旧情報と新情報、あるいは主題 topic（theme）と題述 comment（rheme）という情報構造上の区別が見られ、前者が後者に先行して発せられるのが基本である（福地 1985）。このワークにおいては、大半の指さしは主題と共起するか、ある場合にはこれに先行して生起する。その理由については第 5 節で改めて考察するが、ここでまず着目するのは、指さしが題述部分の開始より前に撤退し始め／終えているように見えるという点である。そこで、指さしが素早く撤退できる条件について考えてみることにする。

事例 R01（0:29:57）：前もっての基盤化[2]

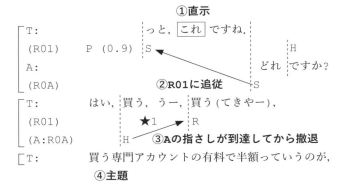

★1

　5色目の赤の帽子のタスクの開始の合図の直後に、Tが直示表現「これ」（①）を発しながら、やや遠方に書かれていたコメントを右手で指さすと（R01）、赤ペンを持ち記録係となっていたAが「どれですか」という確認発話をしながら右手を伸ばし始める（Aは左利き）（②）。この間もTの指さしは撤退せずに保持されており（R01_H）、これが撤退（R01_R）を始めるのは、Tが指さしていた箇所をAが自分でも右手で指さした（R0A_H）直後である（③、★1）。Tは「買う専門」の冒頭を言いよどみながら[3]撤退を開始し、Aは当該箇所の横にマーカーで記入を開始する。

　この事例に見られるように、このワークにおいては、各発言者の発言は、

既に模造紙に書かれているコメントを主題として取り上げ、この主題について、各帽子の色の観点に沿った評価やアイディアなどを題述部として付加していくという情報構造を持った発話となるのが典型的である。その際、それぞれの主題は既に模造紙上に書かれていることから、これが指さしされることが非常に多くなる。

この事例で特徴的なのは、単に「買う専門アカウントが有料で半額」という当該の発話の主題となる要素が言語的に指示（refer）されるだけでなく、それに先立ち、直示表現「これ」と指さしの組み合わせによって、当該の記録箇所への視覚的注意を共有（本書の第2章（高田））するよう導かれている（directing；Clark 2005）という点である。つまり、この要素を初めに視覚的にも共有の対象物として基盤化 grounding（Clark 1996）してから言語的な発言内容に進む、という順序になっている。言語の持つ指示機能（reference）と文中での文法役割（role）を担う機能との区別に着目した Lambrecht（1994）を参照するならば、指示が文法役割に先立って確立されていると解釈することができるかもしれない。

この点を踏まえるならば、Tによる指さしが撤退可能（R01_R）になるのは、Aの指さしやマーカーが当該の記録箇所に到達する（A: ROA_H）ことによって、視覚的な焦点化の役割が無事引き継がれたタイミングにおいてであるということができるだろう。

事例 Y10（0:15:32）：主題の明らかな分離

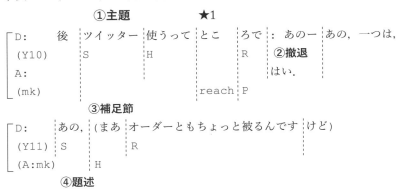

★1

　この事例でも、Dの発話内の主題「ツイッター使う」（①）は記入されたコメントの読み上げとなっており、指さし（Y10）が共起している。タイミング的には、「ツイッター使う」の最初の位置で指さしのために腕が伸ばされ始め（S）、次いで人さし指が伸ばされた状態でしばらく保持され（H）、この引用部が終わる際に指さしが撤退し始める（R）（②）。つまり、この主題に対する題述「事前にいろいろ相談ができる」（④）が開始されるより前に、指さしは撤退を終えている。さらに、この発話では主題と題述の間に補足節（③）が挿入されていることから、主題と題述とはより明確に切り離された位置に置かれるようになる。

主題部分に指さしが伴うのは主題要素の基盤化という観点からすればごく自然なことであろう。つまり、話し手の発話の情報構造の観点から考えるならば、指さしは主題要素の視覚的な基盤化に貢献するものであるため、主題部分を発話し終えることが指さしの撤退の条件であるようにも考えられる。しかし、このワークでの活動の特徴を解明していくためには、これが当該の話し手と誰との間での基盤化なのかという点にこだわることが重要になる。そのため、以下では指さしがどのタイミングで撤退を開始できるのかという点を分析の焦点の1つとする。この事例についていえば、Dの指さしの撤退のタイミングは自身の発話の中の題述部分との関係だけでなく、記録係となるAがマーカーに手を伸ばしはじめた（reach）ことと関係している可能性が考えられる（★1）。次節ではこの点について確かめる。

4.2 観点2：言語行為と連鎖のタイプ

次の事例では、模造紙上の2つの記録内容が1つの発言の中で主題として取り上げられている。そのため、それぞれの記録箇所が左右の手での指さしによって直示されることになるが、そこに見られる時間構造が興味深い。

事例 R12（0:32:02）：指令 directive の基盤化

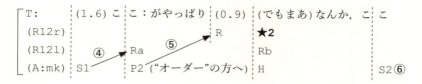

[T: このサービスの結構，得意なところかなと思っていて

まず、Tは「商談に特化と」と言いながら、自分の目の前の位置を両手で指さす(R12r、R12l)(①)。次に、「オーダーに特化と」と言いながら、左手の方の指さしは保持したままで(R12l_H)、右手の指さしだけを遠方の記入コメントに向けて伸ばし(R12r_S2、②)[4]、そこで保持する(r_H2、★1)。

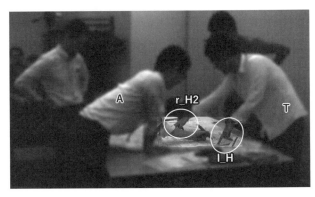

★1

記録係Aのマーカーは先にTの左手(mk_S1)、次に右手の箇所にマークするが(mk_S2)、その際、Tは左手の箇所へのマークが済むと保持していた左手の指さしを少し撤退させ(l_Ra、④)、次にマーカーが右手の方に接近してくると(mk_P2)、右手の指さしの撤退を開始し(r_R、⑤)、次いで左手の方も同時に再撤退させる(l_Rb、★2)。

★2

Aによる2つ目の記録箇所(Tの右手での指さし箇所)へのマークが終わる

までの間は T の発話が「ここがやっぱり」などと言い淀んでいることも重要である。そして、A によるマーク（mk_S2）が完了してはじめて、題述「このサービスの結構、得意なところかなと思っていて」が発話される。

　この事例から推察されるのは、題述が開始できるようになる条件は、単に話し手自身による主題の産出が完了していることだけではないのではないか、ということである。つまり、主題要素に伴う指さしが行っていることは単に当該の指示対象の基盤化だけでない。むしろ、より重要なのは、この記入箇所に関連づける形で、今から題述部で発言されるコメント内容が模造紙上に新たに記録されることである。その意味で、指さしは当該の記入箇所に聞き手の注意を向けさせる（directing）だけでなく、当該の発言内容を記入するように聞き手に「指令 directive」するという特定の言語行為を遂行していると見なすべきである（Streeck 2017：sec.3.7）。この観点からは、このワークに関する限り、参与者（記録係も含む）にとって、指さしの開始は当該発話が「指令」であることも投射 project しているといえるだろう。

　このように、一連のタスクにおいて、各発言が模造紙上に記録されることが志向されているということは、次の事例でより直接的に確かめられる。

事例 W01（0:10:38）：記入を明示的に要求

```
┌A:     ソーシャル・ディーリングっていうサービス名，確定ですか？
┌T:     それは，        ①明示的要求
┌A:     はい， ┌一応書い┐(そこ┌はい)
│(W01)         ┊S ②指さし┊H  ┊R
└(C:mk)         ┊    ┊reach┊到達
┌A:     サービス名は┌ソーシャル・ディーリング.
│(W01)           ┊/R
└(C:mk)           ┊S(write)
┌T:     正直，急造の名前です.  ③再開/応答
```

　これは 6 色の帽子のうちの 1 つ目の白の帽子のタスクの際の最初の指さしの事例である。ここで A は応募者 T に向けて質問をしているが、T が回

202　分析編　第Ⅱ部　環境の中の指さし

答にやや詰まっていると、「一応書い」という、発言の記録を求める指令を明示的に行っており（①）、これに指さしを伴わせている（W01、②）[5]。これに対して、既にマーカーを持っていたCのマーカーが指さされた箇所へ接近してくると（C:mk_reach）、これと入れ違いにAの指さしは撤退し始める（W01_R）。直後のAの発話「サービス名はソーシャル・ディーリング」はマーカーが到達した箇所に記録係Cが記入すべき内容であり、実際、この発話の途中からCのマーカーが記入を始める（C:mk_S）。そして、TがAの質問に回答するのはこうした一連の指令のやりとりの後である（③）。このように、ワークの冒頭から各発言を模造紙上に記録していくべきであることが参与者間で確認されることにより、以降においても、指令→記入開始という行為連鎖がこのワークの進行を通じてルーティン化していっていると考えられる。

4.3　観点3：参与枠組み

前節で見たように、主題に伴って生起する指さしが単に当該要素を基盤化するだけでなく、指さされた位置への記録を指令するものであるとするならば、次に生じる疑問は、この指令の受け手は誰であるかという点である。結論を先に述べるならば、このタスクでの各発言は参与役割 participation status の異なる、少なくとも2種類の受け手に同時にアドレスされていると見なす必要があると思われる。

行為a）記録係に対して：記入の指令 Directive
　・主題表現と指さしによって
行為b）応募者に対して：当該のビジネスプランへの評価
　・題述の中で表現される
　・視線方向も応募者へ向けられることが多い

事例 R09&R10&R11（0:31:32–0:31:42）

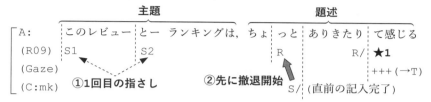

　この事例では，Aが「このレビューとーランキングは」と言いながら，それぞれの記録箇所を左手で順に指さしていくが（R09S1 & S2、①）、特徴的なのは、この時点では記録係Cはまだ直前のコメントの記入を続けているという点である。しかし、題述「ありきたりって感じる」の時点ではAの指さしは既にほぼ撤退を完了しており（②）、Aの視線はこの発話の末尾の部分で応募者Tに向けられる（★1）。つまり、上記の2種類の受け手のうち、この事例では行為bの応募者への「評価」が先に行われたといえる。

　この事例で応募者に向けた評価の方が「先」であると記述できるのは、この事例の後続部分が次のように展開しているためである。

（事例 R09 & R10 & R11 続き）

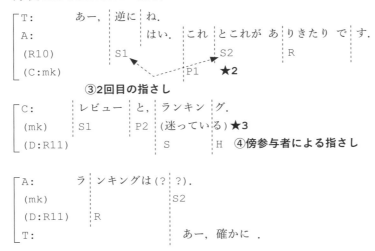

③2回目の指さし
④傍参与者による指さし

　ここで A は先ほど「レビューとランキング」という名詞句を用いて表現していた内容を今度は「これとこれ」という直示表現に変更しており、それぞれの「これ」に共起するように指さしを行っている（R10_S1 と S2、★2）。同時に、当初「は」であった主題のマーカーが「が」に変更されており、今度は「ありきたり」の方が旧情報、「これとこれ」の方が焦点というように情報構造が反転している。さらに、ワークショップでの発言に特徴的な「感

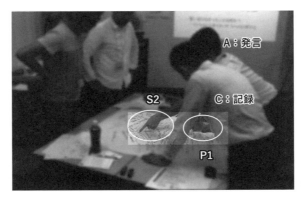

★2

第 7 章　発散型ワークショップでの発言に伴う指さし　205

じる」という非丁寧体での言い切り（第 5 節）も「ありきたりです」という丁寧体に変更されていることからは、受け手やこの受け手に向けられた言語行為の種類が変更されていることが分かる。つまり、この言い直し部分は、記入が追いついていなかった記録係 C に向けられた記入の指令（上記の行為 a）になっているのである。

　実際、記録係 C のマーカーの動きもこれらの指さしのやり直しの流れを追従しはじめる（C:mk の P1, S1, P2）。その際、A が「レビューとランキング」を「これとこれ」に言い換えたのとは逆に、C は「これとこれ」を「レビューとランキング」と再度言い換えながら、該当箇所にマーカーで印をつけていく。しかし、「レビュー」は見つけられたものの、「ランキング」については再び既に A の指さしが撤退してしまっているため発見できず、C はマーカーを彷徨わせる（mk_P2、★3）。すると、今度はそれまで傍参与者だった D が無言で「ランキング」を左手で指さし（D:R11、④）、C のマーカーが到達するとこの指さしを撤退させる。

　A による応募者 T に向けた評価を第一評価（Pomeranz 1984）と見なすならば、これに対する T の第二評価「あー、確かに」が発せられるのがこうした一連の記録係 C への指令がひと段落ついてからであるという点も興味深い。この T の応答は、その直前までの記録係への指令のやり取りを挿入拡張（Schegloff 2007）として位置づけなおすことによって、行為 b を含む評価

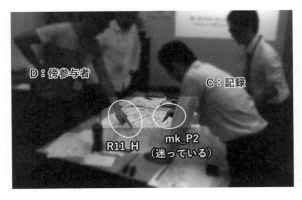

★3

連鎖の方がここでの活動にとってより基盤的な連鎖であるという認識を明示化しているといえるのではないだろうか。その意味では、前出の事例 R01 や Y10 において、逆に指さしを含む行為 a の「指令」のやりとりの方が先行して行われていたのも、指令の方が当該のワークにおいてより主要な活動であるからであるというよりも、むしろ逆に、指令は行為 b の「評価」を含む連鎖のための事前準備を整えるためのものであるからであり、また、事前準備である以上、必要がなくなった指さしは速やかに撤退すべきであるということなのではないかと考えられる。

　なお、応募者への評価（行為 b）の際に話し手の視線が応募者に向けられることが多いのとは対照的に、記録係への記入の指令の際に記録係（の顔など）に視線が向けられることは必須ではないと考えられる。これは、話し手は自身の指さしの間に記録係のマーカーが目標位置に到達するのを視覚的にモニターできるためであると考えられる（Clark and Krych 2004）。逆の見方をするならば、指さしを第一部分、マーカーの移動を第二部分とする行為連鎖（4.2 節）という観点からは、指さしをしている者がこの行為連鎖の第三位置においてマーカーの移動に対する観察可能な形での承認を示すために、「記録者にとっての必要がなくなり次第指さしを撤退させる」ことが規範的に要請されるようになる、という可能性もある。このことからも、指さしが撤退してもよい（may）だけでなく、撤退すべき（should）タイミングがあるのではないかということが示唆される。

4.4　観点 4：否定的評価

　前節で見たように、このワークにおける発言においては、応募者に対する評価と記録係への記入の指令という二種類の行為が同時に遂行されているのが一般的である。これらの 2 つの行為が同時に達成できない場合には、記録係への指令のための指示対象の基盤化が先行して試みられるのが基本であると考えられるものの（4.2 節の事例 R12 など）、記録係の準備が整っていなかった場合には、先に応募者への評価が行われる場合もある（4.3 節の事例

R09&R10&R11)。しかし、より重要なのは、いずれの順序の場合において
も、指さしの実行や撤退は記録係のマーカーの動きとの間で行為連鎖関係を
形成しているという点である。逆に言えば、指さしの撤退の直接の条件となっ
ているのは題述部分の開始という話し手の個人内での要因だけではない。

　では、指さしの方法について、発話のもう一方の受け手である応募者への
配慮は関わっていないのであろうか。この点については、応募者のプランに
対する否定的な評価を述べることを求められる黒の帽子（第 3 節）のタスクの
際の指さしに着目すると、興味深い可能性が見えてくる。

　まず、指さしの生起度数であるが、いずれの帽子についてもタスクの制限
時間は 5 分で共通であったにもかかわらず、各帽子のタスクの中での指さし
の生起回数は、黄色：14、黒：8、緑：14、赤：15 というように、黒の帽子
のタスクの際にはそもそも指さし自体が比較的少なかった。このように、も
し否定的評価の際には指さしが注意深く回避されているとするならば、これ
は否定的評価の受け手となる応募者に対するポライトネスの一環なのかもし
れない。日本や他の多くの文化において、人に対する指さしの使用は好まし
くないと判断されることがあるが（荒川 2011）、この点は「人のビジネスプラ
ン」のようななわ張り（神尾 1990）にまで適用されている可能性も考えられる。

　こうした可能性を考慮すると、否定的評価の際の指さしには頻度以外の面
でも何らかの有標な特徴があるのではないかと思われてくる。

事例 B08（0:22:55）：否定的評価（1）

		主題			題述		
⌈A:	フェ	イスブッ	ク	とかが	ないのが,	違和	感.
⌊(B08) S		H ★1	R				

　この事例は比較的長い沈黙の後での A のコメントである。「フェイスブッ
クとかが」という主題部分と共起する形で指さしを用いるが、否定的な内容
である題述「ないのが違和感」よりも前に撤退を開始している。これまで見
てきたように、指さしの撤退が題述部よりも先であることは一般的であると

も見なせるが、保持（H）の期間が非常に短く（★1）、記録係のマーカーの移動などを待っていない点は特徴的かもしれない。

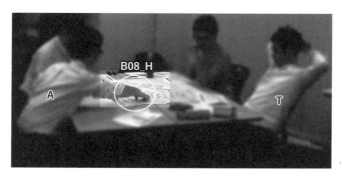

★1

事例 B04（0:20:23）：否定的評価（2）

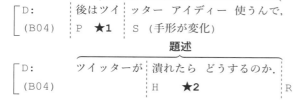

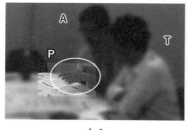
★1

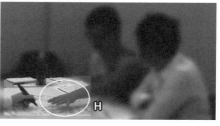
★2

　Dが主題「ツイッターID使うんで」と言いながら、当該の記入箇所付近に人さし指を伸ばし始める（B04_P、★1）。しかし、人さし指が伸び切らない時点で手型が変更され、掌を下に向けた手さしとなり、題述「ツイッターが潰れたらどうするのか」の間保持される（B04_H、★2）。B08とは対照的

に、ここではマーカーが接近してきているにもかかわらず、この指さしならぬ「手さし」は題述部の終了まで保持されている。

このように、否定的な評価を表明する際には、指さしが否定的評価表現よりも前に素早く撤収することや、掌を下に向け、人さし指を伸ばさない手さしのような曖昧な手型が選択されているとしたら、指さしには記録係への指令だけでなく、応募者に向けた評価に志向した側面もあるといえるかもしれない。

4.5　多段での撤退：素早い撤退と保持の両立

これまで見てきたように、一方で、指さしはその役割を終えたら速やかに撤退してもよいし、ある意味では速やかに撤退すべきであるとも考えられる。しかし、他方では、2.2 節で概観したように、隣接ペアの第一部分と共起した指さしが当該話者のターン完了後も撤退せず、応答者による第二部分が終了してから撤退するという観察もある（Mondada 2007、Andrén 2011）。これらの指摘を踏まえるならば、指さしの速やかな撤退と保持という一見相反する 2 つの動機を両立する方法も必要になるのではないかと考えられる。

事例 G05（0:26:37）：多段での撤退

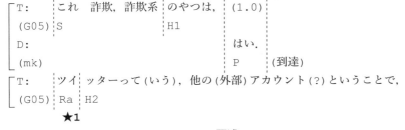

Tは主題「これ詐欺系のやつは」を発しながら、既に記入されているコメントに指さしをする(G05)。記録係Dは「はい」というあいづちと共にマーカーを移動させる(mk)。DのマーカーがTの指さしの位置に到達すると、Tはこの指さしを完全にではなく、少しだけ後退させ(Ra、★1)、伸ばしていた人さし指を少し緩めた上でその「スタンバイ位置」に保持する(H2)。その後、題述部の述語「やらない」を発すると、スタンバイ位置にあった指さしを再度撤退させる(Rb、★2)。

　こうした二段階での撤退は、一方で記録係のマーカーの到着への承認を示すと共に(4.3節)、他方では現在の発言によって評価を述べる行為が継続中であることをも示すという、上述の2つの課題を両立させる妥協策なのではないかと考えられる。

4.6　本節のまとめ
　本節では、指さしの素早い撤退に関わる可能性のある次のような観点からの事例分析を行った。

　観点1. 注意の誘導 directing：指示対象の基盤化
　観点2. 指令 directive：発言を記入させるという言語行為・連鎖タイプ
　観点3. 複合的参与枠組み：記入の「指令」と応募者への「評価」という、
　　　参与役割の異なる二種類の受け手への二重のアドレス

観点 4. ポライトネスへの配慮：否定的表現と明確な指さしの共起を回避

　その結果、本章冒頭で掲げた、指さしが「素早く撤退すべき」理由として、まず、ワーク全体の観点からは、指さしを含む主題部での「指令」よりも題述部での「評価」の方がこのワークという活動にとってより基盤的な行為であるという参与者たちの認識が関わっているのではないかという点が見えてきた。また、「指令」の行為連鎖というよりミクロな次元においても、指さしがマーカーの移動の直後に速やかに撤退を開始することが、「指さし→マーカー移動」というマルチモーダルな行為連鎖における第二部分のマーカー移動に承認を与える第三部分としての役割を果たしているという可能性が示された。

　指さしによる環境との連接（Goodwin 2003, 2007、本書の第 1 章（安井・杉浦））という観点からは、まず、主題とこれに共起する指さしは模造紙という限定された環境の中から対象を選択するものであるのに対して、題述の方はこうした主題に対して評価などの内容を言語によって付加するものであるといえる。ただし、興味深いのは、指さしが記入の指令を担っているため、題述の内容はすぐさま模造紙上に記入されて「書かれた記録 record」となり、以降の相互行為においては環境の一部となる、という点であろう。

　こうした一連の流れから分かるのは、このワークの参与者にとっては、ここで行われる発言というものがどのような性質をもつべき行為であり、従って、何になぜ注意を向ける必要があるかという点が強く共有されている、という点である。そこで、次節では、以上のような特徴を持った指さしを含む発言について、これが他ならぬ「ワークショップにおける発言」としてどのような適切さを備えているかという観点から議論したい。

5.　議論：発散型ワークショップでの発言

　まず、主題とこれに共起する指さしについて。複数の文が連続して話され

る一般的な談話では、話者が交替する場合も含め、各文の主題は先行談話文脈で生起した旧情報の中から選択されることが多い。これに対して、本章で分析したワークでは、各発話の冒頭の主題は直前の談話文脈から直接継承されたものという意味での旧情報ではなく、発話ごとに主題がそのつど独立に選択されている。そのため、主題の言語表現は基本的に書かれた記録の読み上げ、すなわち引用となる。そして、各発言が直前の発話から主題を継承せず、それぞれの主題をそのつど選ぶことになることから、それぞれの発言のターン冒頭に置かれる主題には指さしが多く共起することになるが、これらの指さしもまた、その指示対象は基本的にすべて既に記入された記録である。

　このように、各発言の冒頭において、指さしによって主題が模造紙上の記録内容の中から選択されることは、当該の発言が直前の発言との間の結束性を持たないものであることを視覚的にも予示するものとなる。この点は、特に発散型のワークショップにおいては、発言同士の間の連鎖／アイディア上の連続性（結束性 cohesion）よりもむしろ独立性の方が志向されているということに関係しているのではないかと考えられる。発言間の相互独立性は、一般の会話での順番交替時にターン冒頭に多く見られる接続表現を伴わない発言がこのワークでは多いということにも現れている[6]。

　次に、発言の中での評価的内容を担う題述部分について。題述が当該話者のターンの最も末尾に置かれるというところまでは情報構造の観点から自然に理解できるものである。しかし、これらの発話の末尾には、1.参与者同士がそれほど旧知であるわけではないにもかかわらず丁寧体となっていないことが多い、2.終助詞が付くことも少なく、断定調の言い切りの発言フォーマット（「○○がかっこいい」「××がない」など）が多く採用されている、3.当該の題述部分の直後に当該話者のターン自体が終結することが多い、といった際立った特徴が見られる。

　まず 2. について、これはそれぞれの発言がそのつど他の参与者からの評価的応答を受け付けることを必ずしも意図していないことの表れであると考

えられる。「他の参与者の発言に対する批判を慎む」という点は多くのブレインストーミングに共通する一般的な原則である（星野 1989）。そのため、それぞれの発言の末尾で終助詞などの伝達態度のモダリティ（益岡 1991）や相互行為詞（森田 2007）を用いるのはむしろ不適切になるのだとも考えられる。

　1. の非丁寧体の使用についても、その場の参与者への相互行為的志向を弱めることと関係している側面があるだろう。しかし、相互行為性を弱めることによって逆に何が志向されているのであろうか。おそらくそれは各発言が互いに対等な資格で模造紙上に記録されることなのではないだろうか。記録されることに志向する場合、非丁寧体での言い切りという形式は記録係にとって最も記入しやすいものであるとも考えられる。そして、上述のように、各発言は一旦模造紙に記入されると、以降の別の発言によって今度は主題として取り上げうる資源となり、模造紙に記入された記録を主題として選択することは「書かれたテクスト」からの「引用」という性質を持つようになる。非丁寧体での言い切りという発言フォーマットはこうした利用可能性を見越した上での選択なのではないだろうか。

　同様に、3 のターン終結についても、1 つのターンが 1 つの「記録」と対応することが想定されていると考えると理解しやすい。すなわち、発言同士の間のアイディア上の独立性が目指されているだけでなく、参与者間での発言機会の対等性も志向されているのだと考えられる。

　多くのグループインタビュー形式のワークショップにおいては、対話の文脈や参与者間の人間関係などに感応的な各参与者の「なまの発言」（高梨他 2016）が事後に主催者によってその利用目的の観点から脱文脈化（高梨他 2015）されることが多い。これとは対照的に、本章で分析してきた以上のような性質を持つ発言フォーマットの実践は、それぞれの発言者や他の参与者たち自身が各発言を「あらかじめ脱文脈化されたもの」とすることに志向しているということの表われであると形容できるかもしれない。この発言フォーマットは特に発散型のワークに特徴的なものであると考えられるが、

こうした場においては、日常生活場面における多くの認知的・社会的制約の枠を取り払うことが目指されている。しかし、こうした志向を実践するための手続きの方には逆にある種の形式化とルーティン化という特徴が強く現れてくるという点は、人間の思考や発言の内容とその形式との間の関係性を考える上で極めて興味深い点ではないだろうか。

　多くの相互行為において、指さしは当該の活動の目的であるというよりも、それぞれの活動の目的を達成するための一手段である。そのことが指さしの相互行為分析を難しくさせる。しかし、逆に言えば、指さしは極めて多様な人々の日常的相互行為を支える重要な手続きを担うものであり、社会文化的環境の中で進化・発達してきた基盤的な認知的実践であるとも考えられる（本書の第2章（高田））。したがって、相互行為に埋め込まれた指さしを微視的に分析することからは、当該のそれぞれの活動のもつ特色や異なる種類の活動同士の間の性質の違いなどが逆照射されてくる可能性もある。

謝辞

本章は2012年7月にスウェーデンのLundで開催されたThe International Society for Gesture Studies Conference 2012（ISGS5）での口頭発表"When does a pointing have to retract?: The semiotic nature of "stroke" of pointing gestures"の内容を元に、本書の趣旨に合わせて改稿したものである。本調査にご協力いただいたスカイライトコンサルティング株式会社の小川育男氏、田頭篤氏、共同調査者の秋谷直矩氏（山口大学）、草稿段階からさまざまなコメントをいただいた本書編者および分担執筆者に感謝したい。本調査および研究はJST戦略的創造研究推進事業さきがけ「多人数インタラクション理解のための会話分析手法の開発」、日本学術振興会学術研究助成基金助成金若手研究「成員カテゴリーを用いた会話の連鎖・参与構造の記述モデルの実証的研究」の一環として行われた。

注

1　また、手が動いている区間を「実行S」と認定していることにより、他のジェスチャーの場合とは異なり、指さしにおいては、Sとは分節化可能な動きとしての準備

Pは、現れないか、現れたとしても非常に短いものとなるのが一般的である。

2　本章事例の見方。左大カッコ：複数行の発話や行動が時間的に平行。T: など：発話者 ID。(R01) など：指さし行、R などは帽子の色、数字は当該の帽子のワークの中での当該指さしの生起順。P：準備、S：実行、H：保持、R：撤退。/X：ジェスチャー・フェーズ X の終了点を明記したい場合のみ記載。(mk)：マーカーの動き。(R01) や (mk) などが (X:R01) や (X:mk) などとなっている場合：これらの行動は上の行の発話者・行為者とは異なる X によるもの。縦の点線：複数行の発話・行為の時間的同期。★1 など：静止画が採られた時点。

3　ただし、ここでの「言いよどみ」は必ずしも Goodwin(1981) で指摘されているような、聞き手の注意獲得のためのものというよりは、話し手自身がより適切な表現を模索するために生じたもののように聞こえる。

4　ここでの記述では省略しているが、この右手の指さしの移動に一瞬先行して、該当する記録箇所を見つけた D もこれに向けて左手での指さしを開始し、両者の指さしが瞬間的に同期する。しかし、T は A のマーカーが到着するまで指さしを保持するのに対して、D は T の指さしが追い付いてきた時点で撤退している。

5　第 3 節で紹介したように、A は他のチームの応募者ではなく、SKLT 社員であり、こうしたワークショップでのタスクに慣れていたという可能性もある。

6　Y10 や B04 の「あと」は列挙であるため、例外といえるだろう。

参考文献

Andrén, Mats.（2011）The organization of children's pointing gesture stroke endpoints. In Stam, Gale. and Mika, Ishino. (eds.), *Integrating Gestures: The Interdisciplinary Nature of Gesture,* pp.153–162. Amsterdam: John Benjamins.

荒川歩（2011）「指さし行動と発話による談話の達成」『社会言語科学』14（1）：pp.169–176.

Clark, Herbert. H. (1996) *Using Language.* Cambridge: Cambridge University Press.

Clark, Herbert. H. (2005) Coordinating with each other in a material world. *Discourse Studies* 7(4–5): pp.507–525.

Clark, Herbert. H. and Krych, Meredyth. (2004) Speaking while monitoring addressees for understanding. *Journal of Memory and Language* 50: pp.62–81.

de Bono, Edward. (1985) *Six Thinking Hats.* New York: Black Bay Books.（川本英明訳（2003）『会議が変わる 6 つの帽子』翔泳社）

福地肇(1985)『談話の構造』大修館書店

Goodwin, Charles.(1981) *Conversational Organization: Interaction between Speakers and Hearers.* New York: Academic Press.

Goodwin, Charles. (2000) Action and embodiment within situated human interaction. *Journal of Pragmatics* 32 (10): pp.1489–1522.

Goodwin, Charles. (2003) Pointing as situated practice. In Sotaro Kita (ed.), *Pointing: Where Language, Culture and Cognition Meet*, pp.217–241. Mahwah, NJ: Lawrence Erlbaum.

Goodwin, Charles. (2007) Environmentally coupled gestures. In Duncan, Susan, Cassell, Justine, & Levy, Elena, T. (eds.), *Gesture and the Dynamic Dimensions of Language*, pp.195–212. Amsterdam/Philadelphia: John Benjamins Publishing Company.

城綾実・平本毅 (2015)「認識可能な身振りの準備と身振りの同期」『社会言語科学』17 (2): pp.40–55

星野匡 (1989)『発想法入門』日本経済新聞出版社

細馬宏通 (2009a)「話者交替を越えるジェスチャーの時間構造―隣接ペアの場合」『認知科学』16 (1): pp.91–102

細馬宏通 (2009b)「ジェスチャー単位」坊農真弓・高梨克也編『多人数インタラクションの分析手法』pp.119–136. オーム社

神尾昭雄 (1990)『情報のなわ張り理論』大修館書店

Kendon, Adam. (2004) *Gesture: Visible Action as Utterance.* Cambridge: Cambridge University Press.

Lambrecht, Knud. (1994) *Information Structure and Sentence Form: Topic, Focus, and the Mental Representations of Discourse Referents.* Cambridge: Cambridge University Press.

益岡隆志 (1991)『モダリティの文法』くろしお出版

McNeill, David. (1992) *Hand and Mind: What Gestures Reveal about Thought.* Chicago: University of Chicago Press.

Mondada, Lorenza. (2007) Multimodal resources for turn-taking: Pointing and the emergence of possible next speakers. *Discourse Studies* 9 (2): pp.194–225.

森田笑 (2007)「終助詞・間投助詞の区別は必要か―「ね」や「さ」の会話における機能」『月刊言語』36 (3): pp.44–52, 大修館書店

Pomeranz, Anita. (1984) Agreeing and disagreeing with assessments: Some features of preferred/ dispreferred turn shapes. In Atkinson, J. Maxwell., snd Heritage, John. (eds.), *Structures of Social Action: Studies in Conversation Analysis,* pp.57–101. Cambridge: Cambridge University Press.

Schegloff, Emanuel. A. (2007) *Sequence Organization in Interaction: A Primer in Conversation Analysis; 1.* Cambridge: Cambridge University Press.

Streeck, Jörgen. (2017) *Self-Making Man: A Day of Action, Life, and Language.* Cambridge: Cambridge University Press.

高梨克也・秋谷直矩・城綾実・水町衣里・加納圭 (2016)「対話型パブリックコメント

における生（なま）の表現とその受け手の問題」，人工知能学会研究会資料 SIG-SLUD-B503–01: pp.1–6.

高梨克也・城綾実・秋谷直矩・水町衣里・加納圭（2015）「「対話型パブリックコメント」による意見収集・集約の利点と課題の分析」，電子情報通信学会技術報告 HCS2015–53: pp.71–76.

第8章
巨大展示物を相互行為に引き込む
科学コミュニケーターの指し示し

城 綾実

1. はじめに

　本章では、科学博物館の相互行為において、人差し指や手のひらを使った指し示し[1]がどのように用いられることでその場の活動に貢献しているのかを検討する。具体的には、一見して展示物には見えない巨大な物体を相互行為の資源として引き込み、それを特定の見方で見るように来館者を誘おうとする科学コミュニケーターの指し示しを、発言・身体・環境の複合的なはたらきに注意を払いながら分析する。

　さしあたり、次の3点が分析において重要になることを述べておきたい。まず、科学コミュニケーター（Science Communicator；以下 SC と呼ぶ）は、科学と社会をつなぐ役割を有しており、展示フロアにおいて来館者が何か新しい気づきを得たり科学技術のすごさを知ったりできるような体験機会をできるだけ生み出そうとする。本章では、自らの身体を通じて物事を感じとるという意味において、SC がどのように来館者の体験機会を生み出そうとしているかを、分析を通じて明らかにする。

　次に、その体験機会の創出が試みられる展示フロアには、展示物をはじめとするさまざまな物体が配置されており、そこでの相互行為はこれらの物質的資源を利用してなされる。本章では2節で述べるように2つの展示物に着目するが、その空間的配置から2つの展示物の関連性を読み取るのは、少な

くとも来館者には難しいものとなっている。とくに本章で注目する展示物の1つは、たとえ視認できたとしても、一瞥してそれが何を示す展示物なのかがわからないものである。複数の展示物のなかから、一見して展示物には見えない物体を特定し、それを単に目にするだけでなく、特定の見方をすることで来館者は何をどのように体験できるようになるのかについて、本章では論じる。

　さらに、本章では会話分析的に指し示しを探究するにあたり、相互行為参加者の志向（orientation）[2] がどのような振る舞いによって示されているかの記述を目指す。西阪（2008b: 154–155）が指摘するように、身体のなかでも、顔や目の向き、伸ばされた手や指は、当座の志向をもっとも先鋭的に表示する。これは、身体の規範的構造（西阪 2008b, 2010 などを参照）によるものである。人びとの当座の志向の先鋭性が相互行為を遂行することにどうかかわっているのかの探究は、そのありさまを精確に記述することによって遂行される。もしも、ただ手や指が特定の方向に伸びる現象に「指し示し」という行為の名前を与えるだけで分析を終えてしまったとしたら、そこで実際に行われていることを取りこぼしてしまうかもしれない。指し示しを通じてその場の活動で達成されていることを明らかにするために、指し示しがどのように組み立てられているのかを精緻に分析していく。

2.　分析の焦点となる展示物とデータ

　本章で分析するやりとりの舞台となるのは、東京・お台場にある日本科学未来館（略称：未来館）の展示フロアである。未来館には、来館者が科学技術を身近に感じられるよう、さまざまな物体・展示物が配置されている。本章では、5 階常設展示フロア（2014 年当時）の「巨大望遠鏡で宇宙の謎に挑む」エリア内にある、すばる望遠鏡にかんする 2 つの展示物に着目する[3]。

2.1 すばる望遠鏡模型と巨大半円パネル

　まず、50 分の 1 に縮小されて作られたすばる望遠鏡模型である（図1）。この展示物は、SC が来館者にすばる望遠鏡の話を始めるとき（たとえば、城他 2015）や、すばる望遠鏡について概観する際に利用される。すばる望遠鏡とは、ハワイ島マウナケア山頂に建てられた日本の大型光学赤外線望遠鏡であり、1999 年 1 月から試験観測が開始された[4]。すばる望遠鏡が宇宙を「見る」ためには、多くの光を集める必要がある。地球から遠く離れた天体からの微弱な光を集めることができる仕組みとして、すばる望遠鏡には、単一鏡としては世界最大級の口径 8.2 メートルの主反射鏡（主鏡）が導入されている（図1右）。この一枚鏡の主鏡はさまざまな技術を用いて製作されており、すばる望遠鏡のホームページ内で「すばるを支える最新技術」として紹介されているものの多くが、主鏡にかかわる内容である。つまり、未来館の展示フロアにおける話題としてすばる望遠鏡が選ばれた場合、8.2 メートルの主鏡の話は外せないのである。50 分の 1 スケールに縮尺された模型は、模型内に人型を配置することで、その大きさがわかりやすいようにデザインされている[5]。ただし、本章の分析を通じて明らかにされていくことではあるが、模型を通じてだけでは、すばる望遠鏡の実物大を体験することを通じて驚き

図 1　未来館に展示されているすばる望遠鏡の模型（1/50 スケール）と主鏡部分（右）。模型はガラスで囲われており、ガラス面には「世界最大の 1 枚鏡」であることを含むすばる望遠鏡の説明がキャプションとして記載されている。

や科学技術のすばらしさを感じることは難しいようである。

　次に、来館者が主鏡の実物大を体験することを手助けする資源として利用される巨大半円パネル（図2）を紹介しよう。この巨大半円パネルは、すばる望遠鏡にとって重要な役割を担う主鏡の実物大を模して制作されている。しかし、実物と同じ完全な円のままでは展示フロアに入りきらないため[6]、半円のパネルとして設置されている。さきほどのすばる望遠鏡模型とは異なり、このパネルにはキャプションが設置されていない。パネルの表面には銀河の写真（すばる望遠鏡を用いて撮影されたもの）が貼られ、前面にはすばる望遠鏡を紹介する映像が流れるディスプレイや望遠鏡と観測技術の説明ボード、すばる望遠鏡の焦点を合わせる仕組みを疑似体験できる装置など、複数の展示物が設置されている（図2右）。つまり、巨大半円パネルは、複数の展示物の背景のような存在ともいえる。

　多くの来館者は、巨大半円パネルを展示物として見ることは少なく、見るとしても銀河の写真を見ているため、その大きさや形を何か意味あるものとして見ていることはほとんどない。しかし、SC は、来館者にすばる望遠鏡の

図2　巨大半円パネル
左の写真ではわかりやすいようパネルの周囲にハイライトを施している。なお、左の写真中央部にて楕円で囲んでいるのがすばる望遠鏡模型である。

主鏡の口径がどれほど大きいのかを示すために、しばしばこのパネルを利用する。では、来館者にとっては展示物かどうなのかもわからず、一瞥して半円のパネルを円形である主鏡の実物大として見ることは難しい巨大半円パネルを、SC はどのようなやり方で来館者との相互行為に引き込むのだろうか。

2.2　データ

　分析の対象としたのは、2014 年 2–3 月に未来館 5 階常設展示フロア「空間のひろがり」と「巨大望遠鏡で宇宙の謎に挑む」の 2 つのエリア（当時）で収録したデータ群（城他 2014）である。SC 自身がベテランと考える 14 名に協力を依頼し、事前に来館者の同意を得て収録を行い、対話数 35 のデータを得た。対話数 35 のうち、SC がすばる望遠鏡の主鏡の実物大を示すものとして巨大半円パネルを引き込む事例は、SC14 名中 9 名による 15 例であった。なお、この収録では、ビデオカメラを 6 台使用した。次節からの分析では、SC と来館者の動きを確認しやすい位置からの映像のスクリーンショットを掲載している。

3.　少し離れた 2 つの展示物を関連づけるプラクティス：
　なぜいまそちらに視線を転じるのか訳がわかる仕掛けと指し示し

3.1　なぜいまそちらに視線を転じるのか訳がわかる仕掛け

　SC がすばる望遠鏡の主鏡の実物大を示すものとして巨大半円パネルを引き込む 15 例すべてに共通していたのは、来館者に巨大半円パネルを見せるにあたって、SC は次のような順序で巨大半円パネルを指し示すという点である。まず、パネルの方向を指し、来館者の志向を当該方向に誘う。次に、人差し指や手のひらを利用して巨大半円パネルをなぞる。それぞれの段階において、異なる指し示しが行われ、これらの指し示しはそのときどきで目指されている行為や活動にふさわしい形で組み立てられている。本節では最初の巨大半円パネル方向への指さしについて分析していこう。

224　分析編　第Ⅱ部　環境の中の指さし

断片（1）【140221_Mi_06-SC06（08:39–08:41）】（断片（2）の 05–06 行目）
```
01   SC06：かがみどれ*くらいおっき#いか*っ+てゆう*+△↑と:#(.)△
     SC手          *.................../....*パネルの方を指す>
     SC足                              *1歩下がる-->
     21目>>模型---------------------+移動---+パネル--->>
     22目>>模型----------------------------△移動------△
                                   #1                  #2
02   SC06：△あ+ち△らに*#
     SC手          -->>
     SC足          -->*
     21足   +SC側に寄る->>
     22目   >△SCptg△移動してパネルを見る->>
            #3
```

　　　　#1　　　　　　　　　#2　　　　　　　　　#3

　断片（1）では、SC と来館者たちが模型の前に立っている（#1、図3）。SC06 が「かがみどれくらいおっきいかってゆう↑と :」と言いながら巨大半円パネルの方を指し始める（01 行目, #2）。SC06 のすぐ横にいる V-21 は、SC06 が「あちらに」と指示表現を言うより早く、模型から指し示された方へと目をやり、V-22 も SC06 の振る舞いを見てから指し示された方へ目を向ける（02 行目, #3）。

　発言の最中にある対象を指すことは、受け手の志向を当座の活動から対象の方へと変えることを働きかける（Heath 1986: 第4章）。SC06 は、発言の最中に巨大半円パネル方向を指すことによって、来館者の志向を模型から巨大半円パネルの方へと変えるよう働きかけている。しかし、なぜこのタイミングで模型から離れた上の方へと視線を転じることになるのだろうか。隣接

第 8 章　巨大展示物を相互行為に引き込む科学コミュニケーターの指し示し　225

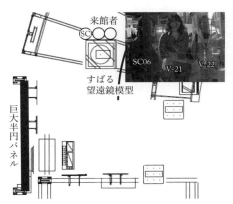

図 3　すばる望遠鏡模型と巨大半円パネルの位置関係

する複数の展示物を順路に沿って見ていくのであれば隣の展示物に目を向けるのは容易であるが、この場面はそれとは異なる。いま目の前にある模型から少し離れた巨大半円パネルのある方向（図 3）、しかもかなり上へと目を向ける（#3）には、なぜいまそちらに視線を転じなければならないのか、少なくとも来館者たちにとって訳がわかる（accountable）やり方で SC は行為を組み立てなければらない。

　断片（1）をもう少し手前から確認してみよう。SC06 は、少し離れた巨大半円パネルに目を向けることが、来館者だけでなく相互行為の外部にいるわれわれにとっても訳がわかるように、相互行為の内部に次のような仕掛けをしている。

断片（2）【140221_Mi_06-SC06（08:31–08:43）】
```
01  SC06：>これ<50倍ですって*言われてもなかなか：+(0.3)*(.)
    SC目>>模型-----------*移動し21を見る---------*
    21頭                                          +徐にうつむく->
02  SC06：*(0.4)むつか+しいですよ+ね.+=*こ人間があそこに=
    SC手　*...........................*模型内の人型を指す　->
    21頭          --> +上がる--- +----+
                              +小さくうなずく
```

226　分析編　第Ⅱ部　環境の中の指さし

```
03          =い+るん゜ですけど.゜+
     21頭     +3回うなずく---+
04             (0.7)*(0.6)*(.)
     SC手    --->*.....*模型内の主鏡を指す-->
05   SC06：か#*がみどれ*くらいおっき#いか*っ*てゆう*+△↑と:#(.)△
     SC手    --->*,,,,,,,*................../....*パネルの方を指す>
     SC足                              *1歩下がる-->
     21目>>模型------------------------+移動----+パネル->>
     22目>>模型----------------------------------△移動-----△
             #1                    #2                    #3
06   SC06：△あ+ち△らに*#
     SC手            -->
     SC足            -->*
     21足     +SC側に寄る->>
     22目   △SCptg△移動してパネルを見る->>
                              #4
07   (0.3)*(0.9)△(0.2)
     SC手            -->>
     SC足   *1歩下がる-->>
     22足         △SC側に寄る->>
```

#1

#2

#3

#4

第 8 章 巨大展示物を相互行為に引き込む科学コミュニケーターの指し示し 227

　断片 (2) で SC06 は、自らも来館者と同じ「実物の大きさがわからない」
立場であると示すことによって、次に実物大を理解するための何か（巨大半
円パネル）を導入することがもっともらしくなる仕掛けを施している。断
片 (2) の直前に SC06 は、すばる望遠鏡の模型（図 2）を使って、すばる望遠
鏡の主鏡部分を来館者たちに見せて、それがものすごく大きいことを述べ
た[7]。その直後に、キャプションに実物の 50 分の 1 の模型だと書かれてはい
るものの、目の前の模型から実物大を理解することは「むつかしい」と言及
している (01–02 行目)。この発言の仕方に着目してみよう。「>これ<50 倍で
すって言われても」という言い方は、SC06 自身が「>これ<50 倍です」とい
う発言の責任主体 (Goffman 1981) ではないことを示している。たいして、
「むつかしいですよね」は、主鏡の実物大を理解することが来館者たちだけ
ではなく SC06 にとっても同様に「むつかしい」という SC06 の態度を示し
ている。SC06 はこのように発言することで来館者と同じ立場に立ち、すば
る望遠鏡の主鏡の実物大を理解することは、この場の相互行為に参加してい
る全員にとって困難であることを顕在化している。

　この仕掛けは、SC06 単独で作り出されているわけではない。SC06 は「な
かなか」と言ったあと、わずかに発言を中断している (01 行目)。このとき
V-21 は模型を見つめたままうつむいて考えている様子を見せている。そし
て SC06 の「むつかしいですよね」にたいして複数回うなずいて同意を示す
(02–03 行目)。つまり、ここでは来館者も実物の大きさについて思いを巡ら
せており、両者が抱いたすばる望遠鏡の実物大を理解することの困難がこの
場で共有されるのである。困難が共有されていく最中の SC06 の発言 (02–03
行目) に見られる「けど」という助詞もまた、「理解を助けるために同じス
ケールの人型が模型内に配置されているけれども、実際理解しようとすると
むつかしい」と、理解することが困難であることの理由説明を強調する役割
を果たしている (Nishizaka 2014: 231 を参照)。こうした困難の共有が仕掛け
として駆動し、次のタイミングで「なぜいまそちら（パネルの方）に視線を転
じるのか」にたいする理由説明 (account) を構成することができる。

「かがみどれくらいおっきいかってゆう↑と：」という、SC06 の発言（05
行目）は、模型だけ見ていては解決することのないすばる望遠鏡の実物大の
理解について、これから解決のための何かが提示されることを予示してい
る。この発言と腕や手の動きと移動を通じて巨大半円パネル方向が指し示さ
れることで、来館者は、困難だったすばる望遠鏡の実物大の理解を容易にす
るものが、今立っている場所から少し離れたところにあることを期待するこ
とができる。

3.2　連なる指し示しによって生み出される連鎖的秩序化

　ここまで、SC がすばる望遠鏡の実物大を理解する困難を来館者と共有す
ることが、巨大半円パネルの方へと視線を転じるための仕掛けになっている
ことを述べた。実は、この仕掛けにおいて模型や巨大半円パネル方向を指す
ことは、受け手の志向ないし彼らの活動の焦点を変化させるだけではなく、
ほかの役割も果たしている。

　断片（2）において SC06 はまず、模型内の人型を指しながら理解すること
の困難さを述べた（02–03 行目）あと、右手を上に動かしてちょっと模型内の
主鏡を指し（#1）、すぐに人差し指を引っ込める（#2）。次に、軽く握られて
いた右手を開きながら右手を巨大半円パネルの方へ伸ばし（#3）、手のひらで
指す（#4）。1 つの発話順番（05–06 行目）のなかでこのような指し示しを連続
して行うことで、異なる手の形で行われた 2 つの指すことが、つながりある
ものとして組み立てられる[8]。ここで、SC06 が指しながら移動していること
にも注目しよう。SC06 が 05 行目後半から立っていた位置から 1 歩下がり、
移動を伴いながら開いた手のひらで指すことで、来館者は開いた手のひらで
指す方向に誘われ、移動しながらパネル方向を向くことができる（05–06 行
目，#3-4）。

　一見異なるものたちを一対の表象として見ることがどのようにして可能に
なっているのかついて、Lynch（1988）は科学論文の図と写真との関係を詳細
に分析している。たとえば、ミトコンドリアの写真の横に、同じようなサイ

ズかつ向きで、いくつかの名称が加えられたシンプルな線で描かれた図が置かれているとする。読者はこれらを「同じもののイメージ」が示されたものとすぐにわかり、図によって与えられた構造を写真のなかに見出し、ミトコンドリアの特殊な構造（たとえば、外膜と内膜の位置関係、内膜が内側のマトリクスに向かって陥入したクリステと呼ばれる構造の様相など）を理解することができる。Lynch（1988）は、こうした図と写真の関係を連鎖的秩序化（a sequential ordering）と呼ぶ。図と写真の互いに影響し合う――写真は図に対して「実物」として存在し、図は写真に特定の構造を与えどのように見るべきかを示す――関係が、並置された写真のなかに図示された構造を読者が見てとることを可能にしている。

　SC06 は自らの発言と指し示しによって、大きさも形も異なり、近接してもいない模型内の主鏡と巨大半円パネルとの間に、連鎖的秩序を生み出してしている。現物のすばる望遠鏡を展示することができない展示フロアにおいて模型はその存在や構造などを理解しやすくする「実物に近いもの」として存在し、すばる望遠鏡の主たる構成部分である主鏡と同じ大きさと厚みの巨大半円パネルは模型から欠落した「実物大」という要素を補って模型からの理解を深めることに利用されうる。

　もう 1 つ事例を確認しよう。次の断片 (3) でも、断片 (2) と同様、01 行目よりも以前に、すばる望遠鏡の模型（図 2）を使いながら、すばる望遠鏡がとても大きいことと主鏡が宇宙を見るのに重要な役割を果たすことが SC によって説明されていた。

230　分析編　第Ⅱ部　環境の中の指さし

断片（3）【140322_Mi_04-SC10（04:05–04:13）】

（（すばる望遠鏡の模型内の主鏡部分を確認するために、SC10 がボタンを押して模型内部を動かしている））

```
01  SC10：>あの<一番下のところに:
02  V-65：↑あ:[:>>はいはい[はい<<
03  V-67：　　　[あ:　　　　[あれか:
04  SC10：　　　　　　　　　[>>これ<<で見えます＊でしょうか.
    SC左手　　　　　　　　　　　　　　　　　＊.........
05  V-65：↑見え↑た:#[:
06→SC10：　　　　　　　＊[°はい°
    SC左手　......./．＊模型内の主鏡を指す🖐
　　　　　　　　　　　　#1
07→　　　　＊あれが[直径　＊8メートル#で＊:,　＊
08  V-6?：　　　　　[°ふ::ん°
    SC左手 ＊─────── ＊───────────＊
　　　　　　　＊ガラス面から指を離して自分に引き寄せ人差し指を垂直に立てる
　　　　　　　　　　＊人差し指を倒して地面と平行に
    SC右手　　　　　　　　　　　　＊..
　　　　　　　　　　　　　　　#2
09　　　　　　　　＊(0.4)
    SC左手　　　＊親指と人差し指で模型を囲うケースの縁を掴む->
    SC右手　　　......
10→SC10：＊イメ△ージとして>°は°<＊こ+ち‰ら＊△で＊°す°#
    SC左手 ＊ほかの指も模型の縁に-- ＊五指で縁を持つ-->>
    SC右手 ..................................../．＊パネルの方を指す->
    SC足　 ＊後ろに1歩下がる---------------＊
    65目>>模型 --------------------+移動しSCの指す方を見上げる>>
    66目>>模型 △移動しSCを見る-----------△SCの指す方を見上げる>>
    67目>>模型 --------------------‰移動しSCの指す方を見上げる>>
　　　　　　　　　　　　　　　　　　#3
```

第 8 章　巨大展示物を相互行為に引き込む科学コミュニケーターの指し示し　231

　断片（3）においても、模型と巨大半円パネルが、1つの発話順番のなかで、移動を伴いつつ、人差し指で指すことと手のひらで指すことが淀みなく用いられることで結び付けられている。SC10 は、まず、模型の主鏡部分を左手人差し指で指し（#1）、来館者たちが主鏡を視認していることを確認（04–06 行目）してから傾いていた自らの上体を戻す（#2）。次に、左手を引っ込め、「イメージとし＞゜て゜＜は」と言いながら移動を始め、「こちらで゜す゜」と巨大半円パネルの方を右手のひらで指す（10 行目，#3）。巨大半円パネルの方へと視線を転じるための仕掛けやこうした一連の指し示しを通じて、形状にはあまり共通点のない模型内の主鏡と巨大半円パネルとの間に、進行中の活動に資する連鎖的秩序が生み出されていくのである。

4. 巨大半円パネルを際立たせ欠けた部分を補い円として識別する

4.1　識別連鎖

　3 節では、人差し指や手のひらで指すことが系統立って用いられることで、模型と巨大半円パネルを関連あるものとして示されていることを見てきた。しかしこの時点ではまだ、来館者がはっきりと巨大半円パネルを視認しているかどうかは定かではない。断片（2）の「あちら」（06 行目）や断片（3）の「こちら」（10 行目）といった指示詞との共起関係によって示されている方向は明らかではあるが、巨大半円パネルについては、来館者には即座にわからない可能性があるからである。

232 分析編 第Ⅱ部 環境の中の指さし

西阪 (2008a) は、助産師と妊婦が超音波検査時に、識別連鎖と呼べるような行為連鎖の集まりで相互行為が行われていると指摘している。モニターに映し出された陰影を胎児の身体部位の影として妊婦が識別できるように、まず、助産師によって「ここが鼻」のような報告形式と指し示し（指さしを伴うこともあれば、伴わない場合もある）を通じた識別の誘いが行われる。すると、妊婦から「ああ」のような識別の主張が行われて識別連鎖が完結する。もしも、妊婦がすぐに識別できず、反応の不在が明らかな場合は、助産師がより詳細な報告を行う。

来館者がどのようにして巨大半円パネルをすばる望遠鏡の主鏡の実物大として見ることを達成しているかを分析するにあたり、次節では、SC と来館者による識別連鎖に着目していく。超音波検査時に、特定のものの見方（識別方法）で画面を見ることを助産師が誘い、妊婦がそれに応じることで達成される識別の共有は、「正常性デモンストレーション[9]の核を構成している（西阪 2011: 15）」。本章でも、SC と来館者とが、展示物の見方を共有することが、彼らが従事している活動の核を構成しうることを見ていく。

4.2 環境における特定の部分を構造化して際立たせる

SC がすばる望遠鏡の主鏡の実物大を示すために巨大半円パネルを来館者に見せている 15 例すべてにおいて、SC は手や指を使って巨大半円パネルをなぞっていた。たとえば、次のような形である。

断片 (4)【140301_Mi_01-SC08 (05:35–05:51)】

```
01   SC08：.hこれね実際どのくらいおっきいかってえと：
02          (1.0)
03   SC08：>みなさんちょっと％来て＊ください<％
     SC手                         ＊．．．．．．．
     33足   >>SC側に寄る----％立ち止まる----％
```

第8章　巨大展示物を相互行為に引き込む科学コミュニケーターの指し示し　233

```
04                  %(0.2)*(0.6)*(0.4)* (0.4)*(0.4)
   SC手    ..............*------*少しなぞる*中断して指を開始地点に戻す->
                                *右手を肩の高さに上げてまっすぐ指す🖐
   SC足     ----->*前へ2歩進む -->
   33足     %SC側へ寄る-->
05→SC08： *#<ここにぐるー%>っと
   SC手  >*パネルの円周を下から上に向かってなぞる🖐->
   SC足  >*立ち止まる-->
   33足   ------------>%立ち止まる->>
            #1
06→       (0.5)△(.) *#(0.5)
   SC手  --------->*上から下へなぞり返す🖐->
   32足   ---->△立ち止まる->
            #2
```

#1

#2

#3

#4

#5

#6

234　分析編　第Ⅱ部　環境の中の指さし

```
07→SC08：わっかがあるでし＋ょ＊う
    SC手 ------------------->＊,,
    31足 ------------->＋立ち止まる->
08→V-32：＊△＃°°うん°°＋
    SC手　＊09と同じ位置からパネルの円周をなぞる👆->
    31足　　-------> ＋左に1歩動き身体を傾ける->
    32頭　△2回うなずく->
　　　　　　＃3
09→SC08：こ△れをぐるーっと＊ま＋わ＃したぐらい大きな,＊＃(0.4)
    SC手 -------------->＊存在しない半円を補うようなぞる👆＊模型を指す👆->
    SC足 -------------------------------> ＊前へ1歩->
    31足 --------------> ＋傾けたまま維持--->
    32頭 ->△
　　　　　　　　　　　　　　　　＃4　　　　　　　＃5
10→　　　か△がみが＊＃この＋なかに ＊△°入 ＊っているんです[よ°＊
11→V-32：　　　　　　　　　　　　　　　　　[おっきい＃＋
    SC手 ------>＊ガラスをタップし模型を指す👆>＊,,,,,,,,,,,,,,,＊
    SC足 ------>＊前のめり---- ＊後ずさる-->>
    31足 ----------->＋1歩前へ------------------------------ ＋
    32足 ->△1歩後ろへ---------- △模型に近づく-->>
　　　　　＃6　　　　　　　　　　　　　　　　　　　　　　＃7
```

＃7

　断片（2）や（3）と同様、断片（4）でも模型からは捨象された要素である実際の大きさを捉えようとする活動を始めたあと（01行目）に、SC08は「<ここにぐるー>っと」と言いながら巨大半円パネルの円周を下から上方向へとなぞる（05-06行目，＃1）。そして、上から下へと巨大半円パネルの円周部

分をなぞり返しながら、「わっかがあるでしょう」と言い識別連鎖を開始する（06–07行目，#2）。目の前の複雑に構成された環境から特定の部分を際立たせることをハイライティングという（Goodwin, 1994=2010）。ハイライティングはさまざまな活動において利用される。考古学者のコミュニティでは、教授と学生が協働して地層図を作成するといった専門家集団としてのタスク遂行や、教授が専門職としてのものの見方を学生に教えるといった活動（Goodwin 1994=2010, 2007）、妊婦検診時には胎児が健やかに育つための状況把握や正常性デモンストレーションといった活動（西阪 2008a, 2008b, 2011）を可能にしている[10]。

SC08は、大きく2種類のハイライティングを、順を踏んで用いている。先に見た07行目まで行われたハイライティングでは、Goodwinや西阪たちが明らかにしてきたように、「対象となる領域を「地と図」へと区分けして、その時の活動にとって関連性のある出来事を際立たせること（グッドウィン 2010: 44）」をしている。すなわち、SCたちに近い方にある巨大半円パネルの円周の一部分を、繰り返しなぞることによって、SC08はさまざまな事物が配置されている環境のなかから巨大半円パネルを際立たせ、来館者たちに注目すべき対象を明示している。ハイライティングをしながらSC08は来館者の方に向き直り（#2）、「わっかがあるでしょう」と来館者（子どもたち）に確認し、V-32がこれに対して反応している（08行目）。この05–08行目で、1つの識別連鎖が完了している。

4.3 環境に存在しない部分を補うハイライティング

09行目から始めるもう1つの識別連鎖では、先行研究やさきほどのハイライティングとは異なり、すでに際立たせた物体だけでなくその物体の「欠けた」部分をもなぞり結果的に円を描くような形（09行目，#4-5，図5も参照）で巨大半円パネルを円として識別するよう誘う。「環境のなかにある特定の事物を際立たせ」た上で「環境のなかには存在していない部分を補って見る、その見方」が示されているのである[11]。

236 分析編 第Ⅱ部 環境の中の指さし

　巨大半円パネル自体を際立たせたあと、パネルに不足している残りの半円を補う例をもう1つ見てみよう。次の例は、断片(3)の続きである。

断片(5)【140322_Mi_04-SC10(04:13–04:31)】(断片(3)の続き)

```
11          +*(0.3) * (0.2) *%(0.2) #
   SC右手    >>------ *振る(強調) *-->
             (続き：パネルを指す)
   SC足      *パネルの方に数歩近づく-->
   65足      +右側に重心を移す-->
   67足                          %後ろに1歩引きパネル側に向く->
                                     #1
12   SC10：  △[どどんっ*と
13   V-66?： [↑あ:↑:h: +>すご *いっ<
   SC右手    ------->*,,,,,,,,,,*腕を上げたまま保持->
             *手のひらから力が抜ける
   65足      ---------->+立ち止まる->
   66足      △上半身を先に右に傾けてから1歩->
14→V-65：  *え*+△ど△↑れ *
   SC右手    ->*,,,,,,,,,,*
   SC左手    *............
   65足      ---- +パネルの方に数歩近づく->
   66足      ----- △--△パネルの方に数歩近づく->
             △止まる
15            * %(0.2) # *(.)
   SC右手     *パネルを指す▨*,,,
   SC左手     ...--......
   67足       %パネルの方に4歩近づく->
                                  #2
```

16→SC10：　＊これです＊＃
　　SC左手　＊ーーーーーーー＊
　　　　　　　＊腕をまっすぐ上げてパネルを指す🖐
　　　　　　　　　　　　　　＃3
　　SC足　　　＊歩きながら背伸びをして踵着地->
17→　　　　　　　＊(0.4)
　　SC左手　　　＊ーーー>
　　　　　　　＊上から下へとパネルの円周をなぞる🖐
18→SC10：　こ＃＊のカーブ
　　SC左手 -->
　　SC足　　--> ＊Vらのスペースを確保すべく1歩後ろへー>
　　　　　　　＃4
19→V-67：　あ：＋：＊
　　SC左手 ーーーー>＊
　　65足　　-->＋立ち止まる->
20→　　　　　　　＊(0.2)＊(.)(0.3)△(.)
　　SC左手　　　＊ーーーーー＊下から上へなぞり返す🖐->
　　　　　　　＊🖐の形のまま肩の高さで保持
　　66足　　　　　　ーーーーーーーーーーーー△止まる->
21→V-67：　＊u+わ＊： ： ＊:△%[↑あ::::
22→SC10：　　　　　　　　　＊[＊これが:,
　　SC左手 ーーーー>＊掌開く＊ー＊,, ＊-->
　　　　　　　＊上から下へとパネルの円周をなぞる
　　SC右手　　　　　　　....＊-->
　　　　　　　＊両手でパネルを捉えるような構えに
　　SC足　　＊止まる＊その場で背伸び->
　　65足　　->＋2歩前へー->
　　66足　　ーーーーーーーーーー> △2歩前へー->
　　67足　　　　　　　　　%止まる-->>

23→SC10: *[ぜ*んぶ+*ぜ*:んぶ*え*ん#になっ*たとしたら:,
24→V-67: 　[8　メートル

SC左手 *右手追随----*掌握る*指す🖐-----*,,,,,,,,,...
SC右手 *-------,,,,,,,,,,,,,,,,,home position...
　　　　　*左手のなぞりは継続
　　*右手少し伸ばした後、輪郭を撫でるようになぞる
SC足 ----->*-----*その場で背伸び*踵着地しながら少しV側へ寄る
　　　　　　　*軽くしゃがむ
65足 --------->+立ち止まる-->>
　　　　　　　　　　　　　　　#5

25→SC10: *>あの*ちょ[うどすばるぼ*うえ*んきょの下に<
26→V-67: 　　　△　[°すごい°
SC両手 .....*胸の高さで主鏡を表現*強調*-->
SC足 　*V側に重心を置いて立つ-->>
66足 -----> △左足踵浮かして少し前のめり気味で止まる->
27 　　へ::[:　　((何度もうなずきながら))
28→SC10: 　[*つ*#いて[ある
29→V-66: 　　　　[ふ↑う:[:ん
30 V-65: 　　　　　　　[へえ=
SC両手 ----*強調*-->
　　　　　　#6

31→ 　　=△す:[ご:い　　　　　　　　<たの△し[:い>h hhh
32→SC10: 　[>あれ<*主鏡△と呼ばれるもの>に*なります<
33→V-66: 　　　　　　　　　　　　　　　　　[すっごい=
SC両手 --------->*,,,,,,,,,,,,,,,,*home position>>
　　66足 △踵着地重心戻る△
　　66姿勢 △体を左に傾けてパネルを見上げる△重心戻る-->
34 V-65: =hhh [h　　　　　↑h↑h.hh
35 SC10: 　　[>ね<すごい壮大な,
36 V-65: hahahaha .hh hhhhh .hh((冒頭でうなずく))
((32行目の後半は速く発せられるため、31,33行目とは重なっていない))

第 8 章 巨大展示物を相互行為に引き込む科学コミュニケーターの指し示し　239

　断片（4）と異なるのは、巨大半円パネルに目をやることができない来館者もいることが公的に明らかになっている点である。来館者による疑義の呈示（14 行目）に対し SC10 は、巨大半円パネル方向に歩み寄りながら「これです」と言い、断片（3）の 10 行目からパネルを指していた右手のひらとは逆の左手で、背伸びをしながら人差し指で指す（16 行目，#3）。

　「これです」のときに伸ばした左腕と人差し指をそのまま利用し、左手を持ち上げて上から下に向かって円周をなぞる（17–19 行目，#4）。パネルを際立たせ始めてすぐに、SC10 は来館者側に顔を向け、「このカーブ」と発言においても指示対象を明確にしている（18 行目）。V-67 がそれに対してパネルを認識したことを示す（19 行目）。SC10 は立ち止まって、近づいてくる来館者たちを見つめながら下から上に向かって円周をなぞる（20 行目）。もう 1 度上から円周をなぞる最中に、SC10 はなぞっている左手の手のひらを開き、右手を動かし出して、両手で巨大半円パネルを捉えるかのような構えを

つくりながら「これが :」と言い始める（22 行目）。そして、「ぜんぶぜ : んぶえんになったとしたら :」と言いながら、右手と左手とでバトンリレーをするかのように円を描く（23 行目，#5，図 5 も参照）。この円を描く振る舞いにおいても、「環境のなかにある特定の事物を際立たせる」というハイライティングと、「環境のなかには存在していない部分を補って見る、その見方」を示すことが、わかちがたいものとして組み立てられている。

5.　相互行為的に達成される大きさの体験

　菅原（2011）は、会話におけるものと身体の関わりを分析し、「直示（指さし）によって特定のものが召喚されるとき、そのものは場のなかに比類のない鮮明さで表立ってくる（ibid: 65）」と述べた。本章で見てきた巨大半円パネルは複数の展示物の背景のような存在であったせいか、菅原が例証したような、指さしによりすぐさま相互行為のうちにものが召喚されるというよりも、さまざまな相互行為資源が積み重ねられることで徐々に意味づけられ、表立ってくるものであった。本節では、巨大半円パネルが相互行為の内部に表立ってくることを可能にする身体の用いられ方を検討する。

5.1　全身を使う指し示し

　天文学にとっての望遠鏡はなくてはならない観測装置であり、はるか彼方にある星や銀河を観測できる巨大望遠鏡を開発するには、最先端の科学技術が必要となる。長い月日をかけて最先端の科学技術を結集し製作・制御された主鏡のすごさは、ただメートル法に準じたサイズや世界最大級であることを伝えても、天文学に明るくない一般市民にとってはあまり腑に落ちない。これは、未来館だけではなくほかの天文台ツアーなどでも生じる事態である。そのため、主鏡の大きさが望遠鏡にとって重要であることを来館者に理解してもらうために、来館者自身の身体を通じた大きさの体験が目指される（たとえば、塩瀬 2017）。

第 8 章　巨大展示物を相互行為に引き込む科学コミュニケーターの指し示し　241

　すばる望遠鏡の主鏡の大きさを来館者が体験するにあたり、未来館の SC による巨大半円パネルを相互行為へと引き込むときおよびハイライティングをするときの指し示しは、大きさの体験にふさわしい形で組織されている。まず巨大半円パネルを引き込むとき、3 節の断片 (2) と (3) で行われていたパネル方向の指し示しおよび、4 節の断片 (5) でパネルの再同定する指し示しでは、すべて、腕を上方にピンと伸ばして行われている（図 4）。巨大半円パネル自体は、地面すれすれのところまであるものなので、たんにパネルを指すだけならば、ここまで腕を伸ばさずとも可能であるにもかかわらず、である。断片 (5) など、腕を伸ばすだけでなく、つま先立ちになり全身を使って上方を指している。このように身体を上方に伸ばしながらパネルを指すということは、パネルの上方（人間の頭上のはるか上）に目をやることで、巨大半円パネルの特徴である大きさに注目してもらうことにほかならない。

　ハイライティングのときもまた、SC たちは腕を伸ばし全身を動かして指す。巨大半円パネルに不足している残りの半円も含めて直径 8.2 メートルの円をなぞるために、断片 (4) では、下方（もしくは自らに近い部分）の円周をなぞるときには身をやや屈め、上方をなぞるときには背筋を伸ばす（図 5）。また、断片 (5) でも、巨大半円パネルの円周は身を屈めながら右手で、パネルに存在していない円周は背伸びをしながら左手でなぞることで、身体の上下運動と両手を使うほど大きい円であることを示している。

図 4　SC たちによる巨大半円パネルの指し示し

図5　SCたちによるハイライティング時の身体の動き

　またSCたちは、巨大半円パネルを指し示すにあたり、発声においても大きさを表すための調整を行っている。SCたちは、身体の上下運動を伴うハイライティングの動きと合わせる形で、「＜ここにぐるー＞っと」(断片(4)の05行目)「これをぐるーっとまわした」(断片(4)の09行目)「ぜんぶぜ：んぶえんになった」(断片(5)の23行目)と発声を引き伸ばしたり繰り返したりしている。こうした発声とともに行われる指し示しは、声を引き伸ばしたり繰り返さないとなぞることが終わらないほど大きいことを示している。このように、発声の引き伸ばしもまた身体的な大きさの表現の一部を形成しており、全身を用いた指し示しによって、巨大半円パネルは相互行為の内部に表立ってくるのである。

5.2　身体を近接できない、見上げなければならないほどの大きさ

　西阪の扱った妊婦検診時の相互行為では、超音波診断装置の画像を見る際に助産師は画面に近接させた人差し指で陰影構造をなぞっていた。未来館のSCたちはパネルに近づきはするが、やや離れたところからその人差し指(ないし手)で巨大半円パネルをなぞった。もし、SCが超音波診断装置の画

像を見るときと物理的な意味で同じ距離まで巨大半円パネルに近接していたら、本章で見たようなやり方でハイライティングすることは難しかったであろう。身体をある程度パネルから離してなぞる（なぞらざるを得ない）こともまた、巨大半円パネルの大きさ、ひいてはすばる望遠鏡の主鏡の実物大を示すための1つのやり方といえる。

　インチやメートルのような相互行為の文脈に依存しない単位ではなく、相互行為参加者たちが今いる環境を利用して大きさを示すことを、局所的な尺度（local metrics）という（Goodwin 2003: 324–327）。たとえば、「彼らの居間は我が家の5倍も広い」（Goodwin 2003）のように、会話参加者たちが今いる環境に存在しない事物の大きさを表現するのに、話し手が現在の環境にある資源、または空間自体の大きさを利用して表現することである。平本・高梨（2015: 565）では、局所的な尺度は身体的表現によっても描写されると述べられている。ここまで確認してきた大きさの表現を生み出すやり方で重要なのは、手や腕だけでなく、胴や足の動かし方、それらを動かすのに合わせた発声の仕方に至るまで、まさに全身を使った表現として組み立てられていたことである。巨大展示物が存在する環境においてこうした表現が用いられることで、すばる望遠鏡の主鏡の実物大を、人間の身体という尺度に収まりきらないものとして体験する機会が創出されているのである。

　身体的に巨大半円パネルの大きさを示しているのは、SCだけではない。来館者もまた、首を反らしてパネルを見上げることによって、たんに巨大半円パネルを視認するのではなく、見上げるほど大きいものとしてパネルを捉える。たとえば断片（4）では、来館者全員が見上げた状態でパネルを見ている（断片（4）の#4-5）。加えてV-32は、SCの指し示しが模型に戻り始めると、さきほど自らが模型を見ていた位置に戻り、模型（の主鏡）を覗き込みながら「おっきい」と感想を言う（11行目）。これは、パネルの大きさを識別できた（巨大半円パネルを巨大な円として見た）ことを主張する以上のこと（すなわち、SCによる一連の指さしやなぞりが何を目指して行われていたのかを適切に理解して、巨大半円パネルの大きさを模型内のすばる望遠鏡の主鏡の実

物大として体験したこと）を示している。断片(5)の来館者たちも、識別連鎖のなかで巨大半円パネルを仰ぎ見て、そのままの状態で歓声や、「すごい」「たのしい」といった声を何度ももらす。展示フロアにともにいる科学コミュニケーターが適切な指し示し方をすることで、模型と巨大半円パネルの関係性およびパネルの見方が相互行為の内部に表立ってきたからこそ、来館者はすばる望遠鏡の主鏡の大きさについて感想を言うことができる。

　来館者たちによるこの連鎖上の位置での感想の吐露は、未来館展示フロアにおいてつねに目指されている活動の1つ——来館者に何か新しい気づきを得たり科学技術のすごさを知ったりできるような体験機会の創出——が達成されていることの表れである。また、こうした来館者たちの反応の仕方は、理解していることを主張するよりも強いやり方で理解を例証している（Sacks 1992）。たんに理解していることよりも強いやり方を用いることで、来館者たちは、自らが従事する活動の進行性を促進することに対する志向性を示しているともいえるかもしれない（Lee 2011 も参照のこと）。来館者が、見上げて声を漏らすほどの大きさであるという体験を得ることを契機に、SC と来館者たちは、これほどの大きさの主鏡であることによって可能になる画期的な観測性能（断片(1)と断片(4)のあとでは、それぞれ別の資料を示しながら説明される）や、この大きさの主鏡を歪ませないための科学技術（断片(5)では主鏡を支えるアクチュエーターの説明が行われる）などの話に進むことができるのである。

6.　おわりに

　本章では、科学博物館において、展示物らしからぬ巨大な物体をどのようにして相互行為に引き込むのかを中心に分析してきた。模型を用いたやりとりの際に巨大展示物に目を向けるための仕掛けが相互行為的につくられ（3.1節）、連なる指し示しによって一見して関連性が見えない物体と物体の間に連鎖的秩序を生み出すことによって、少し離れた巨大半円パネルの方向に

向くことが適切な状況になる（3.2節）。そして巨大半円パネルを指したりなぞったりを通じて、巨大半円パネルの見方が示され、来館者たちは模型を見ただけでは捉えがたかったすばる望遠鏡の主鏡の実物大を体験する（4節）。この体験は、全身を使って行われるSCの指し示しと来館者の見方を通じて達成される（5節）。

　SCによる展示物の指し示しとそれに対する来館者の反応がそれぞれ組み立てられるにあたり、発声も含めた身体の動かし方が決定的に重要であった。SCも来館者も、どちらも身体を使って同じ時空間で科学技術が可能にした大きさについて体験していることを示しながら、科学と社会のつなぐための活動を紡いでいく。すばる望遠鏡の実物大の体験機会は、「相互行為の根源的な「身体性」（西阪 2018: 274）」に支えられて生み出され、科学コミュニケーション活動の一端に貢献しているのである。

謝辞

2017年12月および2018年4月に開催された関西EMCA互助会、および2018年4月に開催されたコミュニケーションの自然誌研究会にて、貴重なコメントを多数いただいたこと、そして志水正敏さんには日本科学未来館のフロンティアラボの様子を教えていただいたことを記して感謝する。また、本章で使用したデータは、国立情報学研究所グランドチャレンジ「ロボットは井戸端会議に入れるか」、学融合推進センター学融合研究事業「科学技術コミュニケーションの実践知理解に基づくディスカッション型教育メソッドの開発」、および科学研究費補助金 25540091（以上、代表：坊農真弓）、科学技術振興機構（さきがけ）「非テキストデータと接続可能なテキスト解析・推論技術の開発」（代表：宮尾祐介）の助成を得て収録および編集・コーディングなどが施されたものであり、未来館SCコーパスとして近日中に公開予定である（Bono et al 2018）。

書き起こし記号

　本章では、発言は会話分析で広く用いられている方法に、手や足の動き、うなずきなどはMondadaが開発した方法に基づいて書き起こしを行った（本書書き起こし記号一覧参照）。ただし、一部独自のルールを用いている面もある。たとえば、身体動作が転記される行は、SCが1番上になり、その下は来館者IDナンバーが昇順に並んで

246　分析編　第Ⅱ部　環境の中の指さし

いる。用いている記号の意味は、以下の通りである。

SC 手　　　SC の手の動きを表す行であることを示す。ほかに、「頭」「足」「目」の動き
　　　　　を表す行がある。本章では指さしに注目した分析を行うという論文集の目的
　　　　　を反映して、SC の手の行にのみ網掛けを施している。

21 手　　　数字は来館者の ID であり、当該来館者の手の動きを表す行であることを示
　　　　　す。ほかに、「頭」「目」「足」「姿勢」の動きを表す行がある。

＊　＊　　　SC の動作や行為の区切りを示す。

＋　＋　　　来館者 1 の動作や行為の区切りを示す。

△　△　　　来館者 2 の動作や行為の区切りを示す。

%　%　　　来館者 3 の動作や行為の区切りを示す。

＞＞−　　　断片の開始前から動作や行為が始まっていることを示す。

−−＞＊　　複数行に渡って継続していた動作や行為の終了を示す。

‥／‥　　なんらかの動作が継続中に表れるスラッシュは，軌道や形状の変化を表す。

☝　　　　　人差し指を伸ばした形の指さしを示す。

注

1　本章では、人差し指を伸ばしたり手のひらを相手に見えるようにしたりといっ
た、手の形や向きの差異に関わりなくものや方向を指して相手に示すことを「指し示
し」と呼ぶ。

2　本章では、身体や発言から見てとることのできる、その場の諸活動への関与のあ
りかた、他者や事物への方向付けのことを志向と呼ぶ。

3　未来館は 2017 年 4 月にリニューアルしたため、2014 年当時と現在では、展示フ
ロアの様子が大きく異なる。しかし、本章で分析の対象となる巨大半円パネルとすば
る望遠鏡模型は 2019 年 1 月現在もフロンティアラボにて展示されており、巨大半円
パネルについては 2014 年当時と同じ位置で展示されている。

4　すばる望遠鏡にかんする記述は、すばる望遠鏡のホームページをもとにしてい
る。https://www.subarutelescope.org/j_index.html（2019 年 1 月閲覧）

5　模型内の人型は、大きさの理解を助けるためだけではなく、実際にすばる望遠鏡
ドーム内で職員が働いていることを伝えるための手段としても利用されている。

6　少なくとも、筆者が 2013 年〜 2015 年に調査した際に複数の SC からはこのよう
に聞いた。ただし、当時の展示制作関係者から聞いたわけではない。

7　巨大半円パネルに言及する直前にもっとも多く行われていたことは、すばる望遠

鏡の模型を使って主鏡の位置や様相を確認し、主鏡の大きさが実際には 8.2 メートルであることを説明することであった（15 例中 8 例）。

8　Kendon（2004: 208–211）は、人差し指による指し示しと対照をなす形で手のひらによる指し示しが用いられることを指摘している。断片（2）と次に分析する断片（3）において、形の異なる 2 つの指し示しが用いられることで生み出される対照性が、本章で指摘する連鎖的秩序化に貢献していることは間違いない。ただ、Kendon（2004）がその対照性を見出した事例と本章の事例とでは、相互行為の文脈がやや異なるため、Kendon（2004）が主張した対照性の実態（たとえば、人差し指と比べ手のひらによる指し示しは主題ではないことを指し示すなど）とはやや異なることが生じている。

9　正常性デモンストレーションとは、助産師などの保健医療専門家が、超音波検査を通じて見定めた胎児の正常な発達について、妊婦に対してデモンストレーションする活動のことをいう（西阪 2011）。

10　西阪（2008a,b）は、画像の特定の部分をなぞるという環境の構造化と同様の構造化は、Lynch（1988）でも言及されていると指摘している。すなわち、「〔図が写真に近接されることで、その図が写真の特定の陰影的構造を際立たせるように、〕医師の〔画面上をなぞる〕手振りは、「膝から下」の「曲」がっている状態を画面の陰影的構造として際立たせている」（西阪 2008b: 160〔　〕内は筆者による補足。）

11　15 例のなかでは、パネルの輪郭をなぞるだけでなく、ぐるっと一周して円を描くことで巨大半円パネルを円として見ることを示すやり方がもっとも多く、9 例確認できた。

参考文献

Bono, Mayumi, Rui Sakaida, Ryosaku Makino, and Ayami Joh. (2018) Miraikan SC Corpus: A Trial of Data Collection in Semi-opened and Semi-Controlled Environment. The 11th edition of the Language Resources and Evaluation Conference (LREC) pp.30–34.

Goffman, Erving. (1981) Footing. Erving Goffman (ed.), *Forms of Talk*. pp.124–159. Philadelphia: University of Pennsylvania Press.

Goodwin, Charles. (1994) Professional Vision. *American Anthropologist* 96(3): pp.606–633. （チャールズ・グッドウィン　北村弥生・北村隆憲訳（2010）「プロフェッショナル・ヴィジョン―専門職に宿るものの見方」『共立女子大学文芸学部紀要』56: pp.35–80.）

Goodwin, Charles. (2003) Embedded context. *Research on Language and Social Interaction* 36: pp.323–350.

Goodwin, Charles. (2007) Environmentally coupled gestures. In Susan Duncan, Justine Cassell, and Elena Levy (eds.) *Gesture and the Dynamic Dimension of Language*. pp.195–212.

Amsterdam/Philadelphia: John Benjamins.

Heath, Christian. (1986) *Body Movement and Speech in Medical Interaction*. Cambridge: Cambridge University Press.

平本毅・高梨克也（2015）「環境を作り出す身振り―科学館新規展示物制作チームの活動の事例から」『認知科学』22(4): pp.557–572. 日本認知科学会

城綾実・坊農真弓・高梨克也（2015）「科学館における「対話」の構築―相互行為分析から見た「知ってる？」の使用」『認知科学』22(1): pp.69–83，日本認知科学会

城綾実・牧野遼作・坊農真弓・高梨克也・佐藤真一・宮尾祐介（2014）「異分野融合によるマルチモーダルコーパス作成―展示フロアにおける科学コミュニケーションに着目して」『人工知能学会言語・音声理解と対話処理研究会資料 SIG-SLUD-B401』71: pp.7–12.

Kendon, Adam. (2004) *Gesture: Visible Action as Utterance*. Cambridge: Cambridge University Press.

Lee, Seung-Hee. (2011) Responding at a higher level: Activity progressivity in calls for service. *Journal of Pragmatics* 43: pp.904–917.

Lynch, Michael. (1988) The externalized retina: Selection and mathematization in the visual documentation of objects in the life sciences. *Human Studies* 11(2–3): pp.201–234.

西阪仰（2008a）「技術的環境における分散する指し示し」西阪仰・高木智世・川島理恵編『テクノソサエティの現在〈3〉女性医療の会話分析』pp.39–62，文化書房博文社

西阪仰（2008b）『分散する身体―エスノメソドロジー的相互行為分析の展開』勁草書房

西阪仰（2010）「道具を使うこと―身体・環境・相互行為」串田秀也・好井裕明編『エスノメソドロジーを学ぶ人のために』pp.36–57，世界思想社

西阪仰（2011）「身体化された知覚―出生前超音波検査の相互行為組織の一側面」『年報社会学論集』24: pp.12–23，関東社会学会

Nishizaka, Aug. (2014) Instructed perception in prenatal ultrasound examinations. *Discourse Studies* 16(2): pp.217–246.

西阪仰（2018）「会話分析はどこへ向かうのか」平本毅・横森大輔・増田将伸・戸江哲理・城綾実編『会話分析の広がり』pp.253–279，ひつじ書房

Sacks, Harvey. (1992) *Lectures on Conversation, Volume 2*. Oxford: Blackwell.

塩瀬隆之（2017）「デザインの責任と可能性」『ヒューマンインターフェース学会誌』19(2): pp.94–99，ヒューマンインターフェース学会

菅原和孝（2011）「潜むもの、退くもの、表立つもの―会話におけるものと身体の関わり」床呂郁哉・河合香吏編『ものの人類学』pp.47–68. 京都大学学術出版会

あとがき

　「まえがき」でも述べられているように、今回のプロジェクトは安井さんと高梨さんが立ち上げた「相互行為のポインティング研究会」に端を発する。ここに杉浦が参加したのが 2013 年春のことで、編者 3 名による初めての研究会は 2013 年夏に（杉浦の以前の勤務校であった）茨城大学水戸キャンパスにて開催された。この時のモチベーションは、（古いメールを見ていたら高梨さんのメッセージの中で）指さし（を含めたポインティング）には、その形状、産出や撤退のタイミング、参加の枠組み等、考慮すべき点があまりにも多く、整理するのも個人でするには至難の業であるということから、グループで整理・共有することであった。その後、2014 年春に京都で研究会を開催した時に、実は他にも指さしを分析対象にしている研究者がいることが徐々に判明していく中で、本書の著者たちに研究会への参加を呼び掛け、2014 年夏にこれまでよりも大きな規模で研究会を開催した。その後、何度か研究会を重ねる中で、2016 年に幸運にも本書の出版の話に漕ぎつけた。この頃になると、個人的な印象で言えば、指さしの種類や考慮すべき点の整理よりも、各著者（ポインティング研究会の参加者）の観察しているデータの中で、まずは現象の記述を優先し、そこから指さしの種類や考慮すべき点へとフィードバックしていくという形に、私たち自身の指向が変化したと言える。各著者が執筆を進める中、2018 年 9 月の第 42 回社会言語科学会研究大会にてワークショップ「相互行為における指さしの多様性―会話分析の視点から」を開催し、本書の内容をブラッシュアップする機会を得た。

　本書を通読された読者諸氏の中には、結局、それぞれの論考で指さしが何をしているのか、他の相互行為的資源（例えば、言語形式）との分業という観

点から腑に落ちないという印象を持たれた方もいるかもしれない。執筆者によって言い方こそ違うが、おおよそ、指さしが言語、プロソディー、その他の身体動作、物理的環境、進行中の活動、参加の枠組み、など、他の相互行為的資源と呼応することで○○が達成されている、という形で議論が展開されているが、それをもって指さしの機能を曖昧化しているのではない。そもそも指さしが独自に相互行為に貢献している部分だけを切り出せるのかと言えば、そうできれば話は早いが、そんな簡単なものではない。むしろ、分析上のリアリティーの問題として、ある特定の相互行為の中で、指さしの機能だけをその産出者や他の参与者、具体的な相互行為的コンテクストから完全に切り離すことは不可能であろう。指さしの産出には、それを産出した参与者が誰か、受け手（聞き手）が誰か、いつどんな活動中のどのタイミングで、どういった環境で、何に向けて、どんな言語形式や身体動作と併用されているのか、そして、産出後も指さしがどのように維持され、撤退されていくか、これまた時間軸の中で、どのように様々な相互行為的資源と併用されているのか、が関わっている。本書の各論考が試みたのは、（特定の現象化における）そのような相互行為の複雑な全体像によって位置づけられる指さしを利用した行為の記述である。

　最後に本書の刊行を薦めてくださり、様々なご助言をくださり、出版まで温かい目で見守ってくださったひつじ書房の松本功社長、本書の編集にあたりご尽力くださった海老澤絵莉さん、また、本書の校正の段階で私たちの要望に耳を傾けつつ、丁寧かつ適切な助言をくださった丹野あゆみさんに心より感謝申し上げたい。また、上で触れたように 2018 年 9 月に企画した第 42 回社会言語科学会研究大会のワークショップには我々の予想をはるかに超える多くの参加者があり、本書のブラッシュアップのための貴重な機会を得た。本書の完成度が上がったとすれば、それは一重にワークショップ参加者の方々からのフィードバックのおかげである。この場を借りて、ワークショップ参加者の方々に感謝の意を表したい。そして、本書を手に取ってくださった読者諸氏の中には、会話分析に関わる研究者のみならず、会話分析

とは異なるアプローチで指さしを研究されている方、指さしを含めたジェスチャーを研究されている方などをはじめ、様々な学問的背景を持っておられる方がいるかと思う。本書がきっかけとなり、様々な学問分野において指さし（を含めたポインティング）の研究がさらに進展していくのであれば、編者としてこれ以上嬉しいことはない。

編者を代表して　杉浦秀行

索引

A-Z

B-points　11
index finger extended neutral（palm vertical）
　10, 153
index finger extended prone（palm down）
　10, 153
S-points　11

あ

アイディア上の独立性　212
アドレス　202

い

言い切り　213
今思い出すことの促し（reminiscence
　recognition solicit）　63, 76
引用　213

う

受け手（addressee）　125
受け手に合わせたデザイン（recipient
　design）　15
内から外へ　36

え

エンブレム（emblem）　5, 6

お

遅れた撤退　193

か

会話分析（conversation analysis）　3,
　12–14, 25, 35, 56
会話への参与を承認されていない参与者
　（unratified participants）　125
会話への参与が承認された参与者（ratified
　participants）　125
科学コミュニケーター（SC）　219
核　192
語りの開始部　92
活動　170, 186
活動の中の行為　178
活動を開始　178
カラーマーカー　195
からかい　127
からだ的思考（spatio-motoric thinking）
　30
感覚運動期　36
環境との連接　211
環境に連接された身振り（environmentally-
　coupled gesture）　19
関係論的アプローチ　40

き

記憶探索活動　93, 105, 106, 117
記号学的資源　193
記号学的特徴　192
基盤化（基盤構築）　168, 197
休止位置（rest position）　7
旧情報　212
共生的身振り（symbiotic gesture）　19
共同行為（joint action）　16
共同注意の達成　185
局所的な尺度（local metrics）　243

け

結束性　212
言語獲得　38
言語行為　201
言語的社会化　35

こ

行為（action） 13
行為指示的 38
行為の連鎖性（sequentiality） 13
行為連鎖 202
後実行保持（実行後保持）（post-stroke
hold） 7, 192
子どもの日誌研究 44

さ

指し示し 219
参加フレーム（参与フレーム） 125, 151
参与地位（役割）（participation status）
125, 202
参与枠組み（participation framework）
125

し

ジェスチャー 5
ジェスチャー句（gesture phrase） 7
ジェスチャー研究（gesture studies） 4,
91
ジェスチャー単位（gesture unit） 7
ジェスチャー・フェーズ（gesture phase）
7, 192
ジェスティキュレーション（gesticulation）
6
シェマ 36
シェム 36, 52
視覚的注意 197
時間的な近接性 131, 150
識別連鎖 232
時空間的隣接性 6
資源 13, 16
自己選択 92
志向（orientation） 220, 224
志向性 244
指示 4, 197
指示関係 93, 94, 107, 117
指示行為 91
指示対象 90, 94

—

視線共有 171
持続期間 93, 192
実行（stroke） 7, 192
自発的ジェスチャー（spontaneous gesture）
6
指標（index） 6, 192
社会語用論的アプローチ 49
社会システム 41
社会的相互行為 37, 41
社会的認知 40, 42
写像（icon） 6
主題 195
順番構成単位 98, 107, 117
準備（preparation） 7, 191
状況に埋め込まれた相互行為的な活動
（situated interactive activity） 18
象徴（シンボル）（symbol） 6, 36
焦点化（spotlighting） 17, 131, 151
焦点の定まった相互行為（focused
interaction） 26, 71
焦点の定まった相互行為が複数並存して
いる状況（multi-focused interaction）
22
情報構造 195
情報の組織化仮説（information packaging
hypothesis） 30
指令 201
次話者選択 70, 79
身体の規範的構造 220

す

スキーマ 36
図像的 iconic ジェスチャー 192
スタンバイ位置 210
ストーリーの前置き 76
素早い撤退 195

せ

生成文法理論 49
成長点（growth point） 8
選択体系機能理論 39

索引 255

そ

相互行為　13
相互行為空間（interactional space）　20
相互行為詞　174, 213
相互行為分析　14
相互作用のマルチモーダル分析　14
挿入拡張　205
遡及連鎖（retro-sequence）　130, 141
外から内へ　36, 40

た

第一評価　205
体験　219, 241
第三位置　206
題述　195
ダイナミック・システムズ・アプローチ
　　42
第二評価　205
達成　16
脱文脈化　213

ち

注意　16, 23, 41, 47, 163
注意（の）共有　166, 172
抽象的直示的ジェスチャー（abstract
　　deictic gesture）　10
直示的ジェスチャー（deictic gesture）　6,
　　9, 90, 100
直示表現　197
直接経験　63

つ

釣り出し装置（fishing device）　72

て

伝達態度のモダリティ　213
展示物　219

と

同意　92, 109

な

なわ張り　207

に

二段階での撤退　210
認識的優位性（epistemic primacy）　76
認識（状態）変化詞　90, 94, 117, 166
認識用指示表現　111

の

伸ばした人差し指による指さし（index
　　finger extended）　10

は

把握行動　42, 44
パース（Peirce）の記号論　6, 161
ハイライティング　235
配慮　207
発言機会の対等性　213
発言フォーマット　212
発語媒介効果　39
発散型のワークショップ　212
発話権　92, 95, 107
発話順番　93, 95, 116
発話の順番交替（turn-taking）　21
早い準備　193

ひ

ビート（beat）　8
否定的評価　207
非丁寧体　213
評価連鎖　114
描写的ジェスチャー（depicting gesture）
　　6, 8, 90

ふ

複合的参与枠組み　210
複数の焦点のある相互行為（multi-focused
　　interaction）　26
復帰（撤退）（recovery）　7, 192
プラクティス　66

ブレインストーミング　213
フレーム分析　43
分析的思考（analytic thinking）　30

ほ
ポインティング・ジェスチャー　91
傍参与者（side participant）　125
ホーム・ポジション（home position）　7
保持　192
補足節　198
ポライトネス　207

ま
マルチモーダル　65, 86
マルチモーダル研究　29
（複雑な）マルチモーダルゲシュタルト
　　（complex multimodal gestalt）　20,
　　21, 86
マルチモーダル分析　14
マルチモダリティ（multimodality）　14,
　　15

む
6つの帽子　193

も
模造紙　195
モニター　206

ゆ
指さし　3
指さしの保持　107, 116, 118

よ
読み上げ　212

ら
来館者　219

り
リーチング　36, 38, 42, 51

リップ・ポインティング（lip pointing）
　　12
理由説明（account）　227
隣接対（隣接ペア）　119, 183, 209

る
ルーティン化　214

れ
連鎖（sequence）　13
連鎖的秩序化（sequential ordering）　229
連鎖を閉じる第3要素　114, 119

わ
訳がわかる（accountable）　225

執筆者紹介

編者

安井永子（やすい　えいこ）［第1章・5章］

テキサス大学大学院オースティン校コミュニケーション学科博士課程修了。Ph.D.（コミュニケーション学）。

名古屋大学文学部・人文学研究科専任講師。

（主な論文）

「直前の話し手を指さすこと—直前の発話との関連を示す資源としての指さし」（『社会言語科学』20(1)、2017）、「発話と活動の割り込みにおける参与—話し手の振る舞いに「ついて」の描写が割り込む事例から」（『コミュニケーションを枠付ける—参与・関与の不均衡と多様性』くろしお出版、2017）、Collaborative idea construction: Repetition of gestures and talk in joint brainstorming. (*Journal of Pragmatics* 46(1), 2013)。

編者

杉浦秀行（すぎうら　ひでゆき）［第1章・4章］

オークランド大学大学院応用言語研究及び言語学研究科博士課程修了。Ph.D.（言語学）。

摂南大学外国語学部外国語学科准教授。

（主な論文）

Expressing an alternative view from second position: Reversed polarity questions in everyday Japanese conversation. (*Discourse Studies* 19(3), 2017)、「「強い同意」はどのように可能となるか—日常会話における同意ターンのマルチモーダル分析」（『社会言語科学』14(1)、2011）、Adjectival 'forms' and assessments in informing sequences in Japanese conversation: Employment of prosodic effects in specific sequential context. (*Japanese/Korean Linguistics* 17, 2010)。

編者

高梨克也（たかなし　かつや）［第 7 章］

京都大学大学院人間・環境学博士課程研究指導認定退学。博士（情報学）。

京都大学大学院情報学研究科研究員・一般社団法人社会対話技術研究所理事。

（主な著書）

　　『多職種チームで展示をつくる─日本科学未来館『アナグラのうた』ができるまで
（シリーズ　フィールドインタラクション分析 1)』（編著、ひつじ書房、2018）、『基
礎から分かる会話コミュニケーションの分析法』（ナカニシヤ出版、2016）、『多人数
インタラクションの分析手法』（共編著、オーム社、2009）。

高田 明（たかだ　あきら）［第 2 章・6 章］

京都大学大学院人間・環境学博士課程研究指導認定退学。博士（人間・環境学）。

京都大学大学院アジア・アフリカ地域研究研究科准教授。

（主な著書）

　　『相互行為の人類学─「心」と「文化」が出会う場所』（新曜社、2019）、『子育て
の会話分析─おとなと子どもの「責任」はどう育つか』（編著、昭和堂、2016）、
*Narratives on San Ethnicity: the Cultural and Ecological Foundations of Lifeworld Among the
!Xun of North-Central Namibia* (Kyoto University Press & Trans Pacific Press, 2015)。

森本郁代（もりもと　いくよ）［第 3 章］

大阪大学大学院言語文化研究科博士後期課程修了。博士（言語文化学）。

関西学院大学法学部／同大学院言語コミュニケーション文化研究科教授。

（主な著書・論文）

　　『裁判員裁判の評議デザイン─市民の知が活きる裁判をめざして』（共著、日本評
論社、2015）、『自律型対話プログラムの開発と実践』（共編著、ナカニシヤ出版、
2012）、「コミュニケーションの観点から見た裁判員制度における評議─「市民と専
門家との協働の場」としての評議を目指して」（『刑法雑誌』47（1）、2007）。

遠藤智子（えんどう　ともこ）［第 6 章］

カリフォルニア大学ロサンゼルス校アジア言語文化学科博士課程修了。Ph.D.（アジア言語文化学）。

東京大学大学院総合文化研究科准教授。

（主な論文）

Embodying stance: wo juede 'I think' and gaze. Multimodality in Chinese Interaction. (*Multimodality in Mandarin Conversation*, Mouton de Gruyter, 2019)、The Japanese change-of-state tokens a and aa in responsive units. (*Journal of Pragmatics* 123, 2018)、「確認要求に用いられる感動詞的用法の「なに」─認識的スタンス標識の相互行為上の働き」（共著、『社会言語科学』20（1）、2017）。

城 綾実（じょう　あやみ）［第 8 章］

滋賀県立大学大学院人間文化学研究科博士後期課程単位取得退学。博士（学術）。

奈良先端科学技術大学院大学研究推進機構博士研究員。

（主な著書・論文）

『会話分析の広がり』（共編著、ひつじ書房、2018）、『多人数会話におけるジェスチャーの同期─「同じ」を目指そうとするやりとりの会話分析』（ひつじ書房、2018）、「秩序だった手の動きが誘う相互行為─意味の共通理解を試みる活動を例に」（『日本語学』36(4)、2017）。

指さしと相互行為

Pointing in Interaction

Edited by YASUI Eiko, SUGIURA Hideyuki and TAKANASHI Katsuya

発行	2019 年 7 月 25 日　初版 1 刷
定価	3800 円＋税
編者	© 安井永子・杉浦秀行・高梨克也
発行者	松本功
装丁者	坂野公一＋吉田友美（welle design）
組版所	株式会社 ディ・トランスポート
印刷・製本所	株式会社 シナノ
発行所	株式会社 ひつじ書房
	〒112-0011 東京都文京区千石 2-1-2　大和ビル 2 階
	Tel.03-5319-4916　Fax.03-5319-4917
	郵便振替 00120-8-142852
	toiawase@hituzi.co.jp　http://www.hituzi.co.jp/

ISBN978-4-89476-973-1

造本には充分注意しておりますが、落丁・乱丁などがございましたら、
小社かお買上げ書店にておとりかえいたします。ご意見、ご感想など、
小社までお寄せ下されば幸いです。